Under the editorship of

Michel Benamou
University of California
at San Diego

Readings in French Literature

Richard L. Kopp
Fairleigh Dickinson University, Madison

Theodore P. Fraser
College of the Holy Cross

Houghton Mifflin Company • Boston

Atlanta
Dallas
Geneva, Illinois
Hopewell, New Jersey
Palo Alto
London

Acknowledgments

The editors wish to express their gratitude to the following
publishers for their permission to use copyrighted material:

Editions Gérard et Cie, Verviers
    Rabelais, Extrait de *Gargantua et Pantagruel,* 1967
Editions Gallimard, Paris
    Proust, *Un Amour de Swann*
    Saint Exupéry, *Terre des Hommes*
    Sartre, *La Nausée*
    Camus, *La Peste*
    Ionesco, *Rhinocéros*
Editions de Minuit, Paris
    Robbe-Grillet, *Pour un nouveau roman*

Printed in the U.S.A.

Library of Congress Number 73–10898

I.S.B.N. 0–395–13638–5

Preface

With the publication of *Readings in French Literature* the editors hope to present the student of intermediate college French, and the third or fourth-year student in high school, with a text extremely rich in cultural matter and carefully designed to develop and strengthen language skills. Believing that a student should be introduced early to meaningful readings, we have given special attention to the choice of solid and significant texts from the Middle Ages to our own day, each presenting some outstanding quality of French culture and, at the same time, reflecting the social climate in which it was composed. Thus from the outset the student will be placed in contact with selections chosen not only for their value in developing reading comprehension, but also because they possess to a high degree cultural and literary value. Such variegated selections will challenge the student and introduce him at an earlier time than do most such readers to the cultural tradition of France. The book should not be regarded, however, as an anthology; representative texts are given for historical periods without attempting to be comprehensive in any period.

For each selection the student will find an introduction in English situating the author and his work in the period and providing enough background so that the text will not be approached in a vacuum. On the pages facing the French selections, the student will find notes explicating difficult language problems or elucidating historical or cultural allusions. Immediately following the text are questions in French drawn from the passage and designed to test the student's grasp of the text. Great care has been taken in the exercises to avoid the introduction of matter going beyond the limits of the text or requiring a degree of abstraction not usually expected from students on this level.

There then follow exercises devoted to the important vocabulary of the selection and that drill the student in important language skills. To develop these skills on a modest scale, subjects for composition as well as topics for conversation are provided. A basic vocabulary is included at the back of the book.

It is hoped that such a text will fulfill the intention of its authors: to make the reading experience of the intermediate student richer by introducing him to important cultural texts, while simultaneously stressing the growth of language skills.

The illustrations in this book are generally representative of the period in which the work was written. In some cases the illustration is taken from the original or an early edition of the work. In others an attempt has been made to use works of art which reflect the theme or mood of the period.

Finally, we would like to thank our colleagues and several generations of students at Holy Cross College and Fairleigh Dickinson University for their interest and suggestions. We hope this work meets their expectations.

We are especially indebted to Professor Germaine Brée, of Wake Forest University, for reading the manuscript and offering encouragement and counsel, and to Seta Kopp for much technical work and proofreading.

R. L. K.
T. P. F.

Table of Contents

Readings in French Literature

Two scenes from the manuscript no. 1580, Bibliothèque Nationale, Paris.

1

La Société féodale

he *Roman de Renart* originated about 1175 during the reign of Louis VII, when a monk named Pierre de Saint-Cloud translated into French the Latin fable *Ysengrimus,* about a crafty wolf of that name. Soon after this, Renart, the wily fox, replaced Ysengrimus as the central character in a growing number of episodes. These stories about Renart, many of which were modeled on the animal fables of Aesop and Phaedrus*, enjoyed immediate and widespread popularity. Arranged in a series the parts of which were called "branches", the stories reveal the other side of life in the Middle Ages which contrasted sharply with the idealistic and courtly literature of the nobility. Brutally realistic and often most cynical as regards ecclesiastical and temporal authority, the tales of *Renart* attest to the rise of the bourgeois class in the Middle Ages. In them we see depicted the lives and social conditions of everyday people—town-dwellers, peasants, landowners, monks, and even the dispossessed serfs—all of whom lived in patterns prescribed by the rigid system of the period.

Renart the fox became the symbol of craftiness, the only way in which a poor man could successfully advance his own interests in the closed and fixed power structure of feudalism. Perhaps the major reason for Renart's tremendous popularity was that he interpreted the aspirations of the little man in his constant struggle to survive, while still fulfilling the demands of his feudal superiors. If one is not powerful enough to meet his adversaries on a common ground, the *Roman de Renart* tells us, then trickery and deceit remain the ultimate weapons.

This adventure pitting Renart against the wealthy *vilain* or country-dweller, Berton le Maire, illustrates just this need for stealth on the part of the less fortunate adversary. It also clearly defines the rights, powers, and duties inherent in the feudal code. Finally, there is present a keen sense of humor that mitigates the sharp power struggle running through the entire *Roman de Renart:* the trickster, himself gulled, accepts this swift reversal of his fortune as part of the order of a dog-eat-dog world.

---

* Aesop was a famous Greek fabulist who lived in the latter half of the 6th century B.C. His name became generic to describe animal fables that had long been transmitted before him through oral tradition. Phaedrus, a Roman fabulist of the 1st century B.C., cleverly imitated Aesop.

Maupertuis   name of Renart's castle, "Mount Hole in the Ground"

Hermeline   la femme de Renart

ou peu s'en faut   or almost that (Paradise)

le besoin fait vieilles trotter (proverb.)   need makes even old women hurry (or) no rest for an empty stomach

lui donnait des jambes = lui donnait de la vitesse

d'aventure = par hasard

de malencontre (archaic) = *de mauvaise rencontre* (or misadventure)

de quoi rendre   enough to give

le vilain   In the Middle Ages a *vilain* was a country dweller who owned his own property, *un paysan libre.*

qu'on pût trouver (imp. subj. of *pouvoir*)   that one could find

Troyes la petite — the old capital of the province of Champagne, to the southwest of Paris, and not *Troyes la grande* of Asia Minor

où régna jamais = où ne régna jamais

au plessis (archaic)   in a hedge of vine

la geline (archaic)   hen

le chapon (archaic)   capon

Le Roman de Renart *(Extrait)*

Anonyme

C'était au mois de mai, temps où monte la fleur sur l'aubépine, où les bois, les prés reverdissent, où les oiseaux disent, nuit et jours, chansons nouvelles. Renart, seul, n'avait pas toutes ces joies, même dans son château de Maupertuis: il était à la fin de ses ressources; déjà sa famille, n'ayant plus rien à mettre sous la dent, 5 poussait des cris lamentables, et sa chère Hermeline, nouvellement relevée, était surtout épuisée de besoin. Il se résigna donc à quitter sa retraite; il partit en jurant sur les saintes reliques de ne pas revenir sans rapporter au logis d'abondantes provisions.

Il entre dans le bois, laissant à gauche la route frayée; car les 10 chemins n'ont pas été faits pour son usage. Après mille et mille détours, il descend enfin dans la prairie.

—Ah! sainte Marie! dit-il alors, où trouver jamais lieux plus agréables! C'est le Paradis terrestre ou peu s'en faut: des eaux, des fleurs, des bois, des monts et des prairies. Heureux qui pourrait 15 vivre ici de sa pleine vie, avec une chasse toujours abondante et facile! Mais les champs les plus verts, les fleurs les plus odorantes n'empêchent pas ce proverbe d'être vrai: le besoin fait vieilles trotter.

Renart en poussant un long gémissement se remit à la voie. La 20 faim, qui chasse le loup hors du bois, lui donnait des jambes. Il descend, il monte, il épie de tous côtés si, d'aventure, quelque oiseau, quelque lapin ne vient pas à sa portée. Un sentier conduisait à la ferme voisine; Renart le suit, résolu de visiter les lieux à ses risques et périls. Le voilà devant la clôture: mais, tout en suivant les détours 25 de haies et de sureaux, il dit une oraison pour que Dieu le garde de malencontre et lui envoie de quoi rendre la joie à sa femme et à toute sa famille.

Avant d'aller plus loin, il est bon de vous dire que la ferme était au vilain le plus aisé qu'on pût trouver d'ici jusqu'à Troyes (j'entends 30 Troyes la petite, celle où régna jamais le roi Priam). La maison tenant au plessis était abondamment pourvue de tout ce qu'il est possible de désirer à la campagne: bœufs et vaches, brebis et moutons; des gelines, des chapons, des œufs, du fromage et du lait. Heureux Renart, s'il peut trouver le moyen d'y entrer! 35

sa chevance (archaic) = *sa fortune, ses biens*

il eût laissé couper = *il aurait laissé couper*

nombreux chapons (archaic) = *beaucoup de coqs*

grattaient à qui mieux mieux   scratched as if to outdo each other

servir de peu   to be of little use

la trouée   small aperture

qu'il avise = *qu'il voit, qu'il aperçoit*

il se carre = *il se met à l'aise*

gourmander = *gronder*

manquer son coup   to fail in an attempt

le goupil (archaic)   Old French for "fox". — *Renard* replaced *goupil* as the
generic term because of the popularity of this work.

vous allez avoir affaire à moi   you're going to have to deal with me

une arme tranchante   was reserved for combat among equals

un filet enfumé   a smoked net

Mais c'était là le difficile. La maison, la cour et les jardins, tout était fermé de pieux longs, aigus et solides, protégés eux-mêmes par un fossé rempli d'eau. Je n'ai pas besoin d'ajouter que les jardins étaient ombragés d'arbres chargés des plus beaux fruits; ce n'était pas là ce qui éveillait l'attention de Renart.

Le vilain avait nom Bertaud ou Berton le Maire; homme assez peu subtil, très avare et surtout désireux d'accroître sa chevance. Plutôt que de manger une de ses gelines, il eût laissé couper ses moustaches, et jamais aucun de ses nombreux chapons n'avait couru le danger d'entrer dans sa marmite. Mais il en envoyait chaque semaine un certain nombre au marché. Pour Renart, il avait des idées toutes différentes sur le bon usage des chapons et des gelines; et s'il entre dans la ferme, on peut être sûr qu'il voudra juger par lui-même du goût plus ou moins exquis de ces belles pensionnaires.

De bonheur pour lui, Berton était, ce jour-là, seul à la maison. Sa femme venait de partir pour aller vendre son fil à la ville, et les garçons étaient dispersés dans les champs, chacun à son ouvrage. Renart, parvenu au pied des haies par un étroit sentier qui séparait deux blés, aperçut tout d'abord, en plein soleil, nombre chapons, et Noiret tout au milieu, clignant les yeux d'un air indolent, tandis que, près de lui, gelines et poussins grattaient à qui mieux mieux la paille amassée derrière un buisson d'épines. Quel irritant aiguillon pour la faim qui le tourmentait! Mais ici l'adresse et l'invention servaient de peu: il va, vient, fait et refait le tour des haies: nulle part la moindre trouée. A la fin, cependant, il remarque un pieu moins solidement tenu et comme pourri de vieillesse, près d'un sillon qui servait à l'écoulement des eaux grossies par les pluies d'orage. Il s'élance, franchit le ruisseau, se coule dans la haie, s'arrête, et déjà ses barbes frissonnent de plaisir à l'idée de la chair savoureuse d'un gros chapon qu'il avise. Immobile, aplati sous une tige épineuse, il guette le moment, il écoute. Cependant Noiret, dans toutes les joies de la confiance, se carre dans le jardin, appelle ses gelines, les flatte ou les gourmande, et, se rapprochant de l'endroit où Renart se tient caché, il y commence à gratteler. Tout à coup, Renart paraît et s'élance; il croit le saisir, mais il manque son coup. Noiret se jette vivement de côté, vole, saute et court en poussant des cris de détresse. Berton l'entend, il sort du logis, cherche d'où vient le tumulte et reconnaît bientôt le goupil à la poursuite de son coq.

—Ah! c'est vous, maître larron! vous allez avoir affaire à moi.

Il rentre alors à la maison pour prendre non pas une arme tranchante (il sait qu'un vilain n'a pas le droit d'en faire usage contre une bête fauve), mais un filet enfumé, tressé, je crois, par le diable, tant le réseau en était habilement travaillé. C'est ainsi qu'il compte prendre le malfaiteur. Renart voit le danger et se blottit sous une grosse tête de chou. Berton, qui n'avait chassé ni volé de sa vie, se contente

d'étendre les rets   to extend the snares

le glouton   glutton

ce disant = disant cela

prendre le parti   to decide to

la morsure   bite

revenu bientôt à lui   having soon regained consciousness

que venais-tu faire   what did you think you were doing

Tant gratte la chèvre que mal gist (archaic, proverb.)   So scratches the goat
   who is badly housed and cared for; i.e., a trapped animal naturally fights
   back

Renart change de gamme (archaic) = *Renart change de caractère*

à ma mie (archaic)   to my darling

que Charlemagne ne l'était dans Lançon — a reference to one of the many
   legendary adventures of Charlemagne

crier merci   plead for mercy

pour votre homme, le reste de ma vie — Berton offers here to become Renart's
   vassal.

à témoin saint Julien . . . si mal hostelé — an allusion to *Saint Julien hospitalier*,
   the medieval patron saint of innkeepers and the spirit of good hospitality;
   hostelé (archaic) = *logé*

ne me faites pas du pis   don't do your worst

j'ai mépris . . . humblement.   I was mistaken about you; I admit it humbly.

d'étendre les rets en travers sur la plate-bande, en criant le plus haut qu'il peut, pour mieux effrayer Renart:

—Ah! le voleur, ah! le glouton! nous le tenons enfin!

Et, ce disant il frappait d'un bâton sur les choux, si bien que Renart, ainsi traqué, prend le parti de sauter d'un grand élan; mais où? en plein filet! Sa position devient de plus en plus mauvaise: le réseau le serre, l'enveloppe; il est pris par les pieds, par le ventre, par le cou. Plus il se démène, plus il s'enlace et s'entortille. Le vilain jouit de son supplice:

—Ah! Renart, ton jugement est rendu, te voilà condamné sans rémission.

Et, pour commencer la justice, Berton lève le pied qu'il vient poser sur la gorge du prisonnier. Renart prend son temps; il saisit le talon, serre les dents, et les cris aigus de Berton lui servent de première vengeance. La douleur de la morsure fut même assez grande pour faire tomber le vilain sans connaissance; mais, revenu bientôt à lui, il fait de grands efforts pour se dégager; il lève les poings, frappe sur le dos, les oreilles et le cou de Renart, qui se défend comme il peut, sans pour cela desserrer les dents. Il fait plus: d'un mouvement habile, il arrête au passage la main droite de Berton, qu'il réunit au talon déjà conquis. Pauvre Berton, que venais-tu faire, contre Renart! Pourquoi ne pas lui avoir laissé coq, chapons et gelines! N'était-ce pas assez de l'avoir pris au filet? *Tant gratte la chèvre que mal gist,* c'est un sage proverbe, dont tu aurais bien dû te souvenir plus tôt.

Ainsi devenu maître du talon et du pied, Renart change de gamme, et, prenant les airs vainqueurs:

—Par la foi que j'ai donnée à ma mie, tu es un vilain mort. Ne compte pas te racheter; je n'en prendrais pas le trésor de l'empereur; tu es là mieux enfermé que Charlemagne ne l'était dans Lançon.

Rien ne peut alors se comparer à l'effroi, au désespoir du vilain. Il pleure des yeux, il soupire du cœur, il crie merci du ton le plus pitoyable.

—Ah! pitié, sire Renart, pitié au nom de Dieu! Ordonnez, dites ce que vous attendez de moi, j'obéirai; voulez-vous me recevoir pour votre homme, le reste de ma vie? Voulez-vous . . .

—Non, vilain, je ne veux rien: tout à l'heure, tu m'accablais d'injures, tu jurais de n'avoir de moi merci: c'est mon tour à présent; par saint Paul! c'est toi dont on va faire justice, méchant larron! je te tiens et je te garde, j'en prends à témoin saint Julien, qui te punira de m'avoir si mal hostelé.

—Monseigneur Renart, reprend le vilain en sanglotant, soyez envers moi miséricordieux: ne me faites pas du pis que vous pourriez. Je le sais, j'ai mépris envers vous; je m'en accuse humblement.

La composition . . . la peine? = *La transaction n'en vaut-elle pas la peine?*

vous trouverez tout à souhait   you'll find everything you would want

la dîme — in the Middle Ages the portion of the tax paid to the Church by
   landowners. Here Berton promises Renart such a levy.

dam Renart — Sir Renart, to indicate that Renart is now Berton's lord in this
   quick reversal of rôles.

mettre en abandon = *abandonner*

le garant (legal)   guarantor

le prud'homme (archaic) — the medieval term for a man of honor

le moutier (archaic) = *l'église*

le vouloir   (here:) bidding or wish

je n'ai cure de (archaic) = *je ne veux pas de*

Décidez de l'amende, et je l'acquitterai. Recevez-moi comme votre homme, comme votre serf; prenez ma femme et tout ce qui m'appartient. La composition n'en vaut-elle la peine? Dans mon logis, vous trouverez tout à souhait, tout est à vous: je n'aurai jamais pièce dont vous ne receviez la dîme; n'est-ce rien que d'avoir à son service un homme qui peut disposer de tant de choses!

Il faut le dire ici, à l'éloge de dam Renart, quand il entendit le vilain prier et pleurer pour avoir voulu défendre son coq, il se sentit ému d'une douce pitié.

—Allons! vilain, lui dit-il, tais-toi, ne pleure plus. Cette fois, on pourra te pardonner; mais que jamais tu n'y reviennes, car alors je ne veux revoir ni ma femme ni mes enfants si tu échappes à ma justice. Avant de retirer ta main et ton pied, tu vas prendre l'engagement de ne rien faire jamais contre moi. Puis, aussitôt lâché, tu feras acte d'hommage et mettras en abandon tout ce que tu possèdes.

—Je m'y accorde de grand cœur, dit le vilain, et le Saint-Esprit me soit garant que je serai trouvé loyal en toute occasion.

Berton parlait sincèrement; car au fond, malgré son avarice, il était prud'homme; on pouvait croire en lui comme en un prêtre.

—J'ai, lui dit Renart, confiance en toi; je sais que tu as renom de prud'homie.

Il lui rend alors la liberté, et le premier usage que Berton en fait, c'est de se jeter aux genoux de Renart, d'arroser sa pelisse de ses larmes, d'étendre la main délivrée vers le moutier le plus voisin, en prononçant le serment de l'hommage dans la forme accoutumée.

—Maintenant, dit Renart, et, avant tout, débarrasse-moi de ton odieux filet.

Le vilain obéit, Renart est redevenu libre.

—Puisque tu es désormais tenu de faire mon bon vouloir, je vais sur-le-champ te mettre à l'épreuve. Tu sais ce beau Noiret, que j'ai guetté toute la journée, il faut que tu me l'apportes; je mets à ce prix mon amitié pour toi et ton affranchissement de l'hommage que tu as prononcé.

—Ah! monseigneur, répondit Berton, pourquoi ne demandez-vous pas mieux? Mon coq est dur et coriace; il a plus de deux ans. Je vous propose en échange trois tendres poulets, dont les chairs et les os seront assurément moins indignes de vous.

—Non, bel ami, reprend Renart, je n'ai cure de tes poulets; garde-les et me va chercher le coq.

Le vilain gémit, ne répondit pas, s'éloigna, courut à Noiret, le chassa, l'atteignit, et le ramenant devant Renart:

—Voilà, sire, le Noiret que vous désirez: mais, par saint Mandé, je vous aurais donné plus volontiers mes deux meilleurs chapons. J'aimais beaucoup Noiret: il n'y eut jamais coq plus empressé, plus

en revanche = d'autre part
je te tiens quitte   I consider you freed from
ce qui lui pend à l'œil (archaic)   that which is going to happen to him
ce qu'il a tant pleurer = ce qu'il a pour tant pleurer
maudite l'heure   cursed be the hour
il ne saurait = il ne pourrait
comme les Croisés   like the Crusaders
d'une soudée (archaic)   of a good reward
les élus (p.p. of *élire*)   the chosen
que ne le disais-tu   why didn't you say it
filer un trait   to spin (here it refers to composing music)

vigilant auprès de mes gelines; en revanche, il en était vivement chéri. Mais vous l'avez voulu, monseigneur, je vous le présente.

—C'est bien, Berton, je suis content, et, pour le prouver, je te tiens quitte de ton hommage.

—Grand merci, dam Renart, Dieu vous le rende et madame Sainte 5 Marie!

Berton s'éloigne, et Renart, tenant Noiret entre ses dents, prend le chemin de Maupertuis, joyeux de penser qu'il pourra bientôt partager avec Hermeline, sa bien-aimée, la chair et les os de la pauvre bête. Mais il ne sait pas ce qui lui pend encore à l'œil. En passant sous 10 une voûte qui traversait le chemin d'un autre village, il entend le coq gémir et se plaindre. Renart, assez tendre ce jour-là, lui demande bonnement ce qu'il a tant pleurer.

—Vous le savez bien, dit le coq; maudite l'heure où je suis né! Devais-je être ainsi payé de mes services auprès de ce Berton, le plus 15 ingrat des vilains!

—Pour cela, Noiret, dit Renart, tu as tort, et tu devrais montrer plus de courage. Ecoute-moi un peu, mon bon Noiret. Le seigneur a-t-il droit de disposer de son serf? Oui, n'est-ce pas? Aussi vrai que je suis chrétien, au maître de commander au serf d'obéir. Le serf 20 doit donner sa vie pour son maître; bien plus, il ne saurait désirer de meilleure, de plus belle mort. Tu sais bien cela, Noiret, on te l'a cent fois répété. Eh bien! sans toi, Berton aurait payé de sa personne: s'il ne t'avait pas eu pour racheter son corps, il serait mort à l'heure qu'il est. Reprends donc courage, ami Noiret: en échange d'une mort 25 belle et glorieuse, tu auras la compagnie des anges, et tu jouiras, pendant l'éternité, de la vue de Dieu lui-même.

—Je le veux bien, sire Renart, répondit Noiret, ce n'est pas la mort qui m'afflige et me révolte; car, après tout, je finirai comme les Croisés, et je suis assuré, comme eux, d'une bonne soudée. Si je me 30 désole, c'est pour les chapons, mes bons amis, surtout pour ces chères et belles gelines que vous avez vues le long des haies, et qui seront un jour mangées, sans le même profit pour leurs âmes. Allons! n'y pensons plus. Mais donnez-moi du courage, dam Renart; par exemple, vous feriez une bonne œuvre si vous me disiez une 35 petite chanson pieuse pour m'aider à mieux gagner l'entrée du Paradis. J'oublierais qu'il me faut mourir, et j'en serais mieux reçu parmi les élus.

—N'est-ce que cela, Noiret? reprend aussitôt Renart, eh! que ne le disais-tu! Par la foi que je dois à Hermeline, il ne sera pas dit que tu 40 sois refusé; écoute plutôt.

Renart se mit alors à entonner une chansonnette nouvelle, à laquelle Noiret semblait prendre grand plaisir. Mais, comme il filait un trait prolongé, Noiret fait un mouvement, s'échappe, bat des ailes, et gagne le haut d'un grand orme voisin. Renart le voit, veut l'arrêter: 45

vous m'avez vilainement gabé (archaic) = *vous m'avez joué un mauvais tour*,
    you've played a nasty trick on me
beau chanter nuit ou ennuie (proverb.)   the meaning is: a beautiful song may
    bode evil
Entre la bouche et la cuiller il y a souvent encombre. (proverb.)   There's many a
    slip between cup and lip.
Caton   Cato, Roman philosopher
A beau manger, peu de paroles. (archaic)   To enjoy a meal, speak little.
leurrer (archaic)   to deceive
la Cour — the court of Lion, the king, Renart's lord in these fables
c'en serait fait de = *c'en serait la fin de*

il est déjà trop tard! Il se dresse sur le tronc de l'arbre, saute, et n'en peut atteindre les rameaux.

—Ah! Noiret, dit-il, cela n'est pas bien: je vois que vous m'avez vilainement gabé.

—Vous le voyez? dit Noiret, eh bien! tout à l'heure vous ne le voyiez pas. Possible, en effet, que vous ayez eu tort de chanter; aussi, je ne vous demande pas de continuer le même air. Bonjour, dam Renart! allez vous reposer; quand vous aurez bien dormi, vous trouverez peut-être une autre proie!

Renart, tout confus, ne sait que faire et que résoudre.

—Par sainte Anne! dit-il, le proverbe est juste: beau chanter nuit ou ennuie; et le vilain dit avec raison: entre la bouche et la cuiller, il y a souvent encombre. J'en ai fait l'épreuve. Caton a dit aussi: à beau manger peu de paroles. Pourquoi ne m'en suis-je pas souvenu!

Tout en s'éloignant, il murmurait encore:

—Mauvaise et sotte journée! On dit que je suis habile et que le bœuf ne saurait labourer comme je sais leurrer; voilà pourtant un méchant coq qui me donne une leçon de tromperie! Puisse au moins la chose demeurer secrète et ne pas aller jusqu'à la Cour! C'en serait fait de ma réputation.

Exercices

I   Questions   *Répondez oralement à ces questions.*

1. Quel temps faisait-il au mois de mai cette année-là?
2. Qu'est-ce qui manquait dans la maison de Renart?
3. Pourquoi Renart a-t-il quitté son pauvre château?
4. Qu'est-ce qui a fait trotter Renart, malgré la prairie merveilleuse?
5. Expliquez le proverbe: «la faim chasse le loup hors du bois». Pourquoi est-ce que ce proverbe s'applique aussi au renart?
6. Qu'est-ce qui se trouve au bout du sentier?
7. Qui était le propriétaire de la ferme?
8. Quelle sorte d'homme était Berton le Maire?
9. Quelles difficultés Renart a-t-il rencontrées en entrant dans la ferme?
10. Qu'est-ce qui se passait dans la cour à ce moment-là?
11. Qui était Noiret?
12. Qu'est-ce qu'il faisait à l'approche de Renart?
13. Comment Berton allait-il prendre le malfaiteur?
14. Où Renart se cachait-il?
15. Dans quelle mauvaise situation se trouvait-il?
16. Pourquoi Berton est-il tombé sans connaissance?
17. Expliquez comment le proverbe, «tant gratte la chèvre qui mal gist» s'applique fort bien à Renart.
18. Qu'est-ce que le vilain promettait à Renart pour sauver sa vie?
19. Pourquoi Renart éprouvait-il de la pitié pour Berton?
20. Sous quelles conditions voulait-il bien pardonner au vilain?
21. Quelle épreuve Renart a-t-il imposée à son homme?
22. Quelle a été la réaction de Berton à cette demande?
23. Pourquoi Berton a-t-il regretté la perte de Noiret?
24. A quoi Renart pensait-il en rentrant chez lui?
25. De quoi le coq se plaignait-il?
26. Qu'est-ce que Renart a dit à Noiret pour le réconforter?
27. Quelle œuvre de charité le coq a-t-il demandée à Renart?
28. Comment est-ce que le coq s'est échappé?
29. Quel proverbe s'applique le mieux à Renart ici?
30. Qu'est-ce que Renart espérait à la fin de l'histoire?

II *Complétez les phrases suivantes en vous servant des expressions proposées.*

a) tout d'abord
b) à qui mieux mieux
c) tout à coup
d) aura affaire à
e) tout à l'heure
f) ce sera mon tour
g) tout est à vous

h) je n'ai cure de
i) en revanche
j) ce qui lui pend à l'œil (*archaic*)
k) se met à
l) en effet
m) c'en serait fait de
n) de bonheur pour

1. . . . Jean, il n'était pas en retard pour l'examen.
2. Après que l'interlocuteur a tout dit, . . . de répondre.
3. Si l'on n'obéit pas aux lois, on . . . la police.
4. Noiret a dit qu'il voulait entendre une chante pieuse, mais, . . . , il cherchait à s'échapper.
5. Si Renart ne chantait pas, . . . Noiret.
6. . . . nous avons lu une aventure de Renart.
7. Renart chantait quand . . . Noiret s'enfuit.
8. Renart n'est pas riche mais . . . il est habile.
9. Quand Renart prend Noiret il croit . . . qu'il a vraiment réussi dans son plan.
10. Pour s'échapper, Noiret . . . à voler.
11. Le vaincu dit au vainqueur . . .
12. Les étudiants travaillent . . . pour recevoir de bonnes notes.
13. Au dîner je ne prends que la viande et la soupe car . . . légumes.
14. Le voleur se croit en sauveté; il ne sait pas . . .

III Composition *Quels éléments du système féodal cette lutte entre Renart et Berton montre-t-elle?*

IV Conversation *En quoi le code moral de Renart s'applique-t-il à la vie moderne?*

Detail of the tapestry "The Lady and the Unicorn," Musée de Cluny, Paris.

2

La Société courtoise*

he study of History, as we know it today, did not exist at the time of the Hundred Years War. History was recounted by chroniclers, literate men paid by people of high social importance to record the events of the day for posterity. Obviously, the chronicler was not an unbiased man and it was expected that he would describe his protector and his achievements flatteringly. So, while we certainly learn history from a chronicle, we also know that the story is probably not the exact account of what happened but rather an interpretation—today we might say, "managing the news".

Jean FROISSART (1333–1404?) was one of the great chroniclers of the Hundred Years War. He was attached to the English Court as chronicler for Queen Philippine (1361–1366), wife of Edward III, who—like Froissart—had come from Hainaut on the Franco-Belgian border. As her protégé, he wrote Chronicles about English society. After the Queen's early death, Froissart returned to France and became a chronicler of the Hundred Years War. More careful than other chroniclers, he talked to the eyewitnesses of a battle in order to make his reports as authentic as possible and, hence became a precursor of today's "on the spot" news coverage of events.

However, Froissart remained more impressed by a royal court than by any battle. The following excerpt reveals his interest in the upper-class mores of his time. In it he depicts a courtly scene, undoubtedly one of many from a period which ceased to exist after the Hundred Years War ended the age of chivalry.

---

* La Société courtoise (Courtly Society) which flourished in France from about the 11th to the 14th century, was characterized by its advanced culture and refined manners. Courtly love and service to women in need were the motifs of the literature of this time.

le roi — Edward III of England

eut été désarmé = avait été désarmé

le chevalier (archaic)   knight (a soldier with a *cheval*)

la comtesse de Salisbury — Her castle had been besieged by the king of Scotland
   during a struggle between that king and Edward III. She was able to hold
   out with help from her followers until Edward liberated her castle.

sitôt que = aussitôt que

fit ouvrir (passé simple of *faire,* causal)   to have (something) opened

paré   adorned

le maintien   bearing

il lui était bien avis (archaic)   it was indeed his opinion

une étincelle   a spark

la salle   the reception hall

sa chambre   her chamber or suite

alla saluer . . . son état — The lady is, of course, well acquainted with social
   protocol and, therefore, is a perfect hostess.

de mettre les tables et de parer la salle   to set up tables and adorn the hall — The
   hall served as dining-room, too. Tables were placed on platforms for the
   dinner. Flowers and branches were strewn about the floor for decoration.

ce que bon lui semblait   what seemed correct to her

à mon avis = à mon opinion

prendre garde à   to beware of

Chroniques (Extrait)

Froissart

Dès que le roi Edouard eut été désarmé, il prit dix à douze chevaliers avec lui et s'en alla au château saluer la comtesse de Salisbury . . . Sitôt que la dame de Salisbury sût la venue du roi, elle fit ouvrir toutes les portes et sortit, si richement vêtue et parée que tous s'en émerveillaient. Et on ne pouvait cesser de la regarder et ₅ d'admirer sa grande noblesse, sa grande beauté et son gracieux maintien. Quand elle fut arrivée près du roi, elle s'inclina jusqu'à terre devant lui et le mena au château pour le fêter et l'honorer, comme celle qui très bien le savait faire. Chacun la regardait avec admiration et le roi lui-même ne pouvait s'empêcher de la regarder ₁₀ et il lui était bien avis que jamais il n'avait vu si noble, si fraîche ni plus belle dame qu'elle. Aussi une étincelle d'amour le frappa en plein cœur et cela lui dura longtemps, car c'est un feu qui frissonne, qui prend facilement et qui est mal aisé à éteindre et plus en un cœur que dans l'autre. Et il semblait au roi, à l'étincelle qui l'enflammait, ₁₅ que jamais au monde il n'y avait eu dame qui méritât mieux d'être aimée que celle-ci.

Ils entrèrent au château en se tenant par la main. Et la dame le mena d'abord dans la salle, puis dans sa chambre qui était luxueusement parée comme il sied à une telle dame. Et toujours le roi ₂₀ la regardait si ardemment qu'elle en était toute honteuse et étonnée. Quand il l'eut ainsi regardée un long moment, il alla s'appuyer à une fenêtre et commença fortement à rêver. La dame qui ne pensait pas à cela, alla saluer et fêter les autres seigneurs et chevaliers ainsi qu'elle savait le faire et chacun selon son état. Puis elle commanda de ₂₅ préparer le dîner et quand il serait temps, de mettre les tables et de parer la salle.

Quand la dame eut tout ordonné et commandé à ses gens ce que bon lui semblait, elle s'en vint joyeusement vers le roi qui était toujours dans ses pensées et lui dit: «Cher sire, pourquoi rêvez-vous ₃₀ tant? Cela ne vous convient pas, à mon avis. Au contraire, vous devriez vous réjouir puisque vous avez chassé vos ennemis qui n'ont point osé vous attendre et vous devriez laisser les autres se morfondre.» Le roi répondit ainsi: «Ah! chère dame, sachez que depuis que je suis entré ici, un souci m'est survenu auquel je ne ₃₅ prenais pas garde et il me convient de rêver. Et je ne sais ce qu'il en adviendra, mais je ne puis en débarrasser mon cœur.—Ah! cher sire, dit la dame, vous devriez toujours être joyeux pour mieux

gît (from *gésir;* archaic)   lies

Je vous en prie   I beg of you

le gré   pleasure, will

la gentille = *la dame,* the gentlewoman

vous en seriez . . . recommandé   you would be lowly esteemed and have a bad reputation because of it

Vos chevaliers . . . aussi — Washing before eating was part of the social procedure; *jeûner*   to fast

s'en vint dans = *est entré dans*

à la dérobée   stealthily

cela lui faisait trop grand bien   that pleased him greatly

échec m.   chessman — Chess was the game of the nobility in the Middle Ages.

hommage m. = *respect, obéissance* — When one man swore faith to another of higher rank he became his lord's servant in certain matters (e.g., war); he was the lord's *homme* and the respect and duty paid to the lord was called *hommage.*

voulait qu'un peu du sien restât à la dame   wanted that a little something of his remain with the lady

mettre au jeu   to stake, to gamble for

l'attaqua en riant   attacked her laughingly (as his opponent in the game)

réconforter vos gens et laisser là les rêveries et l'inquiétude. Dieu
vous a si bien aidé jusqu'ici dans toutes vos besognes que vous êtes le
plus redouté et le plus honoré des princes chrétiens . . . Venez dans
la salle, s'il vous plaît, près de vos chevaliers. Le dîner sera bientôt
prêt.—Ah! ma chère dame, dit le roi, autre chose que vous ne pensez 5
me touche et gît en mon cœur. Car, en vérité, le doux maintien, le
sens parfait, la grande noblesse et la fine beauté que je vous ai vus et
que j'ai trouvés en vous, m'ont si surpris et conquis qu'il convient que
je vous aime. Je vous en prie, que ce soit votre gré et que je sois aimé
de vous, car nul refus ne pourrait me guérir.» La gentille fut alors 10
très étonnée. Elle dit: «Très cher sire, ne vous moquez pas de moi et
ne me tentez pas. Je ne pourrais croire ni penser que vous parlez
sérieusement, ni qu'un si noble et gentil prince comme vous êtes,
voulût chercher le moyen de nous déshonorer, moi et mon mari qui
est si vaillant chevalier et qui vous a tant servi, comme vous savez, et 15
qui, encore maintenant, est prisonnier pour vous. Certes, vous en
seriez peu prisé et recommandé. Une telle pensée n'est jamais venue
à mon cœur ni jamais ne viendra; et si cela était, vous devriez non
seulement m'en blâmer, mais encore me punir et couper mon corps
en morceaux.» 20

Puis la dame sortit, laissant le roi tout ébahi et elle retourna dans la
salle pour faire hâter le dîner. Puis elle revint au roi avec plusieurs
de ses chevaliers et lui dit: «Sire, venez dans la salle. Vos chevaliers
vous attendent pour se laver, car ils ont assez jeûné et vous aussi.»

A ces mots, le roi quitta la fenêtre où il était resté longtemps 25
appuyé et s'en vint dans la salle et se lava. Puis il s'assit pour dîner
entre ses chevaliers et la dame, mais il resta peu de temps assis car il
pensait à autre chose qu'à boire et à manger. A table, il restait si
pensif que ses chevaliers s'en émerveillaient, car auparavant il avait
l'habitude de rire et de jouer et volontiers il écoutait des plaisanteries 30
pour oublier le temps, mais ce jour-là il n'en avait ni souci ni envie.
Au contraire, quand il pouvait lancer à la dérobée un regard sur la
dame, cela lui faisait trop grand bien et la plus grande partie de son
dîner fut de regarder et de rêver.

Après dîner on enleva les tables et le roi demeura encore un peu 35
au château de Salisbury, espérant que la dame lui ferait une meilleure réponse que celle qu'il avait eue. Il demanda des échecs et la
dame les fit apporter. Alors le roi demanda à la dame de jouer avec
lui et la dame, qui lui faisait aussi bon accueil qu'elle pouvait, accepta
volontiers. Et elle y était bien obligée car le roi lui avait rendu un 40
beau service en forçant le roi d'Ecosse à lever le siège de son château
et la dame devait le faire d'autant plus, que le roi était son vrai et
naturel seigneur par foi et par hommage.

Au début du jeu, le roi qui voulait qu'un peu du sien restât à la
dame, l'attaqua en riant: «Dame, que vous plaît-il de mettre au jeu?» 45

le chaton   bezel, setting (of a ring)

une tour   a rook (in the chess game)

mat d'un aufin   checkmated by a bishop

le vin et les épices — This will make the parting drink.

la demoiselle   lady-in-waiting — Usually young girls, thus we have the expression *mademoiselle*.

Et le roi . . . débat — Courtly refinement by a gentleman who wishes to appear thoroughly *courtois* while the lady wishes to honor her king and guest in a respectful manner.

hôtel m.   mansion — The king is referring to her *château*.

Et la dame répondit: «Sire, et vous?» Alors le roi mit un très bel anneau qu'il portait au doigt, avec un gros rubis sur le chaton. Alors la dame dit: «Sire, sire, je n'ai pas d'anneau qui soit aussi riche que le vôtre.—Dame, dit le roi, tel qu'il est, mettez le vôtre. Je n'y regarde pas de si près.»

Alors la comtesse pour faire la volonté du roi tira de son doigt un anneau d'or qui n'était pas de grande valeur. Ils jouèrent aux échecs ensemble; la dame, à ce qu'elle pensait, faisait du mieux qu'elle pouvait pour que le roi ne la crût pas trop simple ni trop ignorante. Le roi dissimulait et ne jouait pas du mieux qu'il pouvait. Et dès qu'il y avait un arrêt dans le jeu, il regardait si fort la dame qu'elle en était toute honteuse et elle se trompait dans son jeu. Et quand le roi voyait qu'elle avait perdu une tour, un chevalier ou toute autre pièce, il s'arrangeait pour perdre aussi afin de remettre la dame dans son jeu.

Ils jouèrent tant que le roi perdit et fut mat d'un aufin. Alors la dame se leva et demanda le vin et les épices car le roi faisait semblant de vouloir partir. Et la dame prit son anneau et le mit à son doigt et voulut que le roi reprit le sien et elle le lui offrit en disant: «Sire, il ne convient pas que, chez moi, je garde rien qui soit à vous, au contraire c'est vous qui devriez emporter du mien.—Dame, dit le roi, si fait! car le jeu était ainsi convenu et si j'avais gagné, soyez sûre que j'aurais emporté votre anneau.» La dame ne voulut pas insister mais elle s'en vint à une de ses demoiselles et lui donna l'anneau en disant: «Quand vous verrez le roi partir d'ici, qu'il aura pris congé de moi et qu'il sera prêt à monter à cheval, avancez-vous et rendez-lui l'anneau tout bellement et dites-lui que je ne veux pas le garder, car cela n'est pas convenable.» Et la demoiselle lui dit qu'elle le ferait volontiers. Sur ces mots, le vin et les épices arrivèrent. Et le roi ne voulut jamais se servir avant la dame ni la dame avant le roi et il y eut là un grand et plaisant débat. Finalement il fut décidé qu'ils se serviraient en même temps, l'un aussi tôt que l'autre pour aller plus vite. Après cela, quand les chevaliers du roi eurent bu, le roi prit congé de la dame et lui dit tout haut afin que nul ne pût rien remarquer: «Dame, vous demeurez dans votre hôtel et moi je m'en vais poursuivre mes ennemis.» La dame, à ces mots, s'inclina bien bas devant le roi. Et le roi, devant tous, la prit par la main droite qu'il serra un peu en signe d'amour et cela lui fit trop grand bien. Et le roi vit que les chevaliers et les demoiselles s'attardaient à prendre congé les uns des autres, il voulut encore lui dire deux mots seulement: «Ma chère dame, que Dieu vous garde jusqu'au retour. Je vous prie de réfléchir et de vous décider autrement que vous ne l'avez fait.—Cher sire, dit la dame, que le Père glorieux vous conduise et vous enlève toute pensée vilaine et déshonnête, car je suis et serai toujours décidée à vous servir, en gardant votre honneur et le mien.»

son palefroi (archaic)   his palfry
de longues paroles   a lot of talk
lances f.   lances — He refers, of course, to the men who held the lances.
Elle n'avait rien à réclamer.   She had no right to it.

Alors le roi quitta la chambre et la dame aussi pour l'accompagner jusqu'à la salle où était son palefroi. Et le roi dit qu'il ne monterait pas à cheval tant que la dame serait là et pour abréger, la dame prit congé définitivement du roi et de ses chevaliers et se retira dans sa chambre avec ses demoiselles. Comme le roi montait à cheval, la 5
demoiselle, qui en avait reçu commission de la dame, vint au roi et s'agenouilla; et quand le roi la vit, il la fit relever et il crut qu'elle allait lui dire autre chose que ce qu'elle lui dit: «Monseigneur, voici votre anneau que ma dame vous renvoie et elle vous prie humblement de croire que ce n'est pas par dédain qu'elle ne veut pas le 10
garder avec elle. Vous lui avait fait tant d'autres services qu'elle est tenue, dit-elle, d'être à jamais votre servante.» Le roi, en entendant la demoiselle et en voyant son anneau qu'elle tenait, comprit ce que voulait dire la dame et son excuse et il en resta tout étonné. Cependant, il prit rapidement une décision et pour que l'anneau restât là 15
comme il l'avait voulu, il répondit brièvement, car il n'était pas be-
soin de longues paroles, et lui dit: «Demoiselle, puisque le petit gain qu'elle a fait sur moi, ne plaît pas à votre dame, gardez-le.» Après cela il monta à cheval et aussitôt partit du château et se mit sur les
champs avec ses chevaliers. Il trouva le comte de Pembroke qui 20
l'attendait avec cinq cents lances. Alors ils s'en allèrent tous ensemble et suivirent l'armée.

Quant à la demoiselle dont je vous ai parlé, elle revint auprès de la dame et lui rapporta la réponse du roi et elle voulut lui rendre
l'anneau d'or que le roi avait perdu aux échecs. Mais la dame ne 25
voulut pas le prendre, mais elle dit qu'elle n'avait rien à en réclamer et que puisque le roi le lui avait donné, elle devait en profiter. Ainsi l'anneau du roi resta à la demoiselle.

Exercices

I   Questions   *Répondez oralement à ces questions.*

 1. Décrivez la comtesse de Salisbury.
 2. Qu'a-t-elle fait en arrivant près du roi?
 3. Quelle était la réaction du roi?
 4. Où sont-ils allés ensuite?
 5. Décrivez l'attitude du roi devant la dame.
 6. Pourquoi le roi devrait-il se réjouir?
 7. Qu'a-t-il dit comme réponse à la comtesse?
 8. Pour quelle raison la dame était-elle étonnée?
 9. Où se trouvait le comte de Salisbury? Pourquoi?
10. Pourquoi la comtesse est-elle partie?
11. Pourquoi fallait-il se laver?
12. Décrivez la conduite du roi à table.
13. Pourquoi le roi a-t-il demeuré au château de Salisbury?
14. Quel service avait-il rendu à la dame?
15. Pourquoi le roi a-t-il voulu mettre quelque chose au jeu?
16. Comment le roi et la dame jouaient-ils?
17. Est-ce que la dame voulait accepter l'anneau du roi? Pour-
    quoi?
18. Qu'a-t-elle dit à sa demoiselle?
19. Décrivez comment ils ont bu.
20. Est-ce que le roi a enfin décidé de respecter l'honneur de la
    dame?
21. Le roi a-t-il accepté son anneau? Qu'en a-t-il fait?
22. La demoiselle qu'a-t-elle fait après le départ du roi?
23. Où l'anneau est-il resté?

II   *Trouvez dans le texte des mots équivalents aux expressions en italiques.*

 1. Elle était bien contente à *son arrivée.*
 2. Pendant la saison de Noël *nous décorons* notre salle de classe.
 3. Il a jeté un coup d'œil *furtivement.*
 4. Est-ce qu'*il convient au* congrès de se réunir au mois de juin?
 5. Elle *s'est approchée* joyeusement *à* ses amis.
 6. Nous *avons dit bonjour* à nos parents.
 7. J'espère que vous n'irez pas là contre *votre volonté.*
 8. *Tout étonné* qu'il était, il n'a pas refusé de nous voir!
 9. *Au passé* nous allions tous les jours chez lui.
10. Elle a accepté notre cadeau *avec plaisir.*
11. Après *m'avoir dit adieu,* il est parti.

12. *Ayez la bonté* de répondre à ma question.
13. On *a pris* mon manteau à l'entrée.
14. Il *prétend* être fatigué; il ne veut pas étudier.
15. Je regrette que vous ayez perdu votre stylo et j'espère que vous ne me *blâmerez* pas de ce vol.

III *Complétez les phrases suivantes en vous servant des expressions proposées.*

a) enlever le couvert
b) réconfortons cette vieille dame
c) on se moque toujours de lui
d) le blâmer de ce crime est injuste
e) prendre congé de votre hôte
f) il n'a aucun souci
g) de débarrasser ce vieillard
h) mettre au jour
i) fait semblant de vous estimer
j) a fait bon accueil

1. Il est tout à fait ridicule. C'est pourquoi . . .
2. Ce garçon est innocent; . . .
3. Après le dîner ce sont les enfants qui doivent . . .
4. . . . qui a tant souffert.
5. Comme il est heureux! . . .
6. Avant votre départ vous devez . . .
7. Loin d'être hostile la foule lui . . .
8. Ce coquin a essayé . . . de son argent.
9. Les détails de ce cas ne sont pas clairs; un jour on va . . . toute la vérité.
10. Il est hypocrite. Il . . . mais il parle contre vous.

IV Composition *Faites une comparaison entre l'esprit courtois selon Froissart et celui de nos jours.*

V Conversation *Rapportez au comte de Salisbury en prison la conduite de sa femme pendant cette visite du roi.*

Gargantua.

M. D. XXXVII.

3

L'Education d'un prince

The Renaissance was a revival of interest in classical literature, arts, and learning and a break with the religious and social attitudes of the Middle Ages. The ferment and excitement of this new age is faithfully reflected in the works of one of the great French novelists, François RABELAIS (1494–1553.)

A monk, a medical doctor, a humanist skilled in the study of Greek and Latin authors, and a novelist, Rabelais' interests seem to have embraced almost every field of learning. In fact, through arduous study, he hoped to become, as he expressed it in his works, "an abyss of learning." He channeled his erudition into his novels *Pantagruel* and *Gargantua,* the names of giants existing in a popular folk tale of the day. By transforming the rustic giants into Renaissance princes, he made his novels humorous but profound social commentaries of this period.

The novel *Gargantua* appeared in 1534; in it Rabelais satirized many of the religious and secular institutions as hopelessly outmoded and repressive in their negative reaction to the new spirit of the Renaissance. In the chapters of *Gargantua* which immediately precede this selection, the education of the young Gargantua had been entrusted by his devoted father to the traditional "professeurs sorboniques". To Rabelais these professors represented the ineffectual and outmoded educational system of the late Middle Ages with its emphasis on the rote-memory of useless material, and its neglect of the harmonious development of the soul, mind and body of the young. As the result of this pernicious system, Gargantua seemed almost to have lost even his native wit, he had no social graces, and was well on his way to developing vicious habits.

We are about to read here the program of studies set forth by a humanist teacher, Ponocrates. It is he who in the nick of time is to undo the damage of the scholastic method by introducing his young charge to a system based on the wisdom and spirit of the Renaissance. In reading this passage, we should first realize that Rabelais is consciously describing the education of a giant and does not seriously intend that any ordinary man could fulfill the demands of such a utopian program. But at the same time, the passage should make clear to us the ideals and aims of education for the Renaissance man: that is, his fervent desire to develop harmoniously all the talents and possibilities of a human being so that he could better appreciate and profit from his human existence.

Théodore — a reference to Theodorus, a Cyrenaic philosopher of the fourth
   century B.C. This thinker made man's happiness depend entirely on the
   degree of intelligence he had attained.
avec l'éllébore d'Anticyre — Black hellebore was an herb specifically used in
   Antiquity to purge a patient of such ills as paralysis, dropsy and madness.
altération (archaic)   corruption
Timothée — Timotheus, Greek lyric poet who lived in the sixth century B.C.;
   he is supposed to have added several new notes to the lyre and to have
   introduced new musical forms.
se faire valoir = *se distinguer*
Anagnoste (Greek)   reader
accoutré   fitted, trimmed (in regard to being clothed)

Gargantua *(Extrait)*
Rabelais

COMMENT GARGANTUA FUT INSTRUIT PAR PONOCRATE EN TELLE DISCIPLINE QU'IL NE PERDAIT UNE HEURE DU JOUR.

Quand Ponocrate connut la vicieuse manière de vivre de Gargantua il décida de l'instruire autrement en lettres; mais, pour les premiers jours, il le toléra, considérant que Nature n'endure de mutations soudaines sans grande violence.

Donc pour mieux commencer son œuvre, il supplia un savant médecin de son temps, nommé maître Théodore, de considérer s'il était possible de remettre Gargantua en meilleure voie. Celui-là le purgea canoniquement avec l'éllébore d'Anticyre, et, par ce médicament, lui nettoya toute l'altération et perverse habitude du cerveau. Par ce moyen aussi, Ponocrate lui fit oublier tout ce qu'il avait appris, sous ses anciens précepteurs, comme faisait Timothée à ses disciples qui avaient été instruits sous d'autres musiciens.

Pour mieux faire cela, il l'introduisait dans les compagnies des gens savants qui étaient là, à l'émulation desquels lui augmentèrent l'esprit et le désir d'étudier autrement et de se faire valoir.

Après, il le mit en un tel train d'étudier qu'il ne perdait une heure quelconque du jour; mais il consommait tout son temps en lettres et honnête savoir.

Gargantua s'éveillait donc environ quatre heures du matin. Pendant qu'on le frottait, il lui était lu quelque page de la divine Ecriture, hautement et clairement, avec la prononciation convenant à la matière, et cela était commis d'un jeune page, natif de Basché, nommé Anagnoste. Selon le propos et argument de cette leçon, souventes fois il s'adonnait à révérer, adorer, prier et supplier le bon Dieu, duquel la lecture montrait la majesté et les jugements merveilleux.

Puis, il allait aux lieux secrets faire excrétion des digestions naturelles. Là son précepteur répétait ce qui avait été lu, lui exposant les points les plus obscurs et les plus difficiles. En retournant, ils considéraient l'état du ciel, s'il était tel qu'ils avaient noté le soir précédent, et en quels signes entraient le soleil et aussi la lune, pour cette journée.

Cela fait, il était habillé, peigné, coiffé, accoutré et parfumé, et durant ce temps on lui répétait les leçons du jour d'avant. Lui-même

en Bracque — a reference to the well-known tennis court in Paris, *Le Grand Bracque*

la paume = le tennis

la balle en triangle — a ball game in which three players placed themselves in a triangle

las = fatigué

quelques sentences — several axioms or proverbs that a student would be expected to learn by heart

eût pris = perfect subjunctive of *prendre*

à deviser = à causer

lors = alors

de l'apprêt de celles-ci — the dressing or sauce in which these vegetables are prepared

ce que faisant = en faisant ceci

Pline . . . Elien — Greek writers, all of whom gave attention to foods and cooking in their works. For example, Julius Pollux wrote a work on preparing game for the table, and Porphyrius wrote a treatise on the wisdom of abstinence from meat. Rabelais is revelling here, as he will in the matter of botany, (see p. 39) on his skill in referring extensively to Greek authors.

susdit above-mentioned

la confiture de coing quince jam

un tronc de lentisque a piece of the mastic tree (known for its pasty or cement-like resin)

Tunstal, Anglais — Cuthbert Tunstal, Bishop of London, who composed a treatise on mathematics in 1522

il n'y entendait que du haut allemand literally: he understood it (mathematics) only as well as High Dutch (or) (in comparison to Gargantua) it (mathematics) was like Dutch to him

comme géométrie . . . musique — Arithmetic, Geometry, Astronomy and Music were the four "Arts" of the Quadrivium which would be an essential part of a schoolboy's program of studies in Rabelais' time.

les disait par cœur et y mêlait quelques cas pratiques et concernant
l'état humain, qu'ils étendaient quelquefois jusqu'à deux ou trois
heures, mais qu'ordinairement, ils cessaient quand il était tout à fait
habillé. Puis pendant trois bonnes heures une lecture lui était faite.

Cela fait, ils sortaient, toujours conférant des propos de la lecture, 5
et se divertissaient en Bracque ou dans les prés, et jouaient à la balle,
à la balle à la paume, à la balle en triangle, s'exerçant galamment le
corps comme ils avaient auparavant exercé leurs âmes. Tout leur jeu
n'était qu'en liberté, car ils laissaient la partie quand il leur plaisait, et
cessaient ordinairement lorsqu'ils suaient par le corps ou étaient las 10
autrement. Ils étaient alors très bien essuyés et frottés, changeaient
de chemise, et, se promenant doucement, allaient voir si le dîner
était prêt. Là, en attendant, ils récitaient clairement et éloquemment
quelques sentences retenues de la leçon.

Cependant, Monsieur l'Appétit venait, et, par bonne opportunité, 15
ils s'asseyaient à table. Au commencement du repas était lue quelque
histoire plaisante de prouesses antiques, jusqu'à ce qu'il eût pris son
vin.

Lors, si bon semblait, on continuait la lecture ou ils commençaient
à deviser joyeusement, parlant ensemble, pour les premiers mois, de 20
la vertu, propriété, efficacité et nature de tout ce qui leur était
servi à table: du pain, du vin, de l'eau, du sel, des viandes, poissons,
fruits, herbes, racines et de l'apprêt de celles-ci. Ce que faisant, il
apprit en peu de temps tous les passages s'y rapportant dans Pline,
Athénée, Dioscoride, Julius Pollux, Galien, Porphyre, Oppien, 25
Polybe, Héliodore, Aristote, Elien et autres. Ces propos tenus, ils
faisaient souvent, pour être plus assurés, apporter les livres susdits à
table. Là il retint si bien et entièrement en sa mémoire les choses
dites que, pour lors, il n'était médecin qui en sût la moitié autant
qu'il faisait. Après, ils devisaient des leçons lues au matin, et, tandis 30
qu'ils parachevaient leur repas par quelque confiture de coing, il
s'écurait les dents avec un tronc de lentisque, se lavait les mains et les
yeux de belle eau fraîche et rendait grâces à Dieu par quelques
beaux cantiques faits à la louange de la munificence et bénignité
divine. 35

Cela fait, on apportait des cartes, non pour jouer, mais pour y
apprendre mille petites gentillesses et inventions nouvelles, lesquelles toutes sortaient d'arithmétique. Par ce moyen, il entra en affec-
tion de cette science numérale, et, tous les jours, après dîner et
souper, il y passait son temps avec autant de plaisir qu'il en prenait 40
d'habitude aux dés ou aux cartes. Par suite il sut de cette science et
théorique et pratique, si bien, que Tunstal, Anglais qui en avait
amplement écrit, confessa que vraiment, en comparaison de lui, il
n'y entendait que du haut allemand.

Et non seulement celle-ci, mais les autres sciences mathématiques 45
comme géométrie, astronomie et musique; car, en attendant la con-

la concoction = Latinism for *digestion*

pratiquaient les canons astronomiques   applied astronomical laws

ils s'ébaudissaient (archaic) = *ils se divertissaient*

l'épinette = *le clavier* (spinet)

la flûte d'allemand   the traverse flute, invented in Germany

la sacquebutte = (modern) *saquebute*, a kind of trombone

matutinal (adj.) = *du matin*

un coursier = *un cheval de bataille; un roussin = cheval commun de voyage; un genet = cheval espagnol; un cheval barbe = cheval arabe*

et lui donnait cent fois carrière   and rode him through one hundred obstacle courses

à dextre comme à senestre (archaic) = *à droite comme à gauche*

acérée, verte, et roide   keen, robust, and strong

haubert m.   coat of mail

le gantelet   gauntlet, steel glove

en cap (archaic) = *à tête*

de Ferrare — The Italian city of Ferrara was well known in Rabelais' time for its skilled acrobats, one of whom he is referring to here.

désultoire (archaic)   vaulting or jumping

il resserrait = *il resistait à*

un coup de taille   a sweeping stroke

qu'il fût passé . . . = *jusqu'à ce qu'il ait été reçu ou accepté comme . . .*

il branlait = *il brandissait*

il saquait (archaic) = *il secouait*

l'épée bâtarde   the back-sword

la rondache — a small shield formerly used by foot soldiers

l'outarde f.   bustard (turkey-like bird today almost extinct)

coction et digestion de son repas, ils faisaient mille joyeux instruments et figures géométriques, et de même pratiquaient les canons astronomiques. Après ils s'ébaudissaient à chanter musicalement à quatre et cinq parties, ou sur un thème, à plaisir de gorge. En ce qui regarde les instruments de musique, il apprit à jouer du luth, de 5 l'épinette, de la harpe, de la flûte d'Allemand et à neuf trous, de la viole et de la sacquebutte.

Cette heure ainsi employée, la digestion parachevée, il se purgeait des excréments naturels; puis il se remettait à son étude principale pendant trois heures ou davantage, tant à répéter la lecture 10 matutinale qu'à poursuivre le livre entrepris qu'aussi à écrire et à bien tracer et former les anciennes lettres romaines.

Cela fait, ils sortaient de leur hôtel; avec eux était un jeune gentilhomme de Touraine nommé l'écuyer Gymnaste, lequel lui montrait l'art de chevalerie. Changeant donc de vêtements, il montait sur 15 un coursier, sur un roussin, sur un genet, sur un cheval barbe, sur un cheval léger, et lui donnait cent fois carrière, le faisant voltiger en l'air, franchir le fossé, sauter la palissade, tourner court en un cercle, tant à dextre comme à senestre. Là il rompait, non la lance—car c'est la plus grande rêverie du monde de dire: «J'ai rompu dix lances en 20 tournoi ou en bataille», un charpentier le ferait bien—, mais c'est louable gloire d'avoir rompu d'une lance dix de ses ennemis. De sa lance donc, acérée, verte et roide, il rompait une porte, enfonçait un harnais, abattait un arbre, enfilait un anneau, enlevait une selle d'armes, un haubert, un gantelet. Il faisait le tour armé de pied en 25 cap.

Quant à faire exécuter des exercices à la voix et faire les petits appels de la langue sur un cheval, nul ne le fit mieux que lui. Le voltigeur de Ferrare n'était qu'un singe en comparaison. Notamment il était appris à sauter hâtivement d'un cheval sur l'autre sans 30 prendre terre, et l'on nommait ces chevaux *désultoires*; et à monter de chaque côté, la lance au poing, sans étriers et à guider le cheval sans bride, à son plaisir, car telles choses servent à la discipline militaire.

Un autre jour il s'exerçait à la hache, laquelle tant bien il coulait, tant vertement il resserrait de tous coups de pointe, tant souplement 35 il abattait d'un coup de taille en cercle, qu'il fût passé chevalier d'armes en campagne et en tous essais.

Puis il branlait la pique, saquait de l'épée à deux mains, de l'épée bâtarde, de l'espagnole, de la dague et du poignard, armé, non armé, au bouclier, à la cape, à la rondache. 40

Il courait le cerf, le chevreuil, l'ours, le daim, le sanglier, le lièvre, la perdrix, le faisan, l'outarde. Il jouait à la grosse balle, et la faisait bondir en l'air autant du pied que du poing.

Il luttait, courait, sautait, non à trois pas un saut, non à clochepied, non au saut d'Allemand, car, disait Gymnaste, tels sauts sont inutiles 45 et de nul bien en guerre; mais d'un saut il traversait un fossé, volait

Jules César — During the Alexandrian War, in the battle for the city of
  Pharos, Caesar is supposed to have leaped into the sea and to have swum
  to a waiting ship while carrying important documents in his left hand
  above the water.

derechef = *de nouveau*

à fil d'eau with the current

en pleine écluse in full course

s'escrimer de = *s'exercer avec*

courait sur les vergues ran along the ship's yard

mettait les armures à contrevent held up the bowlines against the wind

dévalait = *descendait*

Milon — Milo of Crotona, celebrated Greek athlete, 6th century B.C.; for six
  consecutive times he won the Olympic award for wrestling.

le poinçon sharp-pointed knife

tirait à fond l'arc he drew the bow to the full

fortes arbalètes de passe strong rack-bent crossbows

au papegai at the popinjay

Je l'ouïs (ouïr) = Je l'ai entendu

depuis la porte Saint-Victor . . . Montmartre — practically the extreme southeast
  to the extreme northwest of Paris

oncques (archaic) = *jamais*

regaillardir = *revigorer, ranimer*

saumon de plomb lead ingot

quintaux (m. pl.) — The *quintal* is a weight of one hundred pounds.

haltères f. dumbbells

barres f. the game of barricades

quand le point arrivait when the struggle came

une pomme de grenade a pomegranate

Théophraste . . . Galien — a list of Greek herbolists and botanists

sur une haie, montait six pas contre une muraille, et rampait de cette façon à une fenêtre de la hauteur d'une lance.

Il nageait en eau profonde, à l'endroit, à l'envers, de côté, de tout le corps, des seuls pieds, une main en l'air, dans laquelle tenant un livre il traversait toute la rivière de Seine sans le mouiller, et en tirant par les dents son manteau comme faisait Jules César. Puis d'une main, il entrait par grand force en un bateau, de celui-ci se jetait derechef en l'eau la tête la première; il sondait le fond, creusait les rochers, plongeait aux abîmes et aux gouffres. Puis il tournait ce bateau, le gouvernait, menait hâtivement, lentement, à fil d'eau, contre le courant, le retenait en pleine écluse, le guidait d'une main, s'escrimait de l'autre avec un grand aviron, tendait la voile, montait au mât par les cordages, courait sur les vergues, ajustait la boussole, mettait les armures à contre-vent, bandait le gouvernail.

Sortant de l'eau, il montait raidement le long de la montagne et dévalait aussi franchement, il grimpait aux arbres comme un chat, sautait de l'un sur autre comme un écureuil, abattait les gros rameaux comme un autre Milon, avec deux poignards acérés et deux poinçons éprouvés, il montait au haut d'une maison comme un rat, puis descendait du haut en bas en telle position des membres qu'il n'était aucunement blessé par la chute. Il jetait le dard, la barre, la pierre, la javeline, l'épieu, la hallebarde, tirait à fond l'arc, bandait à ses reins les fortes arbalètes de passe, visait de l'arquebuse à l'œil, affûtait le canon, tirait à la butte, au papegai, de bas en haut, de haut en bas, devant, de côté, en arrière comme les Parthes.

Et, pour s'exercer le thorax et les poumons, il criait comme tous les diables. Je l'ouïs une fois appleant Eudémon depuis la porte Saint-Victor jusqu'à Montmartre. Stentor n'eut oncques telle voix à la bataille de Troie.

Et, pour se ragaillardir ses nerfs, on lui avait fait deux gros saumons de plomb, chacun du poids de huit mille sept cents quintaux, qu'il nommait haltères. Il les prenait de terre en chaque main, et les élevait en l'air au-dessus de la tête, et les tenait ainsi, sans remuer, trois quarts d'heure et davantage, ce qui était une force inimitable.

Il jouait aux barres avec les plus forts, et quand le point arrivait, il se tenait sur ses pieds tant raidement qu'il s'abandonnait aux plus aventureux, pour voir s'ils le feraient mouvoir de sa place, comme jadis Milon, à l'imitation duquel il tenait aussi une pomme de grenade en ses mains et la donnait à qui pourrait lui ôter.

Après avoir ainsi employé le temps, s'être frotté, nettoyé et avoir mis des habillements frais, il s'en retournait tout doucement; et, passant par quelques prés ou autres lieux herbus, ils visitaient les arbres et les plantes, les conférant avec les livres des anciens qui en ont écrit, comme Théophraste, Dioscoride, Marinus, Pline, Nicandre Macer et Galien; et ils en emportaient leurs pleines mains

Rhizotome — Greek name for "herbolist"

des houes . . . des tranchoirs — These are gardening tools.

réfréner les abois de l'estomac   to curb the barking of the stomach

un tas de badauds . . . en l'officine des Arabes   a crowd of lazy doctors worn out in the laboratories of the Arabs. — This is a satirical dig by Rabelais at the Arab physicians of Avicenna, who disagreed with the methods of Greek medicine.

faisant grande chère   having a jolly time

eussent vu = perf. subj. of *voir*

Pythagoriciens — after the fashion of the Greek philosopher Pythagoras, i.e., in reasoned, logical fashion

au logis, dont avait la charge un jeune page nommé Rhizotome, ainsi
que des houes, des pioches, des serpettes, des bêches, des tranchoirs
et autres instruments requis pour bien herboriser.

Arrivés au logis, cependant qu'on apprêtait le souper, ils
répétaient quelques passages de ce qui avait été lu, et s'asseyaient à 5
table.

Notez ici que son dîner était sobre et frugal, car il mangeait seulement pour refréner les abois de l'estomac; mais le souper était
copieux et large, car il en prenait autant que besoin lui était pour
s'entretenir et se nourrir, ce qui est le vrai régime prescrit par l'art 10
de bonne et sûre médecine, quoiqu'un tas de badauds médecins,
harcelés en l'officine des Arabes, conseillent le contraire.

Durant ce repas était continuée la leçon du dîner, tant que bon lui
semblait; le reste était consommé en bon propos, tous lettrés et
utiles. 15

Après grâces rendues, ils s'adonnaient à chanter musicalement, à
jouer d'instruments harmonieux, ou de ces petits passe-temps qu'on
fait aux cartes, aux dés et gobelets, et ils demeuraient là, faisant
grande chère et s'ébaudissant parfois jusqu'à l'heure de dormir;
quelquefois ils allaient visiter les compagnies de gens lettrés ou de 20
gens qui eussent vu des pays étrangers.

En pleine nuit, avant de se retirer, ils allaient du lieu de leur logis
le plus découvert voir la face du ciel, et là ils notaient les comètes, s'il
en était, les figures, situations, aspects, oppositions et conjonctions
des astres. 25

Puis, avec son précepteur, il récapitulait brièvement, à la mode des
Pythagoriciens tout ce qu'il avait lu, vu, su, fait et entendu au cours
de toute la journée.

Ainsi priaient-ils Dieu le créateur, en l'adorant et confirmant leur
foi envers lui, et, le glorifiant de sa bonté immense et lui rendant 30
grâce de tout le temps passé, se recommandant à sa divine clémence
pour tout l'avenir.

Cela fait, ils entraient en leur repos.

Exercices

I   Questions   *Répondez oralement à ces questions.*

1. Qu'est-ce que Ponocrate tolérait pour les premiers jours? Pourquoi?
2. Qui était maître Théodore et quel service a-t-il rendu à Gargantua?
3. Qu'est-ce que Gargantua a oublié par ce moyen?
4. Pourquoi Ponocrate introduisait-il Gargantua dans les compagnies des gens savants?
5. Ensuite quel système d'étudier a-t-il choisi pour Gargantua?
6. Quand Gargantua se levait-il? Qu'est-ce que l'on lui lisait tout de suite?
7. Comment Gargantua apprenait-il à aimer Dieu?
8. Qu'est-ce qu'il considérait en retournant des «lieux secrets»?
9. Pendant que l'on habillait Gargantua, qu'est-ce qu'il écoutait? Que récitait-il après?
10. A quels sports jouait Gargantua? Comment y jouait-on?
11. Qu'est-ce qu'on lisait à table?
12. De quoi parlait-on pendant le dîner?
13. Après les premiers mois, quel progrès pouvait-on remarquer dans ces conversations à table?
14. Pourquoi Gargantua jouait-il aux cartes? Qu'est-ce qu'il a appris de ces jeux?
15. Comment attendait-on la digestion de son repas?
16. Quelles études reprenait-on après le dîner?
17. Qui était Gymnaste? De quelle partie de l'éducation de Gargantua s'occupait-il?
18. Dans quels exercices militaires Gargantua s'entraînait-il?
19. Quelles autres armes Gargantua apprenait-il à utiliser?
20. Nommez quelques exploits athlétiques maîtrisés par lui.
21. De quelle façon singulière a-t-il traversé la Seine?
22. Quels exploits maritimes a-t-il appris aussi?
23. Comment exerçait-il son agilité? Sa voix? Ses nerfs? Ses muscles?
24. Qu'est-ce qu'ils faisaient en attendant le souper?
25. En quoi le dîner différait-il du souper? Pourquoi?
26. Comment faisait-on grande chère après le dîner?
27. Par quelles activités Gargantua finissait-il sa journée?

II *Complétez les phrases suivantes en vous servant des expressions proposées.*

a) fait grande chère
b) s'adonne à
c) rend grâce à
d) il criait comme tous les diables
e) d'un saut
f) se remettent à
g) tant travaillé qu'
h) cela fait

i) en ce qui regarde
j) par suite
k) quant à
l) jusqu'à ce qu'
m) par cœur
n) se faire valoir
o) jouer au
p) jouer du

1. Parce qu'il a une certaine religion, Gargantua . . . Dieu après son dîner.
2. Le soir, j'étudie mes leçons. . . . , je me couche.
3. Quand on s'amuse bien en bonne compagnie, on . . .
4. Celui qui chante bien . . . l'étude de la musique.
5. Après les vacances d'été, les étudiants . . . leurs études.
6. Beaucoup de collégiens aux Etats-Unis aiment . . . football.
7. Le pianiste . . . piano.
8. J'ai appris le monologue d'Hamlet et je peux le dire . . .
9. Le voleur a pris mon portemonnaie et il s'est enfui . . .
10. J'attends toujours le professeur . . . il vienne.
11. Pour se faire entendre, . . .
12. Si l'on a beaucoup d'ambition, on prend toute occasion pour . . .
13. . . . . le français, je trouve l'étude de la grammaire tout seule un peu sèche.
14. Elle n'a pas étudié. . . . elle a échoué à cet examen.
15. Il y a des gens qui aiment voyager en avion . . . moi, je préfère le bateau.
16. Il a . . . il ne peut plus rester debout.

III Composition *Esquissez un portrait moral d'un jeune étudiant qui vient de terminer ses études avec le bon Ponocrate. Il posséderait quels talents, quels intérêts, et quelles qualités morales?*

IV Conversation *Créez un débat entre deux professeurs (ou étudiants) sur la méthode d'éducation considérée dans ce chapitre. L'un défendra les idées de Ponocrate et l'autre essayera de démontrer que l'on ne doit apprendre que ce qui est essentiel pour réussir dans une profession ou situation quelconque.*

Inv. et dessiné par F.Boucher.   Gravé par Lau.Care

Engraving from "Suite complète des eaux fortes pour les œuvres de Molière," Paris, 1734. Courtesy Museum of Fine Arts, Boston, William A. Sargeant Collection.

4

La Sincérité déçue

ean-Baptist Poquelin, better known by his stage name
MOLIÈRE (1622–1673), remains France's greatest writer of
comedy. In fact, he made the *genre* of comedy respectable in
the 17th century French theater where it had long been
eclipsed by tragedy.

Born and brought up in Paris, Molière profited from his many theatrical
tours in the provinces during which he obtained an in-depth picture of the
17th century Frenchman and his society. From these observations he composed brilliant comedies that ridiculed the social mores and foibles of his
time—the snobbish affectations in speech and deportment at the Court of
Versailles and the fashionable *salons;* the vain pretentions to culture of a
wealthy but often vulgar bourgeoisie; the greed and incompetence of doctors and lawyers; the social injustice which denied women the right to marry
whom they wished. He wrote very perceptive comedies portraying certain
human types: a miser, a hypocrite, a Don Juan, a misanthropist, a tyrannical
father, all of which show great psychological insight.

Because Molière wanted above all to paint *la nature,* that is, to be true to
nature in his comedies, he strikes a common chord in all of us. By remaining
faithful to this principle, he gave an accurate portrayal of man and his
society, not only for his own day, but for all times. Though we may find
certain social attitudes, manners or expressions in his plays outmoded or
even a bit exaggerated for our 20th century tastes, the social predicaments
and moral problems of his characters remain essentially our own of today.

In *Le Misanthrope,* Molière confronts his audience with a complex problem
that man as a social being must face: that of the role of sincerity in dealing
with others. To what extent can we flatter or be untruthful to others in
order to advance our own interests? And if we recognize the necessity to use
such tactics from time to time, how do we distinguish between such social
pose and the genuine feelings that we wish to reserve for our real friends? In
short, the age-old problem: can we be perfectly frank in our social environment and still get along with our associates and friends?

Alceste, the cantankerous but somewhat likeable misanthrope, pushes to
its extreme this idea of sincerity, while his friend Philinte reflects a more
compromising tendency, more or less present in all of us—that is, to bend
sincerity and even truth a bit to meet the demands of life. In this first scene
of the *Misanthrope* Molière poses this problem and examines the two points
of view.

courez vous cacher — In telling Philinte to retreat in shame, Alceste is up-
    braiding him for a scene just witnessed: Philinte greeted a man whom he
    hardly knew in what seemed an overly friendly and flattering manner.
et quoique amis, enfin je suis tout des premiers — Philinte says that though he is
    Alceste's friend, he would have to be the first to condemn the latter's
    uneven and disagreeable temperament.
j'ai fait ici profession de l'être   up to now I have professed to be (your friend)
après ce qu'on vous . . . paraître — Philinte's rather false show of friendship
    before this scene opens.
ne saurait s'excuser = ne pourrait s'excuser
s'en doit scandaliser = doit en être scandalisé
empressements — normally used in the singular in modern French
comme = comment
Et vous me le traitez, à moi, d'indifférent   And with me you treat him with
    indifference

Le Misanthrope *(Extrait)*

Molière

PHILINTE

Qu'est-ce donc? qu'avez-vous?

ALCESTE, *assis*

　　　　　　　　Laissez-moi, je vous prie.

PHILINTE

Mais encor, dites-moi quelle bizarrerie . . .

ALCESTE

Laissez-moi là, vous dis-je, et courez vous cacher.

PHILINTE

Mais on entend les gens au moins sans se fâcher.　　　　5

ALCESTE

Moi, je veux me fâcher, et ne veux point entendre.

PHILINTE

Dans vos brusques chagrins je ne puis vous comprendre!
Et, quoique amis enfin, je suis tout des premiers . . .

ALCESTE, *se levant brusquement*

Moi, votre ami! Rayez cela de vos papiers.
J'ai fait jusques ici profession de l'être;　　　　10
Mais, après ce qu'en vous je viens de voir paraître,
Je vous déclare net que je ne le suis plus,
Et ne veux nulle place en des cœurs corrompus.

PHILINTE

Je suis donc bien coupable, Alceste, à votre compte?

ALCESTE

Allez, vous devriez mourir de pure honte;　　　　15
Une telle action ne saurait s'excuser,
Et tout homme d'honneur s'en doit scandaliser.
Je vous vois accabler un homme de caresses,
Et témoigner pour lui les dernières tendresses;
De protestations, d'offres et de serments,　　　　20
Vous chargez la fureur de vos empressements:
Et, quand je vous demande après quel est cet homme,
A peine pouvez-vous dire comme il se nomme;
Votre chaleur pour lui tombe en vous séparant,
Et vous me le traitez, à moi, d'indifférent!

47

Morbleu (euphemism for *Mordieu,* death of God)   damn it

Je m'irais . . . pendre — A good indication of the extreme way in which Alceste
   reacts to an everyday situation. (Note that the reflexive pronoun here
   appears before *aller* and not, as we would expect it today, before *pendre.*)

Que le cas soit pendable — a light-hearted pun by Philinte on Alceste's *pendre,*
   the situation hardly demands such an extreme measure (hanging), he
   retorts.

sur votre arrêt — Still using legal terminology, Philinte facetiously begs Alceste to rescind his "case" against him.

de la même monnoie (archaic) = *monnaie,* in the same currency

faiseurs de protestations   social hypocrites, phoneys

l'honnête homme et le fat — The *honnête homme* in 17th century France was the
   man of the world who got along well in society because of his good
   manners, his grace, and his agreeable wit. The *fat,* or silly, foppish person,
   was the exact opposite.

le faquin   scoundrel

Qui veuille d'une estime ainsi prostituée   Who would enjoy such cheapened
   esteem

la plus glorieuse a des régals peu chers (literally:)   the noblest form of esteem
   has less expensive feasts (or) real friendship needs no such ostentatious
   behavior

vous n'êtes pas pour être de mes gens = *vous n'êtes pas digne d'être compté parmi mes*
   amis

Morbleu! c'est une chose indigne, lâche, infâme,
De s'abaisser ainsi jusqu'à trahir son âme;
Et si, par un malheur, j'en avais fait autant
Je m'irais, de regret, pendre tout à l'instant.

PHILINTE

Je ne vois pas, pour moi, que le cas soit pendable; 5
Et je vous supplierai d'avoir pour agréable
Que je me fasse un peu grâce sur votre arrêt,
Et ne me pende pas pour cela, s'il vous piaît.

ALCESTE

Que la plaisanterie est de mauvaise grâce!

PHILINTE

Mais, sérieusement, que voulez-vous qu'on fasse? 10

ALCESTE

Je veux qu'on soit sincère, et qu'en homme d'honneur
On ne lâche aucun mot qui ne parte du cœur.

PHILINTE

Lorsqu'un homme vous vient embrasser avec joie,
Il faut bien le payer de la même monnoie,
Répondre, comme on peut, à ses empressements, 15
Et rendre offre pour offre, et serments pour serments.

ALCESTE

Non, je ne puis souffrir cette lâche méthode
Qu'affectent la plupart de vos gens à la mode,
Et je ne hais rien tant que les contorsions
De tous ces grands faiseurs de protestations: 20
Ces affables donneurs d'embrassades frivoles,
Ces obligeants diseurs d'inutiles paroles;
Qui de civilités avec tous font combat,
Et traitent de même air l'honnête homme et le fat.
Quel avantage a-t-on qu'un homme vous caresse, 25
Vous jure amitié, foi, zèle, estime, tendresse,
Et vous fasse de vous un éloge éclatant,
Lorsqu'au premier faquin il court en faire autant?
Non, non, il n'est point d'âme un peu bien située
Qui veuille d'une estime ainsi prostituée; 30
Et la plus glorieuse a des régals peu chers,
Dès qu'on voit qu'on nous mêle avec tout l'univers;
Sur quelque préférence une estime se fonde,
Et c'est n'estimer rien qu'estimer tout le monde.
Puisque vous y donnez, dans ces vices du temps, 35
Morbleu! vous n'êtes pas pour être de mes gens;
Je refuse d'un cœur la vaste complaisance
Qui ne fait de mérite aucune différence;

pour le trancher net   to get to the heart of the matter

l'ami . . . du tout mon fait   it's not at all my nature to be a friend of humanity

châtier = punir

Il est bien des . . .   There are many . . .

n'en déplaise à   may it not displease

serait-il . . . de la bienséance   would it be appropriate and in accordance with
   social convention . . .

il sied mal de faire la jolie = il convient mal de prétendre être belle

le blanc — the color of her make-up

échauffer la bile   to become upset

Je veux qu'on me distingue et pour le trancher net,
L'ami du genre humain n'est point du tout mon fait.

PHILINTE

Mais, quand on est du monde, il faut bien que l'on rende
Quelques dehors civils que l'usage demande.

ALCESTE

Non, vous dis-je; on devrait châtier sans pitié   5
Ce commerce honteux de semblants d'amitié.
Je veux que l'on soit homme, et qu'en toute rencontre
Le fond de notre cœur dans son discours se montre.
Que ce soit lui qui parle, et que nos sentiments
Ne se masquent jamais sous de vains compliments.   10

PHILINTE

Il est bien des endroits où la pleine franchise
Deviendrait ridicule et serait peu permise;
Et parfois, n'en déplaise à votre austère honneur,
Il est bon de cacher ce qu'on a dans le cœur.
Serait-il à propos, et de la bienséance,   15
De dire à mille gens tout ce que d'eux on pense?
Et quand on a quelqu'un qu'on hait ou qui déplaît,
Lui doit-on déclarer la chose comme elle est?

ALCESTE

Oui.

PHILINTE

Oui! vous iriez dire à la vieille Emilie   20
Qu'à son âge il sied mal de faire la jolie,
Et que le blanc qu'elle a scandalise chacun?

ALCESTE

Sans doute.

PHILINTE

A Dorilas, qu'il est trop importun,
Et qu'il n'est, à la cour, oreille qu'il ne lasse   25
A conter sa bravoure et l'éclat de sa race?

ALCESTE

Fort bien.

PHILINTE

Vous vous moquez.

ALCESTE

Je ne me moque point;
Et je vais n'épargner personne sur ce point.   30
Mes yeux sont trop blessés, et la cour et la ville
Ne m'offrent rien qu'objets à m'échauffer la bile;

la fourberie = la tromperie, l'imposture

mon dessein est de rompre en visière   my plan is to oppose (the human race)

les deux frères que peint l'Ecole des Maris — an allusion to another play by
    Molière

toutes ces incartades   all these biting remarks

tant d'appas = tant d'attractions

un si grand courroux = une si grande colère

Vous voulez un grand mal   You have a big grudge against . . .

Encore en est-il bien, dans le siècle où nous sommes . . . ?   Are there some
    people in our times (whom you would except from this general indict-
    ment)?

que doit donner le vice — Note the inversion of the verb; one should read: *que
    le vice doit donner*

pour le franc scélérat avec que j'ai procès — An allusion to an impending legal
    matter in which Alceste, by his unyielding stance, has become embroiled
    for insulting another man. *(avec que* = (modern) *avec qui)*

J'entre en une humeur noire, en un chagrin profond,
Quand je vois vivre entre eux les hommes comme ils font.
Je ne trouve partout que lâche flatterie,
Qu'injustice, intérêt, trahison, fourberie;
Je n'y puis plus tenir, j'enrage; et mon dessein   5
Est de rompre en visière à tout le genre humain.

        PHILINTE

Ce chagrin philosophe est un peu trop sauvage.
Je ris des noirs accès où je vous envisage,
Et crois voir en nous deux, sous mêmes soins nourris,
Les deux frères que peint *l'Ecole des Maris*,   10
Dont . . .

        ALCESTE

      Mon Dieu! laissons là vos comparaisons fades.

        PHILINTE

Non: tout de bon, quittez toutes ces incartades.
Le monde par vos soins ne se changera pas:
Et, puisque la franchise a pour vous tant d'appas,   15
Je vous dirai tout franc que cette maladie,
Partout où vous allez, donne la comédie;
Et qu'un si grand courroux contre les mœurs du temps
Vous tourne en ridicule auprès de bien des gens.

        ALCESTE

Tant mieux, morbleu! tant mieux, c'est ce que je demande.   20
Ce m'est un fort bon signe, et ma joie en est grande.
Tous les hommes me sont à tel point odieux,
Que je serais fâché d'être sage à leurs yeux.

        PHILINTE

Vous voulez un grand mal à la nature humaine!

        ALCESTE

Oui, j'ai conçu pour elle une effroyable haine.   25

        PHILINTE

Tous les pauvres mortels sans nulle exception,
Seront enveloppés dans cette aversion?
Encore en est-il bien, dans le siècle où nous sommes . . .

        ALCESTE

Non, elle est générale, et je hais tous les hommes:
Les uns, parce qu'ils sont méchants et malfaisants,   30
Et les autres, pour être aux méchants complaisants,
Et n'avoir pas pour eux ces haines vigoureuses
Que doit donner le vice aux âmes vertueuses.
De cette complaisance on voit l'injuste excès
Pour le franc scélérat avec que j'ai procès.   35

et que par eux . . . rougir la vertu   by these underhanded devices this man has
   succeeded socially by making a mockery of merit and virtue

la brigue = l'intrigue

on le voit l'emporter   one sees him win out

têtebleu (oath) damn it; see note on *morbleu* on p. 48

on garde des mesures = on n'est pas offensé; on est modéré

il me prend des mouvements soudains   I often have sudden urges to . . .

des mœurs du temps mettons-nous moins en peine   let's be less offended by the
   social customs of the day

faisons un peu grâce   let's be more indulgent with

quoi qu'à chaque pas je puisse . . . en courroux, comme vous   although at each
   incident (step) I could show irritation like you

Au travers de son masque on voit à plein le traître:
Partout il est connu pour tout ce qu'il peut être;
Et ses roulements d'yeux, et son ton radouci,
N'imposent qu'à des gens qui ne sont point d'ici.
On sait que ce pied-plat, digne qu'on le confonde, 5
Par de sales emplois s'est poussé dans le monde,
Et que par eux son sort, de splendeur revêtu,
Fait gronder le mérite et rougir la vertu;
Quelques titres honteux qu'en tous lieux on lui donne,
Son misérable honneur ne voit pour lui personne: 10
Nommez-le fourbe, infâme, et scélérat maudit,
Tout le monde en convient, et nul n'y contredit.
Cependant sa grimace est partout bien venue;
On l'accueille, on lui rit; partout il s'insinue;
Et s'il est, par la brigue, un rang à disputer, 15
Sur le plus honnête homme on le voit l'emporter.
Têtebleu! ce me sont de mortelles blessures,
De voir qu'avec le vice on garde des mesures;
Et parfois il me prend des mouvements soudains
De fuir dans un désert l'approche des humains. 20

PHILINTE

Mon Dieu! des mœurs du temps mettons-nous en peine,
Et faisons un peu grâce à la nature humaine;
Ne l'examinons point dans la grande rigueur,
Et voyons ses défauts avec quelque douceur.
Il faut, parmi le monde, une vertu traitable; 25
A force de sagesse, on peut être blâmable;
La parfaite raison fuit toute extrémité,
Et veut que l'on soit sage avec sobriété.
Cette grande roideur des vertus des vieux âges
Heurte trop notre siècle et les communs usages; 30
Elle veut aux mortels trop de perfection:
Il faut fléchir au temps sans obstination;
Et c'est une folie à nulle autre seconde,
De vouloir se mêler de corriger le monde.
J'observe, comme vous, cent choses tous les jours, 35
Qui pourraient mieux aller, prenant un autre cours;
Mais, quoi qu'à chaque pas je puisse voir paraître,
En courroux, comme vous, on ne me voit point être,
Je prends tout doucement les hommes comme ils sont;
J'accoutume mon âme à souffrir ce qu'ils font, 40
Et je crois qu'à la cour, de même qu'à la ville,
Mon flegme est philosophe autant que votre bile.

ALCESTE

Mais ce flegme, monsieur, qui raisonnez si bien,
Ce flegme pourra-t-il ne s'échauffer de rien?

semer de méchants bruits de vous   to sow ugly rumors about you
intéressé   mercenary
contre votre partie éclatez un peu moins   show less irritation against your legal
    adversary
mais qui voulez-vous donc qui . . . vous sollicite = qui voulez-vous comme avocat
Ne vous y fiez pas   Don't count on it
par sa cabale = par son intrigue

Et s'il faut, par hasard, qu'un ami vous trahisse,
Que, pour avoir vos biens, on dresse un artifice,
Ou qu'on tâche à semer de méchants bruits de vous,
Verrez-vous tout cela sans vous mettre en courroux?

PHILINTE

Oui, je vois ces défauts, dont votre âme murmure,   5
Comme vices unis à l'humaine nature;
Et mon esprit enfin n'est pas plus offensé
De voir un homme fourbe, injuste, intéressé,
Que de voir des vautours affamés de carnage,
Des singes malfaisants, et des loups pleins de rage.   10

ALCESTE

Je me verrai trahir, mettre en pièces, voler,
Sans que je sois . . . Morbleu! je ne veux point parler,
Tant ce raisonnement est plein d'impertinence!

PHILINTE

Ma foi, vous ferez bien de garder le silence.
Contre votre partie éclatez un peu moins,   15
Et donnez au procès une part de vos soins.

ALCESTE

Je n'en donnerai point, c'est une chose dite.

PHILINTE

Mais qui voulez-vous donc qui pour vous sollicite?

ALCESTE

Qui je veux? La raison, mon bon droit, l'équité.

PHILINTE

Aucun juge par vous ne sera visité?   20

ALCESTE

Non. Est-ce que ma cause est injuste ou douteuse?

PHILINTE

J'en demeure d'accord; mais la brigue est fâcheuse.
Et . . .

ALCESTE

    Non. J'ai résolu de n'en pas faire un pas.
J'ai tort ou j'ai raison.   25

PHILINTE

             Ne vous y fiez pas.

ALCESTE

Je ne remuerai point.

PHILINTE

             Votre partie est forte,
Et peut, par sa cabale, entraîner . . .

m'en coûtât-il grand'chose   even were it to cost me a great deal

de la façon = de cette façon

dans ce que = dans la personne (que vous aimez)

Je m'étonne pour moi . . . vos yeux   I am personally astonished, with you and
   the human race so at odds with each other, and despite all that you find
   wrong about it, that you have selected from its ranks someone whom you
   find charming.

ALCESTE

Il n'importe.

PHILINTE

Vous vous tromperez.

ALCESTE

Soit. J'en veux voir le succès.

PHILINTE

Mais . . .

ALCESTE

J'aurai le plaisir de perdre mon procès.   5

PHILINTE

Mais enfin . . .

ALCESTE

Je verrai dans cette plaiderie
Si les hommes auront assez d'effronterie,
Seront assez méchants, scélérats et pervers,
Pour me faire injustice aux yeux de l'univers.   10

PHILINTE

Quel homme!

ALCESTE

Je voudrais, m'en coutât-il grand'chose,
Pour la beauté du fait, avoir perdu ma cause.

PHILINTE

On se rirait de vous, Alceste, tout de bon,
Si l'on vous entendait parler de la façon.   15

ALCESTE

Tant pis pour qui rirait.

PHILINTE

Mais cette rectitude
Que vous voulez en tout avec exactitude,
Cette pleine droiture où vous vous renfermez,
La trouvez-vous ici dans ce que vous aimez?
Je m'étonne, pour moi, qu'étant, comme il le semble,   20
Vous et le genre humain, si fort brouillés ensemble,
Malgré tout ce qui peut vous le rendre odieux,
Vous ayez pris chez lui ce qui charme vos yeux;
Et ce qui me surprend encore davantage,   25
C'est cet étrange choix où votre cœur s'engage.
La sincère Eliante a du penchant pour vous;
La prude Arsinoé vous voit d'un œil fort doux;
Cependant à leurs vœux votre âme se refuse,
Tandis qu'en ses liens Célimène l'amuse,   30

de qui l'humeur . . . d'à présent   whose flirtatious mood and backbiting wit
  seem so in step with present-day social customs

d'où vient que = (modern) *d'où vient-il que*

treuve — The verse is forced to rime with *veuve;* the modern form is *trouve.*

J'ai beau voir . . . elle se fait aimer.   In vain do I see her faults . . . despite
  objections to the contrary, she is a lovable person.

ma flamme — 17th century expression for *mon amour*

de ces vices du temps   of the hypocrisy of our time

tout ce que là-dessus ma passion m'inspire — Alceste is visiting Célimène to
  express his annoyance at the presence of so many young suitors in her
  salon.

pour vos feux = *pour votre amour*

De qui l'humeur coquette et l'esprit médisant
Semblent si fort donner dans les mœurs d'à présent.
D'où vient que, leur portant une haine mortelle,
Vous pouvez bien souffrir ce qu'en tient cette belle?
Ne sont-ce plus défauts dans un objet si doux?   5
Ne les voyez-vous pas, ou les excusez-vous?

ALCESTE

Non. L'amour que je sens pour cette jeune veuve
Ne ferme point mes yeux aux défauts qu'on lui treuve,
Et je suis, quelque ardeur qu'elle m'ait pu donner,
Le premier à les voir, comme à les condamner.   10
Mais avec tout cela, quoi que je puisse faire,
Je confesse mon faible; elle a l'art de me plaire:
J'ai beau voir ses défauts, et j'ai beau l'en blâmer,
En dépit qu'on en ait, elle se fait aimer;
Sa grâce est la plus forte; et sans doute ma flamme   15
De ces vices du temps pourra purger son âme.

PHILINTE

Si vous faites cela, vous ne ferez pas peu.
Vous croyez être donc aimé d'elle?

ALCESTE

                                    Oui, parbleu!
Je ne l'aimerais pas, si je ne croyais l'être.   20

PHILINTE

Mais, si son amitié pour vous se fait paraître,
D'où vient que vos rivaux vous causent de l'ennui?

ALCESTE

C'est qu'un cœur bien atteint veut qu'on soit tout à lui,
Et je ne viens ici qu'à dessein de lui dire
Tout ce que là-dessus ma passion m'inspire.   25

PHILINTE

Pour moi, si je n'avais qu'à former des désirs,
Sa cousine Eliante aurait tous mes soupirs:
Son cœur, qui vous estime, est solide et sincère,
Et ce choix plus conforme était mieux votre affaire.

ALCESTE

Il est vrai: ma raison me le dit chaque jour;   30
Mais la raison n'est pas ce qui règle l'amour.

PHILINTE

Je crains fort pour vos feux . . .

Exercices

I   Questions   *Répondez oralement à ces questions.*

1. Quelle est l'humeur d'Alceste au commencement de cette scène?
2. Qu'est-ce qu'il y a chez Alceste que Philinte ne peut pas comprendre?
3. De quoi Philinte est-il coupable selon Alceste?
4. Quelle est cette chose «indigne et infâme» qu'Alceste vient de remarquer?
5. Que ferait Alceste s'il en était coupable?
6. D'après Alceste comment doit-on agir dans la société? Et d'après Philinte?
7. Quelles mœurs de son siècle Molière ridiculise-t-il ici?
8. Quand Philinte veut-il modérer cette franchise?
9. Comment Alceste décrit-il la société humaine? Quelle opinion a-t-il de la nature humaine?
10. Pourquoi Alceste croit-il haïr tous les hommes?
11. Quelle sorte d'injustices remarque-t-il partout?
12. Quant à Philinte, comment conçoit-il la nature humaine?
13. Pour lui, quelle sorte de vertu doit nous guider dans nos rapports avec les autres?
14. Comment préfère-t-il prendre les hommes?
15. Qu'est-ce qu'il conseille à Alceste en ce qui concerne son procès?
16. Quelles mesures Alceste va-t-il prendre pour gagner son procès?
17. Pourquoi veut-il voir le succès de son adversaire?
18. Avec quel choix cette sincérité d'Alceste ne semble-t-elle pas compatible?
19. Quels défauts peut-on trouver chez Célimène?
20. Pourquoi Alceste a-t-il beau voir ces défauts?
21. Selon Alceste qu'est-ce qui va corriger ces «vices» de sa belle?
22. Qu'est-ce qui règle l'amour d'après Alceste?
23. Comment contredit-il ici son attitude envers la race humaine?

II   *Employez ces expressions dans des phrases complètes.*

1. tourner en ridicule
2. à mon compte
3. se moquer de
4. à propos
5. tout de bon
6. se fier à
7. se mettre en colère
8. à force de
9. avoir tort
10. sans que

III *Complétez les phrsases suivantes en vous servant des expressions proposées.*

a) à mon compte

b) à propos

c) il sied mal

d) vous vous moquez

e) sur ce point

f) tourne en ridicule

g) tout le monde en convient

h) bienvenu

i) à force de

j) se mettre en courroux

k) sans qu'

l) a tort

m) se fie

n) il n'importe

o) soit

p) se rit de

q) tant pis

r) brouillés ensemble

s) malgré tout

t) d'où vient que

1. Bien qu'on ne soit pas d'accord, il ne faut pas. . . .
2. . . . travailler, il a gagné beaucoup d'argent.
3. Il y a des sujets où je ne me connais pas, mais . . . je suis sûr de moi.
4. Je vais partir . . . elle le sache.
5. Alceste . . . de haïr tout le monde.
6. Alceste aime une femme frivole; . . . pour lui!
7. Le professeur a assigné ce travail; . . . vous n'êtes pas préparé?
8. Alceste exagère tellement qu'on. . . . lui.
9. Derrière son dos on le. . . .
10. La société est hypocrite, c'est vrai, ...
11. Il me recevait à la porte pour me souhaiter le. . . .
12. Alceste est très sincère, . . . , mais il ne peut pas trouver un autre comme lui.
13. . . . de prétendre la supériorité sur nos voisins.
14. Est-il . . . de danser à l'église?
15. Il faut qu'on . . . à son intelligence pour réussir aux examens.
16. J'aurais dû lui dire adieu mais puisqu'elle est partie, . . . plus.
17. Alceste et Philinte ne sont pas d'accord mais ils ne sont pas. . . .
18. S'il a menti une fois, il sera toujours suspect. . . .
19. Ce que vous dites ne me semble pas vrai, assurément . . . de moi.
20. Il lui demande de quitter cette attitude extrême. . . .

IV Composition *Comparez les attitudes de Philinte et d'Alceste envers l'homme et donnez votre opinion dans cette dispute.*

V Conversation *Cette conversation aura lieu entre deux personnes, l'une qui loue la sincérité et l'autre qui loue la coquetterie.*

Detail of "Le Bal" by A. Bosse. Courtesy French Cultural Services, New York.

5

Portrait de la décadence sous Louis XIV

ean de LA BRUYÈRE (1645–1696) was a detached observer of life at the Court of Versailles toward the end of the reign of Louis XIV. His official function was that of a history tutor of the sixteen-year-old Duc de Bourbon, the grandson of the powerful Prince de Condé. When the education of his young charge was completed about 1687, La Bruyère was allowed to remain at court as a *gentilhomme* attached to the household of the Condé family.

Like Molière, La Bruyère was intensely interested in the social life of his day and the people who surrounded him. His observations in court circles became the basis for a work that he published in 1688, *Les Caractères ou les mœurs de ce siècle*. Written at the time in which Louis XIV's Great Society had grown increasingly artificial and repressive, La Bruyère's *Caractères* are an account of many of the first signs of the Monarchy's disintegration—the pomp, pretention, hypocrisy, and cruelty that seemed to prevail in Versailles. One could say that he recounts the first cracks in the wall.

La Bruyère's *Caractères* are an abstract, rather philosophical commentary on human nature, stressing its constant oscillation between vice and virtue and the great part that pride plays in human endeavor. To these philosophical observations he joined little character sketches of social types whom he had observed, both at court and in the capital, and whom he felt substantiated his views on human nature. So sharply defined and almost of photographic accuracy were these sketches that he was bitterly attacked by influential men who feared that they might have served unwittingly as models for the portraits.

Today the *Caractères* remain priceless vignettes of French people at the height of the Monarchy. *Gnathon* and *Onuphre,* whom you will meet in this selection are true representatives of their time. Yet their traits are so universally drawn that they make us reflect on the continuing presence of such *caractères* in our own age.

Onuphre

une housse de serge grise   a woolen blanket

sur le coton et sur le duvet   on cotton and down

Il ne dit point: ma haire et ma discipline — An allusion to the first words spoken
by the hypocrite *Tartuffe* in Molière's *Le Tartuffe.* In order to masquerade
as a devout Christian, *Tartuffe,* when he first appears on the stage, asks for
his hair shirt and discipline, traditional means of mortification used by the
devout. Taking issue with this portrait of the hypocrite, La Bruyère con-
tended that a clever man would not be so obvious in his external religious
observance, but would suggest his piety more subtly.

en sorte que   in such a way

l'air recueilli   a contemplative air

homme de bien   man of means

dans l'antichambre . . . — The many side altars and chapels in a church served
as meeting places for the fashionable courtiers of Paris and Versailles.
Here they would engage in animated conversations, not observing the
same respectful silence that they would in the antichambre, or waiting
room, of a nobleman's apartment.

où il trouve son compte = où il trouve son avantage

vêpres et complies   Vespers and Compline — hours of the Catholic liturgical
observance chanted or sung in church after mass. Hence these are more
private services and would attract fewer worshippers.

sans que personne lui en sût gré   without anyone giving him credit for it

la paroisse   the parish or large church of the neighborhood

on n'y manque pas son coup   one doesn't fail in an attempt (to be seen)

il a des vapeurs   he experiences dizziness or chills, or heat flashes

Les Caractères ou les mœurs de ce siècle *(Extraits)*

La Bruyère

Onuphre n'a pour tout lit qu'une housse de serge grise, mais il couche sur le coton et sur le duvet; de même il est habillé simplement, mais commodément, je veux dire d'une étoffe fort légère en été, et d'une autre fort moelleuse pendant l'hiver; il porte des chemises très déliées qu'il a un très grand soin de bien cacher. Il 5 ne dit point: *ma haire* et *ma discipline*, au contraire, il passerait pour ce qu'il est, pour un hypocrite, et il veut passer pour ce qu'il n'est pas, pour un homme dévot; il est vrai qu'il fait en sorte que l'on croie, sans qu'il le dise, qu'il porte une haire et qu'il se donne la discipline. Il y a quelques livres répandus dans sa chambre indifféremment: 10 ouvrez-les, c'est le *Combat spirituel*, le *Chrétien intérieur* et l'*Année sainte*; d'autres livres sont sous la clef. S'il marche par la ville et qu'il découvre de loin un homme devant qui il est nécessaire qu'il soit dévot, les yeux baissés, la démarche lente et modeste, l'air recueilli, lui sont familiers: il joue son rôle. S'il entre dans une église, il ob- 15 serve d'abord de qui il peut être vu, et, selon la découverte qu'il vient de faire, il se met à genoux et prie, ou il ne songe ni à se mettre à genoux ni à prier. Arrive-t-il vers lui un homme de bien et d'autorité qui le verra et qui peut l'entendre, non seulement il prie, mais il médite, il pousse des élans et des soupirs; si l'homme de bien se 20 retire, celui-ci, qui le voit partir, s'apaise et ne souffle pas. Il entre une autre fois dans un lieu saint, perce la foule, choisit un endroit pour se recueillir et où tout le monde voit qu'il s'humilie; s'il entend des courtisans qui parlent, qui rient et qui sont à la chapelle avec moins de silence que dans l'antichambre, il fait plus de bruit qu'eux 25 pour les faire taire; il reprend sa méditation, qui est toujours la comparaison qu'il fait de ces personnes avec lui-même et où il trouve son compte. Il évite une église déserte et solitaire, où il pourrait entendre deux messes de suite, le sermon, vêpres et complies, tout cela entre Dieu et lui, et sans que personne lui en sût gré; il aime la 30 paroisse, il fréquente les temples où se fait un grand concours: on n'y manque point son coup, on y est vu. Il choisit deux ou trois jours dans toute l'année où à propos de rien il jeûne ou fait abstinence; mais à la fin de l'hiver il tousse, il a une mauvaise poitrine, il a des vapeurs, il a eu la fièvre; il se fait prier, presser, quereller pour 35 rompre le carême dès son commencement, et il en vient là par com-

il en vient là par complaisance — He accepts the relaxation of Lenten restrictions out of a feigned obligation to the entreaties of his confessor and his friends.

s'il se trouve bien d'un homme opulent = s'il se trouve en bonne relation avec . . .

il ne cajole point sa femme . . . — This and the following examples of improper advances made by a hypocrite to his rich patron's wife allude to *Tartuffe,* who came to ruin for similar indiscretions. Here La Bruyère restates his conviction that the true religious hypocrite would eschew such overt acts of impropriety which might expose him.

Gnathon

et fait son propre de chaque service   he takes every service for himself, he makes every service his own

qu'il n'ait achevé . . . = jusqu'à ce qu'il n'ait achevé

on le suit à la trace . . .   you can follow him by the drippings he leaves behind

il mange haut   he eats voraciously

un râtelier   a feeding trough

les places du fond   the seats in the very interior (of the carriage)

il les prévient = il les précède

ceux d'autrui = (literally:) *ceux des autres*

il est propre   regards as his own

hardes (usually pejorative)   toggery, all the personal effects one would take along on a trip

équipages   all the personnel and accoutrements necessary for travel, e.g., valets, horses, clothing, etc.

les maux plural of *le mal*

plaisance. Si Onuphre est nommé arbitre dans une querelle de parents ou dans un procès de famille, il est pour les plus forts, je veux dire pour les plus riches, et il ne se persuade point que celui ou celle qui a beaucoup de bien puisse avoir tort. S'il se trouve bien d'un homme opulent, à qui il a su imposer, dont il est le parasite et dont il 5 peut tirer de grands secours, il ne cajole point sa femme, il ne lui fait du moins ni avance ni déclaration; il s'enfuira, il lui laissera son manteau, s'il n'est aussi sûr d'elle que de lui-même; il est encore plus éloigné d'employer pour la flatter et pour la séduire le jargon de la dévotion; ce n'est point par habitude qu'il le parle, mais avec dessein, 10 et selon qu'il lui est utile, et jamais quand il ne servirait qu'à le rendre très ridicule . . .

     Gnathon ne vit que pour soi, et tous les hommes ensemble sont à son égard comme s'ils n'étaient point. Non content de remplir à une table la première place, il occupe lui seul celle de deux 15 autres; il oublie que le repas est pour lui et pour toute la compagnie; il se rend maître du plat et fait son propre de chaque service; il ne s'attache à aucun des mets qu'il n'ait achevé d'essayer de tous; il voudrait pouvoir les savourer tous à la fois; il ne se sert à table que de ses mains; il manie les viandes, les remanie, démembre, déchire, 20 et en use de manière qu'il faut que les convives, s'ils veulent manger, mangent ses restes; il ne leur épargne aucune de ses malpropretés dégoûtantes capables d'ôter l'appétit aux plus affamés; le jus et les sauces lui dégouttent du menton et de la barbe; s'il enlève un ragoût de dessus un plat il le répand en chemin dans un autre plat et sur la 25 nappe, on le suit à la trace; il mange haut et avec grand bruit; il roule les yeux en mangeant, la table est pour lui un râtelier; il écure ses dents, et il continue à manger. Il se fait, quelque part où il se trouve, une manière d'établissement, et ne souffre pas d'être plus pressé au sermon ou au théâtre que dans sa chambre; il n'y a dans un carrosse 30 que les places du fond qui lui conviennent; dans toute autre, si on veut l'en croire, il pâlit et tombe en faiblesse; s'il fait un voyage avec plusieurs, il les prévient dans les hôtelleries, et il sait toujours se conserver dans la meilleure chambre le meilleur lit; il tourne tout à son usage; ses valets, ceux d'autrui, courent dans le même temps 35 pour son service; tout ce qu'il trouve sous sa main lui est propre, hardes, équipages. Il embrasse tout le monde, ne se contraint pour personne, ne plaint personne, ne connaît de maux que les siens, que sa réplétion et sa bile; ne pleure point la mort des autres, n'appréhende que la sienne, qu'il rachèterait volontiers de 40 l'extinction du genre humain.

Exercices

I　Questions　*Répondez oralement à ces questions.*

ONUPHRE

1. Qu'est-ce qui entoure le lit d'Onuphre? Mais sur quoi dort-il?
2. Quel paradoxe pareil remarque-t-on à l'égard de ses vêtements?
3. Pourquoi ne dit-il pas «ma haire, ma discipline»?
4. Qu'est-ce qu'il veut que l'on pense de lui?
5. Quels livres sont répandus dans sa chambre? Y en a-t-il d'autres? Où?
6. Décrivez la démarche qu'il affecte en allant en ville.
7. Dès qu'il entre dans une église que fait-il d'habitude?
8. Décrivez sa méthode de prier devant un homme de bien.
9. Comment se conduit-il dans une église où il y a beaucoup de monde?
10. Pourquoi évite-t-il une église déserte?
11. Quand aime-t-il jeûner ou faire abstinence? Pourquoi?
12. Comment se dispense-t-il de jeûner pendant le carême?
13. Quel parti prend-il quand il est arbitre dans un procès de famille?
14. Pourquoi traite-t-il la femme d'un patron riche avec discrétion?

GNATHON

15. Comment Gnathon regarde-t-il les autres hommes?
16. Gnathon agit-il en gourmand ou en gourmet à table? Expliquez.
17. En quoi Gnathon se montre-t-il impoli en mangeant?
18. Que fait-il pour ôter l'appétit aux autres?
19. Pourquoi doit-on toujours lui accorder les meilleures places dans un carrosse?
20. A quels maux pense-t-il toujours?
21. A votre avis quel est le jugement le plus sévère que La Bruyère porte contre Gnathon?
22. Résumez en quelque mots ce portrait de Gnathon.

II *Complétez les phrases suivantes en vous servant des expressions proposées.*

a) de même
b) au contraire
c) passe pour
d) en sorte que
e) se mettent à genoux
f) a manqué son coup
g) avec dessein

h) non content de
i) s'est attachée à
j) à la fois
k) de manière qu'
l) souffre
m) dans le même temps

1. Beaucoup de gens . . . pour prier à l'église.
2. Nous espérions le soleil pour notre pique-nique, mais . . . il a plu.
3. La comédienne a chanté et dansé . . .
4. Il n'aime pas le bruit et il ne . . . pas que les enfants en font.
5. Il a étudié . . . il a réussi à ses examens.
6. Onuphre n'est pas sincère mais il . . . pieux.
7. . . . manger trop, il a aussi bu trop, et il est devenu malade.
8. L'enfant dit qu'il a cassé le cendrier par accident mais son frère dit qu'il l'a fait . . .
9. Après avoir essayé tous ses jouets, la petite . . . sa poupée.
10. Personne n'a gagné à la course puisque tout le monde est arrivé à la fin . . .
11. Le professeur ayant refusé l'excuse de Jean, celui-ci . . .
12. Parfois les étudiants s'habillent . . . on les croie très avant-garde.
13. Le père était un grand chirurgien; . . . le fils cherchait à en devenir un.

III Composition *Esquissez le portrait moral d'un Gnathon ou d'un Onuphre du vingtième siècle.*

IV Conversation *Créez un monologue qui suggère le caractère d'Onuphre à l'église.*

"Caspar, King of Tarsus" by Jacques Bellange. Courtesy Museum of Fine Arts, Boston.

6

La Régence
de Philippe d'Orléans

he Regency of Philippe d'Orléans (1715–1723) marks a reaction to the extreme reserve which characterized the last three decades of the reign of Louis XIV. Louis' late-found piety had cast a pall of solemnity over his people and piety had become *à la mode*. But when Louis finally died after 72 years as king, there was much jubilation. Excesses—moral, economic, political —were common. The arts, too, were liberated from the restrictions of royal censorship and one of the best, most daring, works of French literature was published in 1721: *Les Lettres persanes*. The author, Charles-Louis de Secondat, baron de MONTESQUIEU (1689–1755) hesitated to admit that he had written this social commentary, so he claimed that he had found these letters left in his home by visitors from Persia.

The Near East was very popular in Paris since Louis XIV had established diplomatic relations with the Ottoman Empire during his reign. The references to Persia and its customs helped to sell the book. But its real importance lay in its observations of contemporary French society.

In the five letters which follow, Montesquieu discusses the vanity, provincialism, corruption, and stupidity which he found in Paris. His method of mocking the customs and institutions of the day consists of presenting an incident with an air of innocence which cunningly illustrates the foolishness or superficiality of the participants. The observer (who varies since there are several Persians involved) can only compare, in strict earnestness, his findings with his knowledge of his own country. The result is often a scathing attack on French society. Much of the criticism to be found in *Les Lettres persanes* points out the decadence which led to the Revolution of 1789.

XXX

Les Tuileries — the king's palace until Louis XIV moved to Versailles. It has since been destroyed, but the gardens are still used as a public park.
un arc-en-ciel   a rainbow
aux spectacles = au théâtre
la lorgnette   theater glasses or eyeglasses, both held on a handle
être à charge   to be a burden
sans qu'on m'eût regardé   without anyone having looked at me

Les Lettres persanes (Extraits)
Montesquieu

XXX

Les habitants de Paris sont d'une curiosité qui va
jusqu'à l'extravagance. Lorsque j'arrivai, je fus regardé comme si
j'avais été envoyé du Ciel: vieillards, hommes, femmes, enfants, tous
voulaient me voir. Si je sortais, tout le monde se mettait aux fenêtres;
si j'étais aux Tuileries, je voyais aussitôt un cercle se former autour 5
de moi: les femmes mêmes faisaient un arc-en-ciel, nuancé de mille
couleurs, qui m'entourait; si j'étais aux spectacles, je trouvais d'abord
cent lorgnettes dressées contre ma figure: enfin jamais homme n'a
tant été vu que moi. Je souriais quelquefois d'entendre des gens qui
n'étaient presque jamais sortis de leur chambre, qui disaient entre 10
eux: «Il faut avouer qu'il a l'air bien persan». Chose admirable! je
trouvais de mes portraits partout; je me voyais multiplié dans toutes
les boutiques, sur toutes les cheminées: tant on craignait de ne
m'avoir pas assez vu.

Tant d'honneurs ne laissent pas d'être à charge: je ne me croyais 15
pas un homme si curieux et si rare; et, quoique j'aie très bonne
opinion de moi, je ne me serais jamais imaginé que je dusse troubler
le repos d'une grande ville où je n'étais point connu. Cela me fit
résoudre à quitter l'habit persan et à en endosser un à l'européenne,
pour voir s'il resterait encore dans ma physionomie quelque chose 20
d'admirable. Cet essai me fit connaître ce que je valais réellement:
libre de tous les ornements étrangers, je me vis apprécié au plus
juste. J'eus sujet de me plaindre de mon tailleur, qui m'avait fait
perdre en un instant l'attention et l'estime publiques: car j'entrai
tout à coup dans un néant affreux. Je demeurais quelquefois une 25
heure dans une compagnie sans qu'on m'eût regardé et qu'on m'eût
mis en occasion d'ouvrir la bouche. Mais si quelqu'un, par hasard,
apprenait à la compagnie que j'étais Persan, j'entendais aussitôt autour de moi un bourdonnement: «Ah! ah! Monsieur est Persan?
c'est une chose bien extraordinaire! Comment peut-on être 30
Persan?»

L

J'ai vu des gens chez qui la vertu était si naturelle
qu'elle ne se faisait pas même sentir: ils s'attachaient à leur devoir

L

prîmes   (1st person pl., passé simple of *prendre*) took
paraître chagrin   to seem annoyed

LXXXVIII

la pension   annuity

sans s'y plier et s'y portaient comme par instinct. Bien loin de relever par leurs discours leurs rares qualités, il semblait qu'elles n'avaient pas percé jusques à eux. Voilà les gens que j'aime; non pas ces hommes vertueux qui semblent être étonnés de l'être et qui regardent une bonne action comme un prodige, dont le récit doit surprendre.

Si la modestie est une vertu nécessaire à ceux à qui le Ciel a donné de grands talents, que peut-on dire de ces insectes qui osent faire paraître un orgueil qui déshonorerait les plus grands hommes?

Je vois de tous côtés des gens qui parlent sans cesse d'eux-mêmes: leurs conversations sont un miroir qui présente toujours leur impertinente figure. Ils vous parleront des moindres choses qui leur sont arrivées, et ils veulent que l'intérêt qu'ils y prennent les grossisse à vos yeux; ils ont tout fait, tout vu, tout dit, tout pensé; ils sont un modèle universel, un sujet de comparaison inépuisable, une source d'exemples qui ne tarit jamais. Oh! que la louange est fade lorsqu'elle réfléchit vers le lieu d'où elle part!

Il y a quelques jours qu'un homme de ce caractère nous accabla pendant deux heures de lui, de son mérite et de ses talents. Mais, comme il n'y a point de mouvement perpétuel dans le monde, il cessa de parler; la conversation nous revint donc, et nous la prîmes.

Un homme qui paraissait assez chagrin commença par se plaindre de l'ennui répandu dans les conversations. «Quoi! toujours des sots qui se peignent eux-mêmes et qui ramènent tout à eux?—Vous avez raison, reprit brusquement notre discoureur. Il n'y a qu'à faire comme moi: je ne me loue jamais; j'ai du bien, de la naissance; je fais de la dépense; mes amis disent que j'ai quelque esprit; mais je ne parle jamais de tout cela. Si j'ai quelques bonnes qualités, celle dont je fais le plus de cas, c'est ma modestie.»

J'admirais cet impertinent, et, pendant qu'il parlait tout haut, je disais tout bas: «Heureux celui qui a assez de vanité pour ne dire jamais de bien de lui, qui craint ceux qui l'écoutent et ne compromet point son mérite avec l'orgueil des autres!»

LXXXVIII

A Paris règnent la liberté et l'égalité. La naissance, la vertu, le mérite même de la guerre, quelque brillant qu'il soit, ne sauve pas un homme de la foule dans laquelle il est confondu. La jalousie des rangs y est inconnue. On dit que le premier de Paris est celui qui a les meilleurs chevaux à son carrosse.

Un grand seigneur est un homme qui voit le roi, qui parle aux ministres, qui a des ancêtres, des dettes et des pensions. S'il peut, avec cela, cacher son oisiveté par un air empressé ou par un feint attachement pour le plaisir, il croit être le plus heureux de tous les hommes.

le grand-prêtre　　the high priest

XCIX

eusses reçu = aurais reçu

Américaine — an allusion to the American Indians

le visage . . . elle-même — Because her hair style was so high, her face seemed
to be in the middle of her body.

la mouche　beauty mark *(mouche* commonly means "fly")

Il en est de même de . . .　It's the same with . . .

Le monarque pourrait — This is a reference to Louis XIV who, after his
marriage to Mme de Maintenon, became *grave* and it was, therefore,
necessary for his subjects to do the same. This could also be a sarcastic
allusion to the Regent who inspired much excess in the subjects during his
reign.

un moule　a mold

En Perse, il n'y a de grands que ceux à qui le Monarque donne quelque part au gouvernement. Ici, il y a des gens qui sont grands par leur naissance; mais ils sont sans crédit. Les rois font comme ces ouvriers habiles qui, pour exécuter leurs ouvrages, se servent toujours des machines les plus simples.

La faveur est la grande divinité des Français. Le ministre est le grand-prêtre, qui lui offre bien des victimes. Ceux qui l'entourent ne sont point habillés de blanc; tantôt sacrificateurs et tantôt sacrifiés, ils se dévouent eux-mêmes à leur idole avec tout le peuple.

XCIX

Je trouve les caprices de la mode, chez les Français, étonnants. Ils ont oublié comment ils étaient habillés cet été; ils ignorent encore plus comment ils le seront cet hiver. Mais, surtout, on ne saurait croire combien il en coûte à un mari pour mettre sa femme à la mode.

Que me servirait de te faire une description exacte de leur habillement et de leurs parures? Une mode nouvelle viendrait détruire tout mon ouvrage, comme celui de leurs ouvriers, et, avant que tu eusses reçu ma lettre, tout serait changé.

Une femme qui quitte Paris pour aller passer six mois à la campagne en revient aussi antique que si elle s'y était oubliée trente ans. Le fils méconnaît le portrait de sa mère, tant l'habit avec lequel elle est peinte lui paraît étranger; il s'imagine que c'est quelque Américaine qui y est représentée ou que le peintre a voulu exprimer quelqu'une de ses fantaisies.

Quelquefois, les coiffures montent insensiblement, et une révolution les fait descendre tout à coup. Il a été un temps que leur hauteur immense mettait le visage d'une femme au milieu d'elle-même. Dans un autre, c'était les pieds qui occupaient cette place: les talons faisaient un piédestal qui les tenait en l'air. Qui pourrait le croire? Les architectes ont été souvent obligés de hausser, de baisser et d'élargir les portes, selon que les parures de femmes exigeaient d'eux ce changement, et les règles de leur art ont été asservies à ces caprices. On voit quelquefois sur un visage une quantité prodigieuse de mouches, et elles disparaissent toutes le lendemain. Autrefois, les femmes avaient de la taille et des dents; aujourd'hui, il n'en est pas question. Dans cette changeante nation, quoi qu'en disent les mauvais plaisants, les filles se trouvent autrement faites que leurs mères.

Il en est des manières et de la façon de vivre comme des modes: les Français changent de mœurs selon l'âge de leur roi. Le monarque pourrait même parvenir à rendre la nation grave, s'il l'avait entrepris. Le Prince imprime le caractère de son esprit à la Cour: la Cour, à la Ville; la Ville, aux Provinces. L'âme du souverain est un moule qui donne la forme à toutes les autres.

CX

sa toilette   her dressing table
assez mal assortis   rather mismatched
en bâillant   while yawning
je crèverai à force de rire   I'll die laughing (*a force de* by dint of (or) by means of)
quant à moi   as for me

CX

Le rôle d'une jolie femme est beaucoup plus grave que l'on ne pense: il n'y a rien de plus sérieux que ce qui se passe le matin à sa toilette, au milieu de ses domestiques; un général d'armée n'emploie pas plus d'attention à placer sa droite ou son corps de réserve, qu'elle n'en met à poster une mouche, qui peut manquer, 5 mais dont elle espère ou prévoit le succès.

Quelle gêne d'esprit, quelle attention pour concilier sans cesse les intérêts de deux rivaux, pour paraître neutre à tous les deux pendant qu'elle est livrée à l'un et à l'autre, et se rendre médiatrice sur tous les sujets de plainte qu'elle leur donne! 10

Quelle occupation pour faire succéder et renaître les parties de plaisir et prévenir tous les accidents qui pourraient les rompre!

Avec tout cela, la plus grande peine n'est pas de se divertir; c'est de le paraître: ennuyez-les tant que vous voudrez, elles vous le pardonneront, pourvu que l'on puisse croire qu'elles se sont réjouies. 15

Je fus, il y a quelques jours, d'un souper que des femmes firent à la campagne. Dans le chemin, elles disaient sans cesse: «Au moins, il faudra bien nous divertir.»

Nous nous trouvâmes assez mal assortis et, par conséquent, assez sérieux. «Il faut avouer, dit une de ces femmes, que nous nous 20 divertissons bien: il n'y a pas aujourd'hui dans Paris une partie si gaie que la nôtre.» Comme l'ennui me gagnait, une femme me secoua et me dit: «Eh bien! ne sommes-nous pas de bonne humeur?—Oui, lui répondis-je en bâillant; je crois que je crèverai à force de rire.» Cependant la tristesse triomphait toujours des 25 réflexions, et, quant à moi, je me sentis conduit de bâillements dans un sommeil léthargique, qui finit tous mes plaisirs.

Exercices

I   Questions   *Répondez oralement à ces questions.*

XXX

1. Caractérisez les habitants de Paris.
2. Pourquoi tout le monde se mettait-il aux fenêtres?
3. Quelles autres aventures l'auteur a-t-il eues?
4. Se croit-il curieux ou rare?
5. Qu'a-t-il fait?
6. Quel résultat a-t-il eu?
7. Pourquoi se plaignait-il de son tailleur?
8. Quel en était le résultat?
9. Quelle réaction avaient les gèns en apprenant qu'il était Persan?

L

1. Quelles sortes de gens l'auteur aime-t-il?
2. Quelles sortes de gens voit-il partout?
3. Quand trouve-t-il la louange fade?
4. Pourquoi cet autre homme se croit-il modeste?
5. Quelle est la réaction de l'auteur?

LXXXVIII

1. Comment la liberté et l'égalité règnent-elles à Paris?
2. Faites une comparaison entre les grands de Paris et ceux de la Perse.
3. En quoi le gouvernement français ressemble-t-il à une religion?

XCIX

1. Quel est le sujet général de cette lettre?
2. Qu'est-ce qui arrive à la femme qui quitte Paris pour six mois?
3. Est-ce que les mœurs changent comme les modes? Expliquez.
4. Comment l'âme du souverain est-elle un moule?

CX

1. Pourquoi le rôle de la jolie femme est-il grave?
2. Quelles sont ses grandes occupations?

3. Doit-on s'amuser selon l'auteur?
4. Comment est-ce qu'on s'est diverti au souper?
5. Quelle est la solution de l'auteur?

II *Complétez les phrases suivantes en employant les expressions proposées.*

a) il en est
b) se plaint de votre attitude
c) que l'on ne pense
d) dont elle fait le plus de cas
e) a fait récoudre
f) se peint toujours
g) m'ont fait connaître
h) quant à moi

i) il est parvenu à
j) nous avez fait perdre
k) quelque pauvre qu'il soit
l) être mal assortis
m) change de caractère
n) vous avez l'air bien triste
o) avoir triomphé de
p) qu'il se croit supérieur

1. Pauvre type! Il est plus misérable . . .
2. . . . , je ne suis pas du tout de votre avis.
3. Qu'il a de la chance . . . à gagner une bourse à cette université illustre.
4. Les membres de ce cercle n'ont rien en commun. Au contraire ils semblent . . .
5. Qu'avez-vous? Il me semble que . . .
6. Il est tellement vaniteux . . . à tous ses amis.
7. Ces jours-ci les prix ne cessent pas d'augmenter. . . . ainsi des impôts.
8. A cause de votre manque de progrès, votre professeur . . .
9. Ma mère apprécie vivement la politesse . . .
10. Grâce à ses efforts, il . . . cette crise politique.
11. Charlotte est si égoïste qu'elle . . . d'une façon très flatteuse.
12. Ils . . . le fait qu'on ne peut toujours compter sur vous.
13. Par vos mensonges vous . . . l'amitié de nos amis.
14. Tout homme . . . a le droit de vivre sans faim.
15. Quand on a fait fortune dans la vie, il est souvent le cas qu'on . . .
16. A force de travailler, il semble . . . son ennui.

III Composition *Ecrivez à un ami une lettre qui critique une situation sociale contemporaine.*

IV Conversation *Faites semblant d'être un homme d'un autre planète qui rend visite à notre monde pour la première fois. Racontez au moins quatre coutumes sociales observées qui vous paraissent assez bizarres.*

Engraving from "Voltaire, Romans et Contes," volume 2, Bouillon, 1778. Reproduced by permission of the Harvard College Library, Cambridge.

7

Le Meilleur
des mondes possibles

he Age of Enlightenment was a period of extreme intellectual ferment in Europe. Particularly in France, the 18th-century *philosophes* like Montesquieu, Diderot, Voltaire, and Rousseau held up for closer scrutiny religious and political doctrines and institutions considered absolute and unchangeable before this period. More often than not these thinkers decided that their present-day society needed pressing reforms. In the place of an absolute monarchy, they favored a constitutional system that could check the arrogant power of the king; the religious institutions of the day they judged to be too authoritarian, markedly intolerant to opposing systems, and embracing much that enlightened reason simply could not accept. They also pointed out many defects in the legal systems, in education and in most areas of contemporary life. The Enlightenment thus became a massive campaign to educate and to revitalize humanity by an appeal to the faculty of reason and by a faith in the ultimate perfectibility of man.

The foremost representative of this movement through all of Europe was François-Marie Arouet, or VOLTAIRE (1694–1778). An ardent reformer with an encyclopedic range of interests, he became the living image of the intellectual and social aspirations of his age. He wrote tragedies, epic poetry, treatises on religion, philosophy and science, essays on history, and carried on a voluminous correspondence with many important men of his day. And as if such vast literary activity were not enough, he turned out clever and biting pieces of journalism, at great danger to himself, in which contemporary incidents reflecting the intolerance and cruelty of the existing system were clearly exposed.

Much of his writing has lost its immediate interest for us today and we remember Voltaire especially for his *Contes philosophiques.* In these philosophical tales, Voltaire developed social and philosophical themes under the guise of a story, often about the trials of a young man in a far-away or imaginary country, who, faced with numerous crises, had to fend for himself in the world. In this way Voltaire made the novels a mirror in which were reflected the many injustices and forms of fanaticism threatening the progress and happiness of the hero, and therefore of man.

Unquestionably his greatest and most witty masterpiece in this genre is *Candide, ou l'Optimisme.* Here an innocent and well-meaning *ingénu,* indoctrinated by his philosophy tutor, Pangloss, to believe that all is for the best "in the best of all possible worlds," is thrust headlong into a cosmos

teeming with evil. By a number of unfortunate incidents, Candide is divested, bit by bit, of his *naïveté* until, like Voltaire, he too is overwhelmed by the inhumanity of man to man and of nature to man that his personal experience has made indisputable. Through Candide's education, Voltaire's message is made clear: no amount of vain optimism must be allowed to blind man's view of the many evils that have to be rooted out of society. The presence of evil, both in nature and in man, is a fact that cannot be logically explained. Yet man must himself combat whatever evils he can without, ostrich-like, hiding his head in the sands of vain speculation or without accepting the existing order of injustices as unchangeable.

In these opening chapters from *Candide*, Voltaire humorously outlines the reasons for Candide's hasty departure from his native land and, with brilliant irony, subjects his innocent young hero to the rigors of military life, the horror of war, and the ugliness of religious intolerance—perennial problems that indicate that all is not for the best in our universe.

d'icelui = *de celui-ci*

Vestphalie   Westphalia — Voltaire purposely situates the residence of Candide in one of the most remote and backward German provinces. In this way, he pokes fun at the pretentions and the naïveté of the baron, whose name itself is a mockery.

que soixante et onze quartiers — A *quartier* was a term to reckon nobility and represented one generation. Seventy-one *quartiers* would add up to more than two thousand years of nobility.

Tous les chiens . . . son grand aumônier — It is evident from these details that, despite his pretentions, the baron was only a country squire with a rather ordinary farmhouse for his manor.

haute en couleur   of very red complexion

Pangloss (Greek)   all tongue

la métaphysico-théologo-cosmolo . . . — Here Voltaire is ridiculing the philosophical system of the 18th-century German philosopher Leibnitz. To reconcile the presence of evil in the world, Leibnitz conceived a metaphysical system which would account for moral and physical imperfections by regarding them as essential elements in the world God had created. Since no work of the Creator can be imperfect, Leibnitz concluded that our universe must reflect the infinite wisdom, reason, and order of the Divine Intelligence.

tout étant fait pour une fin — the principle of sufficient reason on which the Leibnitzian theory reposed

Candide *(Extraits)*

Voltaire

COMMENT CANDIDE FUT ÉLEVÉ DANS UN BEAU CHÂTEAU, ET COMMENT IL FUT CHASSÉ D'ICELUI.

Il y avait en Vestphalie, dans le château de monsieur le baron de Thunder-ten-tronckh, un jeune garçon à qui la nature avait donné les mœurs les plus douces. Sa physionomie annonçait son âme. Il avait le jugement assez droit, avec l'esprit le plus simple; c'est, je crois, pour cette raison qu'on le nommait Candide. Les anciens 5 domestiques de la maison soupçonnaient qu'il était fils de la sœur de monsieur le baron et d'un bon et honnête gentilhomme du voisinage, que cette demoiselle ne voulut jamais épouser parce qu'il n'avait pu prouver que soixante et onze quartiers, et que le reste de son arbre généalogique avait été perdu par l'injure du temps. 10

Monsieur le baron était un des plus puissants seigneurs de la Vestphalie, car son château avait une porte et des fenêtres. Sa grande salle même était ornée d'une tapisserie. Tous les chiens de ses basses-cours composaient une meute dans le besoin; ses palefreniers étaient ses piqueurs; le vicaire du village était son grand 15 aumônier. Ils l'appelaient tous Monseigneur, et ils riaient quand il faisait des contes.

Madame la baronne, qui pesait environ trois cent cinquante livres, s'attirait par là une très grande considération, et faisait les honneurs de la maison avec une dignité qui la rendait encore plus respectable. 20 Sa fille Cunégonde, âgée de dix-sept ans, était haute en couleur, fraîche, grasse, appétissante. Le fils du baron paraissait en tout digne de son père. Le précepteur Pangloss était l'oracle de la maison, et le petit Candide écoutait ses leçons avec toute la bonne foi de son âge et de son caractère. 25

Pangloss enseignait la métaphysico-théologo-cosmolo-nigologie. Il prouvait admirablement qu'il n'y a point d'effet sans cause, et que, dans ce meilleur des mondes possibles, le château de monseigneur le baron était le plus beau des châteaux et madame la meilleure des baronnes possibles. 30

«Il est démontré, disait-il, que les choses ne peuvent être autrement: car, tout étant fait pour une fin, tout est nécessairement pour la meilleure fin. Remarquez bien que les nez ont été faits pour porter des lunettes, aussi avons-nous des lunettes. Les jambes sont visiblement instituées pour être chaussées, et nous avons des chausses. Les 35

il fallait dire que tout est au mieux — Voltaire is making fun here of Christian von Wolf, the German philosopher who popularized and distorted Leibnitz's system. Both Wolf and Alexander Pope (in his "Essay on Man") reduced Leibnitz's reconciliation of evil in the universe to the rather simplistic concept of "the best of all possible worlds", which Voltaire found both untrue and abhorrent

le parc   the garden, usually of a great *château*

dès qu'elle fût revenue à elle-même   as soon as she had regained consciousness

pierres ont été formées pour être taillées, et pour en faire des châteaux, aussi monseigneur a un très beau château; le plus grand baron de la province doit être le mieux logé; et, les cochons étant faits pour être mangés, nous mangeons du porc toute l'année: par conséquent, ceux qui ont avancé que tout est bien ont dit une sottise; il fallait dire que tout est au mieux.»

Candide écoutait attentivement, et croyait innocemment; car il trouvait mademoiselle Cunégonde extrêmement belle, quoiqu'il ne prît jamais la hardiesse de le lui dire. Il concluait qu'après le bonheur d'être né baron de Thunder-ten-tronckh, le second degré de bonheur était d'être mademoiselle Cunégonde; le troisième, de la voir tous les jours; et le quatrième, d'entendre maître Pangloss, le plus grand philosophe de la province, et par conséquent de toute la terre.

Un jour, Cunégonde, en se promenant auprès du château, dans le petit bois qu'on appelait *parc*, vit entre des broussailles le docteur Pangloss qui donnait une leçon de physique expérimentale à la femme de chambre de sa mère, petite brune très jolie et très docile. Comme mademoiselle Cunégonde avait beaucoup de disposition pour les sciences, elle observa, sans souffler, les expériences réitérées dont elle fut témoin; elle vit clairement la raison suffisante du docteur, les effets et les causes, et s'en retourna toute agitée, toute pensive, toute remplie du désir d'être savante, songeant qu'elle pourrait bien être la raison suffisante du jeune Candide, qui pouvait aussi être la sienne.

Elle rencontra Candide en revenant au château, et rougit; Candide rougit aussi; elle lui dit bonjour d'une voix entrecoupée, et Candide lui parla sans savoir ce qu'il disait. Le lendemain après le dîner, comme on sortait de table, Cunégonde et Candide se trouvèrent derrière un paravent; Cunégonde laissa tomber son mouchoir, Candide le ramassa, elle lui prit innocemment la main, le jeune homme baisa innocemment la main de la jeune demoiselle avec une vivacité, une sensibilité, une grâce toute particulière; leurs bouches se rencontrèrent, leurs mains s'égarèrent. Monsieur le baron de Thunder-ten-tronckh passa auprès du paravent, et, voyant cette cause et cet effet, chassa Candide du château à grands coups de pied dans le derrière; Cunégonde s'évanouit; elle fut souffletée par madame la baronne dès qu'elle fût revenue à elle-même; et tout fut consterné dans le plus beau et le plus agréable des châteaux possibles.

CE QUE DEVINT CANDIDE PARMI LES BULGARES

Candide, chassé du paradis terrestre, marcha longtemps sans savoir où, pleurant, levant les yeux au ciel, les tournant souvent vers le plus beau des châteaux qui renfermait la plus belle des baronnettes; il se coucha sans souper au milieu des champs entre

un cabaret   a tavern, inn

deux hommes habillés de bleu — Color worn by the recruiters of the Prussian army. The "Bulgares" (see page 91) are the Prussians and the "Abares" (see p. 93) the French. The struggle referred to here is no doubt the Seven Years War.

Je n'ai pas de quoi payer mon écot.   I don't have the means to pay for my share.

et veut faire son billet   and wishes to sign his I.O.U.

hausser la baguette, remettre . . .   raise and lower a ramrod

coucher en joue   aim a gun

s'il aimait être fustigé . . . le régiment   if he wished to be beaten in cadence by passing through two columns of the regiment

il eut beau dire que . . .   he argued in vain that . . .

deux sillons; la neige tombait à gros flocons. Candide, tout transi, se traîna le lendemain vers la ville voisine, qui s'appelle Valdberghoff-tarbk-dikdorff, n'ayant point d'argent, mourant de faim et de lassitude. Il s'arrêta tristement à la porte d'un cabaret. Deux hommes habillés de bleu le remarquèrent: «Camarade, dit l'un, voilà un 5 jeune homme très bien fait, et qui a la taille requise.» Il s'avancèrent vers Candide et le prièrent à dîner très civilement. «Messieurs, leur dit Candide avec une modestie charmante, vous me faites beaucoup d'honneur, mais je n'ai pas de quoi payer mon écot.—Ah! Monsieur, lui dit un des bleus, les personnes de votre figure et de votre mérite 10 ne payent jamais rien: n'avez-vous pas cinq pieds cinq pouces de haut?—Oui, Messieurs, c'est ma taille, dit-il en faisant la révérence.—Ah! Monsieur, mettez-vous à table; non seulement nous vous défrayerons, mais nous ne souffrirons jamais qu'un homme comme vous manque d'argent; les hommes ne sont faits que pour se 15 secourir les uns les autres.—Vous avez raison, dit Candide: c'est ce que monsieur Pangloss m'a toujours dit, et je vois bien que tout est au mieux.» On le prie d'accepter quelques écus, il les prend et veut faire son billet; on n'en veut point, on se met à table: «N'aimez-vous pas tendrement . . . ?—Oh! oui, répondit-il, j'aime tendrement 20 mademoiselle Cunégonde.—Non, dit l'un de ces messieurs, nous vous demandons si vous n'aimez pas tendrement le roi des Bulgares.—Point du tout, dit-il, car je ne l'ai jamais vu.—Comment! c'est le plus charmant des rois, et il faut boire à sa santé.—Oh! très volontiers, Messieurs»; et il boit. «C'en est assez, lui dit-on, vous voilà 25 l'appui, le soutien, le défenseur, le héros des Bulgares; votre fortune est faite, et votre gloire est assurée.» On lui met sur-le-champ les fers aux pieds, et on le mène au régiment. On le fait tourner à droite, à gauche, hausser la baguette, remettre la baguette, coucher en joue, tirer, doubler le pas, et on lui donne trente coups de bâton; le 30 lendemain il fait l'exercice un peu moins mal, et il ne reçoit que vingt coups; le surlendemain on ne lui en donne que dix, et il est regardé par ses camarades comme un prodige.

Candide, tout stupéfait, ne démêlait pas encore trop bien comment il était un héros. Il s'avisa un beau jour de printemps de s'aller 35 promener, marchant tout droit devant lui, croyant que c'était un privilège de l'espèce humaine, comme de l'espèce animale, de se servir de ses jambes à son plaisir. Il n'eut pas fait deux lieues que voilà quatre autres héros de six pieds qui l'atteignent, qui le lient, qui le mènent dans un cachot. On lui demanda juridiquement ce qu'il 40 aimait le mieux: d'être fustigé trente-six fois par tout le régiment, ou de recevoir à la fois douze balles de plomb dans la cervelle. Il eut beau dire que les volontés sont libres, et qu'il ne voulait ni l'un ni l'autre, il fallut faire un choix; il se détermina, en vertu du don de Dieu qu'on nomme *liberté*, à passer trente-six fois par les baguettes; il 45 essuya deux promenades. Le régiment était composé de deux mille

avec les émollients enseignés par Dioscoride — reference to lotions whose healing
  effects were taught by Dioscoridos, Greek physician and botanist of the
  second century A.D.

des Te Deum (invariable) — The *Te Deum* is the official hymn of thanksgiving
  of the Roman Catholic Church.

prit le parti = prit la décision

criaient qu'on achevât de leur donner la mort   implored that they finally be
  allowed to die

hommes; cela lui composa quatre mille coups de baguette, qui, depuis la nuque du cou jusqu'au cul, lui découvrirent les muscles et les nerfs. Comme on allait procéder à la troisième course, Candide, n'en pouvant plus, demanda en grâce qu'on voulût bien avoir la bonté de lui casser la tête; il obtint cette faveur; on lui bande les yeux, on le 5 fait mettre à genoux. Le roi des Bulgares passe dans ce moment, s'informe du crime du patient; et, comme ce roi avait un grand génie, il comprit, par tout ce qu'il apprit de Candide, que c'était un jeune métaphysicien, fort ignorant des choses de ce monde, et il lui accorda sa grâce avec une clémence qui sera louée dans tous les 10 journaux et dans tous les siècles. Un brave chirurgien guérit Candide en trois semaines avec les émollients enseignés par Dioscoride. Il avait déjà un peu de peau, et pouvait marcher, quand le roi des Bulgares livra bataille au roi des Abares.

COMMENT CANDIDE SE SAUVA D'ENTRE LES BULGARES, ET CE QU'IL DEVINT.

Rien n'était si beau, si leste, si brillant, si bien ordonné 15 que les deux armées. Les trompettes, les fifres, les hautbois, les tambours, les canons, formaient une harmonie telle qu'il n'y eut jamais en enfer. Les canons renversèrent d'abord à peu près six mille hommes de chaque côté; ensuite la mousqueterie ôta du meilleur des mondes environ neuf à dix mille coquins qui en infectaient 20 la surface. La baïonnette fut aussi la raison suffisante de la mort de quelques milliers d'hommes. Le tout pouvait bien se monter à une trentaine de mille âmes. Candide, qui tremblait comme un philosophe, se cacha du mieux qu'il put pendant cette boucherie héroïque. 25

Enfin, tandis que les deux rois faisaient chanter des *Te Deum* chacun dans son camp, il prit le parti d'aller raisonner ailleurs des effets et des causes. Il passa par-dessus des tas de morts et de mourants, et gagna d'abord un village voisin; il était en cendres: c'était un village abare que les Bulgares avaient brûlé, selon les lois du droit 30 public. Ici des vieillards criblés de coups regardaient mourir leurs femmes égorgées, qui tenaient leurs enfants à leurs mamelles sanglantes; là des filles éventrées après avoir assouvi les besoins naturels de quelques héros rendaient les derniers soupirs; d'autres, à demi brûlées, criaient qu'on achevât de leur donner la mort. Des cervelles 35 étaient répandues sur la terre à côté de bras et de jambes coupés.

Candide s'enfuit au plus vite dans un autre village: il appartenait à des Bulgares, et les héros abares l'avaient traité de même. Candide, toujours marchant sur des membres palpitants ou à travers des ruines, arriva enfin hors du théâtre de la guerre, portant quelques 40 petites provisions dans son bissac, et n'oubliant jamais mademoiselle Cunégonde. Ses provisions lui manquèrent quand il fut en Hollande; mais, ayant entendu dire que tout le monde était riche dans

qu'on ne le traitât   that he would be treated

avant qu'il eût été chassé (pluperfect subj.)   before he had been chased from it

à un homme . . . dans une grande assemblée — reference to a reformed minister

le regardant de travers   looking askance at him

avisant = remarquant, apercevant

ne m'approche de ta vie = ne m'approche plus de ta vie, don't ever come near me again

sur le chef (archaic) = *sur la tête*

un plein . . . — something suggestively unmentionable — perhaps un *pot de chambre*

un être à deux pieds sans plumes — a comic use by Voltaire of a traditional scholastic definition of man, "an unfeathered biped".

ce pays-là, et qu'on y était chrétien, il ne douta pas qu'on ne le traitât aussi bien qu'il l'avait été dans le château de monsieur le baron avant qu'il en eût été chassé pour les beaux yeux de mademoiselle Cunégonde.

Il demanda l'aumône à plusieurs graves personnages, qui lui répondirent tous que, s'il continuait à faire ce métier, on l'enfermerait dans une maison de correction pour lui apprendre à vivre.

Il s'adressa ensuite à un homme qui venait de parler tout seul une heure sur la charité dans une grande assemblée. Cet orateur, le regardant de travers, lui dit: «Que venez-vous faire ici? y êtes-vous pour la bonne cause?—Il n'y a point d'effet sans cause, répondit modestement Candide, tout est enchaîné nécessairement et arrangé pour le mieux. Il a fallu que je fusse chassé d'auprès mademoiselle Cunégonde, que j'aie passé par les baguettes, et il faut que je demande mon pain jusqu'à ce que je puisse en gagner; tout cela ne pouvait être autrement.—Mon ami, lui dit l'orateur, croyez-vous que le pape soit l'Antéchrist?—Je ne l'avais pas encore entendu dire, répondit Candide; mais, qu'il le soit ou qu'il ne le soit pas, je manque de pain.—Tu ne mérites pas d'en manger, dit l'autre; va, coquin, va misérable, ne m'approche de ta vie.» La femme de l'orateur, ayant mis la tête à la fenêtre et avisant un homme qui doutait que le pape fût l'Antéchrist, lui répandit sur le chef un plein . . . O ciel! à quel excès se porte le zèle de la religion dans les dames!

Un homme qui n'avait point été baptisé, un bon anabaptiste, nommé Jacques, vit la manière cruelle et ignominieuse dont on traitait ainsi un de ses frères, un être à deux pieds sans plumes, qui avait une âme; il l'amena chez lui, le nettoya, lui donna du pain et de la bière, lui fit présent de deux florins, et voulut même lui apprendre à travailler dans ses manufactures aux étoffes de Perse qu'on fabrique en Hollande. Candide, se prosternant presque devant lui, s'écriait: «Maître Pangloss me l'avait bien dit que tout est au mieux dans ce monde, car je suis infiniment plus touché de votre extrême générosité que de la dureté de ce monsieur à manteau noir et de madame son épouse.»

Exercices

I   Questions   *Répondez oralement à ces questions.*

1. Dans quel pays le château du baron de Thunder-ten-tronckh se trouvait-il?
2. Pourquoi appelait-on le jeune garçon Candide?
3. D'après les anciens domestiques, quelle était l'origine probable de Candide?
4. De quoi Voltaire se moque-t-il ici par ce refus du mariage de la sœur du baron?
5. Pourquoi le baron était-il le plus puissant des seigneurs de sa région?
6. Identifiez Cunégonde et Pangloss.
7. Quelle était la philosophie enseignée par Pangloss?
8. Quels arguments employait-il pour soutenir sa thèse?
9. Qu'est-ce que Cunégonde a vu en se promenant autour du château?
10. Pourquoi le baron a-t-il chassé Candide de son château?
11. Où Candide allait-il après avoir été exilé?
12. Comment souffrait-il?
13. Qu'est-ce que les hommes en bleu ont remarqué en voyant le jeune homme?
14. D'après eux, pourquoi Candide n'avait-il pas à payer son dîner?
15. Pourquoi Candide devait-il aimer le roi des Bulgares?
16. Pour quelle raison ont-ils mis Candide aux fers?
17. Quel entraînement militaire a-t-il subi? Pourquoi le regardait-on comme un prodige?
18. Selon Candide quel était un privilège de l'espèce humaine?
19. Pourquoi l'a-t-on lié? Où l'a-t-on mis?
20. Quel choix avait-il à faire? Qu'est-ce qu'il a choisi?
21. Qu'est-ce qui est arrivé par conséquent?
22. Quelle grâce a-t-il demandée au régiment?
23. Pourquoi le roi lui a-t-il accordé sa clémence?
24. Comment la description de cette bataille entre les Bulgares et les Abares est-elle ironique?
25. Qu'est-ce que la mousqueterie a ôté du monde?
26. Comment Candide s'est-il conduit pendant cette bataille?
27. Qu'est-ce que les deux rois ont fait chanter?
28. Qui avait envahi le premier village? Décrivez ce que Candide a vu en y entrant.
29. Comment était le deuxième village?
30. Pourquoi Candide croyait-il qu'il serait bien traité en Hollande?

31. Quelle réponse lui a-t-on donnée quand il demandait l'aumône?
32. Sur quoi l'orateur venait-il de prêcher?
33. Pourquoi Candide ne mériterait-il pas de pain selon le ministre?
34. Expliquez l'ironie du fait que Jacques était anabaptiste.

II *Complétez les phrases suivantes en vous servant des expressions proposées.*

a) dans le besoin
b) par là
c) tout est au mieux
d) un coup de pied
e) tout transi
f) il n'a pas de quoi

g) se mettre à table
h) me sert de
i) elle aura la bonté
j) fait de son mieux
k) s'adresser à
l) venait de

1. Parfois cette table . . . bureau.
2. Cette table me sert de bureau . . .
3. Pour apprendre sa direction on peut . . . un agent de police.
4. Cet homme traite mal son chien; il lui a donné . . .
5. Avant de . . . on doit se laver les mains.
6. Quand j'ai vu Jean, il . . . sortir du cinéma.
7. Quand j'ai fait tous mes devoirs, je sens que . . .
8. Si l'on . . . , on est assuré de réussir.
9. Le professeur était très sensible aux problèmes de ses étudiants; . . . il s'attirait beaucoup de respect.
10. Il veut entrer dans ce théâtre, mais . . . payer le prix d'entrée.
11. Demandez-lui si . . . nous dire l'heure où commence le grand film.
12. L'orphelin errait . . . à cause du froid.

III Composition *Si Candide était un jeune du XXe siècle, lesquelles de ses expériences racontées ici seraient différentes? Lesquelles seraient pareilles?*

IV Conversation *Imaginez une conversation entre un jeune homme moderne qui fait son service militaire et son commandant au sujet de la liberté dans la vie militaire.*

J. M. Moreau le jeune inv.

J. B. Simonet Sculp. 1778

La nature etaloit a nos yeux toute fa magnificence.

Emil. T. 2. Pag. 8.

Engraving from "Emile ou de l'éducation". Courtesy Museum of Fine Arts, Boston, William A. Sargeant Collection.

8

L'Aimable étranger dans le monde

ean-Jacques ROUSSEAU (1712–1778) had an undeniable influence on many phases of life in the 18th century, and the impact of his thinking extends even into our time. His works cover the fields of politics, economics, love, marriage, theater, music, morality, religion, government, and education. In each of these subjects his opinions are quite individualistic. He was frequently prone to imagine ideal situations and these imaginings became his "philosophy". One phase of his philosophy treats his idea of an education which, unlike Rabelais' all-encompassing theory of education, would teach the student only those subjects which have a practical application for the type of life the student would eventually lead. His ideal student is called *Emile,* who represents what Jean-Jacques would like to have been. The tutor, who tells the tale, also represents Jean-Jacques in another idealized role, that of a wise, understanding member of the older generation.

The book, published in 1762, enjoyed a certain popularity—partly due to the fact that both Catholic France and Protestant Geneva had banned it for its unorthodox religious views and partly because it was (as it continues to be) a worthwhile treatise on modern education—and people tried to use it in rearing their children. One story tells of how a woman came to Rousseau and told him that she was using *Emile* as a handbook in bringing up her child. "Too bad for you, and too bad for your child," was Rousseau's comment. The story perhaps sums up *Emile's* value: it contains a great many good ideas which show how to make education relevant to the student's needs, but its idealistic attitude makes its use as a handbook rather impossible in preparing anyone for society as we know it.

By considering Emile's education, the reader can also learn what the actual society of Rousseau's time was like. In saying so many uplifting things about Emile, Rousseau reveals a social commentary: his negative judgment of society.

dans quelque rang = dans n'importe quel rang

son début   his entrance (into society)

A Dieu ne plaise qu'il soit assez malheureux pour y briller!   God forbid that he
    should be unfortunate enough to shine there!

un coup d'œil   a glance

le déguisement   dissimulation

la simagrée   pretense

il en coûtera moins . . .   it will be less of a bother . . .

droits — Rousseau refers here to the "natural rights" of a free man.

babillard   talkative, gabby

le caquet   idle gossip

la bagatelle   insignificant thing

faire autant de cas . . .   to make as much of . . .

Emile *(Extraits)*

Rousseau

Dans quelque rang qu'il puisse être né, dans quelque société qu'il commence à s'introduire, son début sera simple et sans éclat: à Dieu ne plaise qu'il soit assez malheureux pour y briller! les qualités qui frappent au premier coup d'œil ne sont pas les siennes, il ne les a ni les veut avoir. Il met trop peu de prix aux jugements des hommes pour en mettre à leurs préjugés, et ne se soucie point qu'on l'estime avant que de le connaître. Sa manière de se présenter n'est ni modeste ni vaine, elle est naturelle et vraie; il ne connaît ni gêne ni déguisement, et il est au milieu d'un cercle ce qu'il est seul et sans témoin. Sera-t-il pour cela grossier, dédaigneux, sans attention pour personne? Tout au contraire; si seul il ne compte pas pour rien les autres hommes, pourquoi les compterait-il pour rien vivant avec eux? Il ne les préfère point à lui dans ses manières, parce qu'il ne les préfère pas à lui dans son cœur; mais il ne leur montre pas non plus une indifférence qu'il est bien éloigné d'avoir: s'il n'a pas les formules de la politesse, il a les soins de l'humanité. Il n'aime à voir souffrir personne; il n'offrira pas sa place à un autre par simagrée, mais il la lui cédera volontiers par bonté, si, le voyant oublié, il juge que cet oubli le mortifie; car il en coûtera moins à mon jeune homme de rester debout volontairement, que de voir l'autre y rester par force.

Quoique en général Emile n'estime pas les hommes, il ne leur montrera point de mépris, parce qu'il les plaint et s'attendrit sur eux. Ne pouvant leur donner le goût des biens réels, il leur laisse les biens de l'opinion dont ils se contentent, de peur que, les leur ôtant à pure perte, il ne les rendît plus malheureux qu'auparavant. Il n'est donc point disputeur ni contredisant; il n'est pas non plus complaisant et flatteur; il dit son avis sans combattre celui de personne, parce qu'il aime la liberté par-dessus toute chose, et que la franchise en est un des plus beaux droits.

Il parle peu, parce qu'il ne se soucie guère qu'on s'occupe de lui; par la même raison il ne dit que des choses utiles: autrement, qu'est-ce qui l'engagerait à parler? Emile est trop instruit pour être jamais babillard. Le grand caquet vient nécessairement, ou de la prétention à l'esprit, dont je parlerai ci-après, ou du prix qu'on donne à des bagatelles, dont on croit sottement que les autres font autant de cas que nous. Celui qui connaît assez de choses pour donner à toutes leur véritable prix ne parle jamais trop; car il sait

se taire   to be silent

distinguer   to distinguish; (here:) to notice

prendre garde à   to be careful; (here:) to notice, to give attention to

tout à lui   completely to himself, i.e., alone, separated from the crowd

il en fait peu de cas   he doesn't think much of it

agréable (noun)   pleasant person, fine fellow; (here:) easy-going fellow

en imposer   to make an impression

Emile aime les hommes . . . — Emile loves people within the concept of his
equality with them. Admiration *(Emile n'estime pas les hommes . . .)* would set
others above Emile; Rousseau could not accept such an idea.

quel jargon moqueur de galanterie   what phony jargon of (social) amenities

le débauché   profligate, rake, libertine

fripon (noun and adj.)   rogue, wicked person

apprécier aussi l'attention qu'on lui donne et l'intérêt qu'on peut prendre à ses discours. Généralement les gens qui savent peu parlent beaucoup, et les gens qui savent beaucoup parlent peu. Il est simple qu'un ignorant trouve important tout ce qu'il sait et le dise à tout le monde. Mais un homme instruit n'ouvre pas aisément son 5 répertoire; il aurait trop à dire, et il voit encore plus à dire après lui; il se tait.

Loin de choquer les manières des autres, Emile s'y conforme assez volontiers; non pour paraître instruit des usages, ni pour affecter les airs d'un homme poli, mais au contraire de peur qu'on ne le distin- 10 gue, pour éviter d'être aperçu; et jamais il n'est plus à son aise que quand on ne prend pas garde à lui.

Quoique entrant dans le monde il en ignore absolument les manières, il n'est pas pour cela timide et craintif; s'il se dérobe, ce n'est point par embarras, c'est que pour bien voir il faut n'être pas 15 vu: car ce qu'on pense de lui ne l'inquiète guère, et le ridicule ne lui fait pas la moindre peur. Cela fait qu'étant toujours tranquille et de sang-froid, il ne se trouble point par la mauvaise honte. Soit qu'on le regarde ou non, il fait toujours de son mieux ce qu'il fait; et toujours tout à lui pour bien observer les autres, il saisit leurs manières avec 20 une aisance que ne peuvent avoir les esclaves de l'opinion. On peut dire qu'il prend plutôt l'usage du monde, précisément parce qu'il en fait peu de cas.

Ne vous trompez pas cependant sur sa contenance, et n'allez pas la comparer à celle de vos jeunes agréables. Il est ferme et non 25 suffisant; ses manières sont libres et non dédaigneuses: l'air insolent n'appartient qu'aux esclaves, l'indépendance n'a rien d'affecté. Je n'ai jamais vu d'homme ayant de la fierté dans l'âme en montrer dans son maintien: cette affectation est bien plus propre aux âmes viles et vaines, qui ne peuvent en imposer que par là. 30

....

Quand on aime on veut être aimé. Emile aime les hommes, il veut donc leur plaire. A plus forte raison il veut plaire aux femmes; son âge, ses mœurs, son projet, tout concourt à nourrir en lui ce désir. Je dis ses mœurs, car elles y font beaucoup; les hommes qui en ont sont les vrais adorateurs des femmes. Ils n'ont 35 pas comme les autres je ne sais quel jargon moqueur de galanterie; mais ils ont un empressement plus vrai, plus tendre, et qui part du cœur. Je connaîtrais près d'une jeune femme un homme qui a des mœurs et qui commande à la nature, entre cent mille débauchés. Jugez de ce que doit être Emile avec un tempérament tout neuf, et 40 tant de raisons d'y résister! Pour auprès d'elles, je crois qu'il sera quelquefois timide et embarrassé; mais sûrement cet embarras ne leur déplaira pas, et les moins friponnes n'auront encore que trop souvent l'art d'en jouir et de l'augmenter. Au reste, son empresse-

le savoir-vivre   good breeding, good manners

le fat   fop

le taux   cost, rate

le faste   ostentation, display

la recherche   search; (here:) care

cadre doré   guilded frame, i.e., expensive-looking wardrobe, household, etc.

l'enseigne   the sign (such as stores in France hang out to indicate the nature
    of their business)

l'usage du monde   the ways of society

Le plus malheureux . . . — This is a long quote from a work on social conduct:
    Considérations sur les mœurs de ce siècle by Duclos.

se passer de   to do without

ment changera sensiblement de forme selon les états. Il sera plus modeste et plus respectueux pour les femmes, plus vif et plus tendre auprès des filles à marier. Il ne perd point de vue l'objet de ses recherches, et c'est toujours à ce qui les lui rappelle qu'il marque le plus d'attention.

Personne ne sera plus exact à tous les égards fondés sur l'ordre de la nature, et même sur le bon ordre de la société; mais les premiers seront toujours préférés aux autres; et il respectera davantage un particulier plus vieux que lui, qu'un magistrat de son âge. Etant donc pour l'ordinaire un des plus jeunes des sociétés où il se trouvera, il sera toujours un des plus modestes, non par la vanité de paraître humble, mais par un sentiment naturel et fondé sur la raison. Il n'aura point l'impertinent savoir-vivre d'un jeune fat, qui, pour amuser la compagnie, parle plus haut que les sages et coupe la parole aux anciens: il n'autorisera point, pour sa part, la réponse d'un vieux gentilhomme à Louis XV, qui lui demandait lequel il préférait de son siècle ou de celui-ci: *Sire, j'ai passé ma jeunesse à respecter les vieillards, et il faut que je passe ma vieillesse à respecter les enfants.*

Ayant une âme tendre et sensible, mais n'appréciant rien sur le taux de l'opinion, quoiqu'il aime à plaire aux autres, il se souciera peu d'en être considéré. D'où il suit qu'il sera plus affectueux que poli, qu'il n'aura jamais d'airs ni de faste, et qu'il sera plus touché d'une caresse que de mille éloges. Par les mêmes raisons il ne négligera ni ses manières ni son maintien; il pourra même avoir quelque recherche dans sa parure, non pour paraître un homme de goût, mais pour rendre sa figure plus agréable; il n'aura point recours au cadre doré, et jamais l'enseigne de la richesse ne souillera son ajustement.

On voit que tout cela n'exige point de ma part un étalage de préceptes, et n'est qu'un effet de sa première éducation. On nous fait un grand mystère de l'usage du monde; comme si, dans l'âge où l'on prend cet usage, on ne le prenait pas naturellement, et comme si ce n'était pas dans un cœur honnête qu'il faut chercher ses premières lois! La véritable politesse consiste à marquer de la bienveillance aux hommes: elle se montre sans peine quand on en a; c'est pour celui qui n'en a pas qu'on est forcé de réduire en art ses apparences.

«Le plus malheureux effet de la politesse d'usage est d'enseigner l'art de se passer des vertus qu'elle imite. Qu'on nous inspire dans l'éducation l'humanité et la bienfaisance, nous aurons la politesse, ou nous n'en aurons plus besoin.

«Si nous n'avons pas celle qui s'annonce par les grâces, nous aurons celle qui annonce l'honnête homme et le citoyen; nous n'aurons pas besoin de recourir à la fausseté.

artificieux   cunning, guileful
le procédé   dealing, conduct
enorgueillir   to make proud
préserver   to protect
fâcheux   annoying, trying
dans la suite   subsequently
l'étranger   foreigner; (here:) stranger

«Au lieu d'être artificieux pour plaire, il suffira d'être bon; au lieu d'être faux pour flatter les faiblesses des autres, il suffira d'être indulgent.

«Ceux avec qui l'on aura de tels procédés n'en seront ni enorgueillis ni corrompus; ils n'en seront que reconnaissants, et en deviendront 5 meilleurs.»

Il me semble que si quelque éducation doit produire l'espèce de politesse qu'exige ici M. Duclos, c'est celle dont j'ai tracé le plan jusqu'ici.

Je conviens pourtant qu'avec des maximes si différentes Emile ne 10 sera point comme tout le monde, et Dieu le préserve de l'être jamais! mais, en ce qu'il sera différent des autres, il ne sera ni fâcheux, ni ridicule: la différence sera sensible sans être incommode, Emile sera, si l'on veut, un aimable étranger. D'abord on lui pardonnera ses singularités en disant: *Il se formera*. Dans la suite on sera tout 15 accoutumé à ses manières; et voyant qu'il n'en change pas, on les lui pardonnera encore en disant: *Il est fait ainsi*.

Exercices

I   Questions   *Répondez oralement à ces questions.*

    1. Dans quel rang social Emile est-il né?
    2. Est-ce qu' Emile brille dans la société?
    3. Que pense-t-il de l'estime?
    4. Comment est-il en société?
    5. Quels sont ses soins de l'humanité?
    6. Comment Emile montre-t-il son amour de la liberté?
    7. Est-ce qu' Emile parle peu? Pourquoi?
    8. Quelle est l'opinion de l'auteur des gens qui parlent beaucoup?
    9. Pourquoi Emile se conforme-t-il aux manières des autres?
   10. Pourquoi Emile se dérobe-t-il dans le monde?
   11. Décrivez la réaction d'Emile aux manières du monde.
   12. Pourquoi l'auteur dit-il que «l'air insolent n'appartient qu'aux esclaves»?
   13. Décrivez les hommes qui sont les vrais adorateurs des femmes.
   14. Décrivez Emile devant les femmes.
   15. Expliquez ses préférences en ce qui concerne l'ordre de la nature et l'ordre de la société.
   16. Pourquoi Emile est-il parmi les plus modestes en société?
   17. Que révèle la phrase du vieux gentilhomme du siècle de Rousseau?
   18. Comment Emile veut-il plaire aux autres?
   19. Est-ce que tout le monde a de la véritable politesse? Expliquez.
   20. Distinguez l'art des apparences (la politesse d'usage) de la véritable politesse.
   21. De quelle façon Emile sera-t-il «un aimable étranger»?
   22. Comment sera-t-il reçu en société?

II   Composition   *Les valeurs sociales de Rousseau et leur application aujourd'hui.*

III   Conversation   *Emile entre dans une salle où il trouve une fort belle jeune femme, sa mère, et un jeune homme impoli et orgueilleux qui s'intéresse à la jeune personne. Entrez dans une conversation avec trois autres étudiants dans laquelle chacun jouera un des personnages. Comment Emile se conduirait-il envers les femmes? et l'autre jeune homme?*

IV *Complétez les phrases suivantes en vous servant des expressions proposées.*

a) une pure bagatelle	h) prenez garde à
b) a soin	i) j'en fais peu de cas
c) exige	j) se tromper
d) avoir recours à	k) en ce qui concerne
e) être à son aise	l) partent du cœur
f) me conformer à	m) je vous compte pour
g) le rang	n) les formules de la politesse

1. Ce professeur est très sévère; il . . . beaucoup de travail.
2. Quand on n'est pas embarrassé dans la société, on peut . . .
3. Demandez à l'ouvreuse . . . où se trouve votre place.
4. Je ne trouve pas cela très important comme détail. Au contraire, . . .
5. Il n'est jamais attentif . . . les renseignements que les gens lui donnent.
6. Comment? Vous avez été reçu à un examen si difficile? . . . très intelligent.
7. C'était un incident sans importance . . .
8. Emile est bien aimable. C'est pourquoi il . . . de toute l'humanité.
9. Quoique je les trouve quelquefois fausses, je suis . . .
10. A cause de votre mauvaise situation vous devez . . . à vos amis.
11. Après avoir écouté votre discours, je ne peux . . . vos idées politiques.
12. Voilà trois heures que nous l'attendons. Elle a dû . . . de route.
13. . . . cet homme car il a l'air dangereux.
14. Je parle en toute sincérité et mes sentiments à votre égard . . .

LE
MARIAGE DE FIGARO
OU
LA FOLLE JOURNEE
COMÉDIE EN CINQ ACTES
PAR
BEAUMARCHAIS
REPRÉSENTÉE POUR LA PREMIÈRE FOIS, A PARIS, EN 1784

PERSONNAGES

LE COMTE ALMAVIVA, grand corrégidor d'Andalousie.
LA COMTESSE, sa femme.
FIGARO, valet de chambre du comte et concierge du château.
SUZANNE, première camériste de la comtesse, et fiancée de Figaro.
MARCELINE, femme de charge.
ANTONIO, jardinier du château, oncle de Suzanne et père de Fanchette.
FANCHETTE, fille d'Antonio.
CHÉRUBIN, premier page du comte.
BARTHOLO, médecin de Séville.
BAZILE, maître de clavecin de la comtesse.

DON GUSMAN BRID'OISON, lieutenant du siége.
DOUBLE-MAIN, greffier, secrétaire de don Gusman.
UN HUISSIER-AUDIENCIER.
GRIPE-SOLEIL, jeune pastoureau.
UNE JEUNE BERGÈRE.
PÉDRILLE, piqueur du comte.

PERSONNAGES MUETS

TROUPE DE VALETS.
TROUPE DE PAYSANNES.
TROUPE DE PAYSANS.

La scène est au château d'Aguas-Frescas, à trois lieues de Séville.

ACTE PREMIER

Une chambre à demi démeublée ; un grand fauteuil de malade est au milieu. Figaro, avec une toise, mesure le plancher. Suzanne attache à sa tête, devant une glace, le petit bouquet de fleur d'orange, appelé chapeau de la mariée

---

SCÈNE PREMIÈRE
FIGARO, SUZANNE.

FIGARO. Dix-neuf pieds sur vingt-six.

SUZANNE. Tiens, Figaro, voilà mon petit chapeau : le trouves-tu mieux ainsi ?

FIGARO, lui prend les mains. Sans comparaison, ma charmante. Oh ! que ce joli bouquet virginal, élevé sur la tête d'une belle fille, est doux, le matin des noces, à l'œil amoureux d'un époux !...

SUZANNE, se retire. Que mesures-tu donc là, mon fils ?

FIGARO. Je regarde, ma petite Suzanne, si ce beau lit que monseigneur nous donne aura bonne grâce ici.

SUZANNE. Dans cette chambre ?

FIGARO. Il nous la cède.

SUZANNE. Et moi je n'en veux point.

FIGARO. Pourquoi ?

SUZANNE. Je n'en veux point.

FIGARO. Mais encore ?

SUZANNE. Elle me déplaît.

9

L'Homme du peuple révolutionnaire

he French Revolution was not the surprising event it seemed to be for many who witnessed it. Its origins can be traced back to the Middle Ages when the peasants rebelled against the oppression of the nobles. Throughout the centuries the Revolution seems to have clearly announced its coming. Many works were written to protest various injustices; one such protest—in a carefully veiled form—you have already read: Montesquieu's *Lettres persanes*. On the whole, however, such works had a limited reception because they were either banned, censored, difficult to read for a largely illiterate public, or too subtle in their attack. A play on the stage had, at least, a wider public and could thus exert a greater influence.

In 1784, Pierre-Augustin Caron de BEAUMARCHAIS (1732–1799) presented *Le Mariage de Figaro*, a play in a Spanish setting which cleverly covered up the fact that the criticism was actually on French institutions. This play reached the stage five years before the Revolution it forecast.

Figaro, a jack-of-all-trades, is an unscrupulous man-of-the-people who has had to make his way in the world by his cunning. He is employed by Count Almaviva who is a typical nobleman of the day: selfish, a bit dull, convinced of his rights and privileges and disrespectful of the rights of others—especially his social inferiors. At the same time that Figaro advances his master's wishes, he must also watch over his own interests. At the moment his interest is Suzanne, his fiancée, whom he plans to marry the next day. The Count has a fancy for Suzanne and plans to court her and make her his mistress, at least for a while. Figaro learns that the Count's plot will be launched in the palace gardens, and decides to be there and thwart the Count's intentions.

While waiting in the garden, Figaro meditates on his situation in life. The daring quality of this monologue, its social danger, lies in the possibility for the actor playing the part to speak directly across the footlights to an audience composed, in 1784, of many Count Almavivas. Those who failed to grasp the message in 1784 certainly understood it in 1789!

This work suggested, of course, the libretto for Mozart's *Le Nozze di Figaro*.

manquer à   to fail, to be unfaithful to

la cérémonie — the civil ceremony of marriage which precedes the religious ceremony (Suzanne was coquettish with Figaro when he asked her to promise not to meet the Count in the garden.)

Il =le comte   (The count laughed because he had received a note of acceptance from Suzanne.)

un benêt   boob, idiot

des places f.   positions, posts

les biens m.   assets, goods, property

la science   (here:) knowledge

toutes les Espagnes   all Spanish possessions

jouter   to joust

courir   (here) to pursue

lancette vétérinaire — In spite of his extended preparation even a nobleman cannot get Figaro a decent position. (Figaro is an illegitimate child and society will not accept him.)

à corps perdu   headlong

me fussé-je mis une pierre au cou   would that I had put a stone around my neck (and drowned myself)

le sérail — The seraglio was the court of the sultan of the Ottoman Empire (in Constantinople).

fronder   to satirize, to criticize

Mahomet — Mohammed, the founder of the Islamic religion

la Sublime-Porte — the Turkish government

Barca — a region in Libya

flambé   burned (The term usually refers to food which is flamed in cognac; *brûlé* is more exact but less colorful and humorous.)

l'omoplate f.   shoulder blade

le recors   bailiff's man

un sol = un sou — an old coin whose value is now so small it is no longer used

château fort — Figaro has been imprisoned in a castle. (The *Bastille* was used as a prison for writers and other outspoken opponents of the French government.)

puissants de quatre jours   tyrants in power for a short time

Le Mariage de Figaro *(Extrait)*
Beaumarchais

O femme! femme! femme! créature faible et
décevante! . . . nul animal créé ne peut manquer à son instinct; le
tien est-il donc de tromper? . . . Après m'avoir obstinément refusé
quand je l'en pressais devant sa maîtresse; à l'instant qu'elle me
donne sa parole, au milieu même de la cérémonie . . . Il riait en 5
lisant, le perfide! et moi, comme un benêt . . . !Non, Monsieur le
Comte, vous ne l'aurez pas . . . vous ne l'aurez pas . . . Parce que vous
êtes un grand Seigneur, vous vous croyez un grand génie! . . .
Noblesse, fortune, un rang, des places: tout cela rend si fier!
Qu'avez-vous fait pour tant de biens! Vous vous êtes donné la peine 10
de naître, et rien de plus; du reste, homme assez ordinaire! tandis
que moi, morbleu! perdu dans la foule obscure, il m'a fallu déployer
plus de science et de calculs pour subsister seulement, qu'on n'en a
mis depuis cent ans à gouverner toutes les Espagnes: et vous voulez
jouter . . . Est-il rien de plus bizarre que ma destinée! Fils de je ne 15
sais pas qui, volé par des bandits, élevé dans leurs mœurs, je m'en
dégoûte et veux courir une carrière honnête; et partout je suis
repoussé! J'apprends la chimie, la pharmacie, la chirurgie, et tout le
crédit d'un grand Seigneur peut à peine me mettre à la main une
lancette vétérinaire!—Las d'attrister des bêtes malades et pour faire 20
un métier contraire, je me jette à corps perdu dans le théâtre: me
fussé-je mis une pierre au cou! Je broche une comédie dans les
mœurs du sérail; auteur espagnol, je crois pouvoir y fronder
Mahomet sans scrupule: à l'instant, un envoyé . . . de je ne sais où, se
plaint de ce que j'offense dans mes vers la Sublime-Porte, la Perse, 25
une partie de la presqu'île de l'Inde, toute l'Egypte, les royaumes de
Barca, de Tripoli, de Tunis, d'Alger et du Maroc: et voilà ma
comédie flambée, pour plaire aux princes mahométans, dont pas
un, je crois, ne sait lire, et qui nous meurtrissent l'omoplate, en nous
disant: *Chiens de chrétiens!*—Ne pouvant avilir l'esprit, on se venge en 30
le maltraitant.—Mes joues creusaient; mon terme était échu; je voyais de loin arriver l'affreux recors, la plume fichée dans sa perruque:
en frémissant, je m'évertue. Il s'élève une question sur la nature des
richesses, et, comme il n'est pas nécessaire de tenir les choses pour
en raisonner, n'ayant pas un sol, j'écris sur la valeur de l'argent et 35
sur son produit net; sitôt je vois, du fond d'un fiacre, baisser pour
moi le pont d'un château fort, à l'entrée duquel je laissai l'espérance
et la liberté. Que je voudrais bien tenir un de ces puissants de quatre

cuver son orgueil   to work off his pride

où l'on en gêne le cours   where they interfere with the free circulation —
   (This is a comment on censorship.)

des gens en place   people in important positions

des corps en crédit   influential groups

aller sur les brisées de . . .   to compete with . . .

à la feuille   by the page — He refers to those hacks who were paid by the
   number of lines or pages which they wrote.

j'y étais propre . . . — When they needed someone really capable, they chose a
   dancer instead.

le pharaon   game of faro (a card game)

comme il faut   right and proper

le savoir-faire   craftiness, cunning

la brasse   fathom

je le marie   I arrange his marriage

au moment d'épouser ma mère — Figaro was being forced to marry a
   woman in return for a debt he could not pay, but at the last moment it
   turned out that she was his long-lost mother.

qui donc? — He is referring to the confusion which resulted when he discovered his mother. A moment later he also discovered his father.

jours, si légers sur le mal qu'ils ordonnent, quand une bonne
disgrâce a cuvé son orgueil! je lui dirais . . . que les sottises
imprimées n'ont d'importance qu'aux lieux où l'on en gêne le cours;
que sans la liberté de blâmer, il n'est point d'éloge flatteur, et qu'il
n'y a que les petits hommes qui redoutent les petits écrits. Las de   5
nourrir un obscur pensionnaire, on me met un jour dans la rue; et
comme il faut dîner quoiqu'on ne soit plus en prison, je taille encore
ma plume, et demande à chacun de quoi il est question: on me dit
que pendant ma retraite économique il s'est établi dans Madrid un
système de liberté sur la vente des productions, qui s'étend même à   10
celles de la presse; et que, pourvu que je ne parle en mes écrits ni de
l'autorité, ni du culte, ni de la politique, ni de la morale, ni des gens
en place, ni des corps en crédit, ni de l'Opéra, ni des autres spectacles, ni de personne qui tienne à quelque chose, je puis tout im-
primer librement, sous l'inspection de deux ou trois censeurs. Pour   15
profiter de cette douce liberté, j'annonce un écrit périodique et,
croyant n'aller sur les brisées d'aucun autre, je le nomme *Journal
inutile*. Pou-ou! je vois s'élever contre moi mille pauvres diables à la
feuille; on me supprime, et me voilà derechef sans emploi!—Le
désespoir m'allait saisir; on pense à moi pour une place, mais par   20
malheur j'y étais propre: il fallait un calculateur, ce fut un danseur
qui l'obtint. Il ne me restait plus qu'à voler; je me fais banquier de
pharaon: alors, bonnes gens! je soupe en ville, et les personnes dites
comme il faut m'ouvrent poliment leur maison en retenant pour elles
les trois quarts du profit. J'aurais bien pu me remonter; je   25
commençais même à comprendre que, pour gagner du bien, le
savoir-faire vaut mieux que le savoir. Mais comme chacun pillait
autour de moi en exigeant que je fusse honnête, il fallut bien périr
encore. Pour le coup je quittais le monde, et vingt brasses d'eau m'en
allaient séparer, lorsqu'un Dieu bienfaisant m'appelle à mon pre-   30
mier état. Je reprends ma trousse et mon cuir anglais; puis, laissant
la fumée aux sots qui s'en nourrissent, et la honte au milieu du
chemin, comme trop lourde à un piéton, je vais rasant de ville en
ville, et je vis enfin sans souci. Un grand seigneur passe à Séville; il
me reconnaît, je le marie, et pour prix d'avoir eu par mes soins son   35
épouse, il veut intercepter la mienne! Intrigue, orage à ce sujet. Prêt
à tomber dans un abîme, au moment d'épouser ma mère, mes parents m'arrivent à la file. On se débat; c'est vous, c'est lui, c'est moi,
c'est toi; non, ce n'est pas nous: eh mais, qui donc? O bizarre suite
d'événements! Comment cela m'est-il arrivé? Pourquoi ces choses et   40
non pas d'autres? Qui les a fixées sur ma tête? Forcé de parcourir la
route où je suis entré sans le savoir, comme j'en sortirai sans le
vouloir, je l'ai jonchée d'autant de fleurs que ma gaieté me l'a permis: encore je dis ma gaieté, sans savoir si elle est à moi plus que le
reste, ni même quel est ce *moi* dont je m'occupe: un assemblage   45

désabusé   disillusioned
Suzon   diminutive of *Suzanne*
que tu me donnes de tourments   you certainly give me a difficult time

informe de parties inconnues, puis un chétif être imbécile, un petit animal folâtre, un jeune homme ardent au plaisir, ayant tous les goûts pour jouir, faisant tous les métiers pour vivre, maître ici, valet là, selon qu'il plaît à la fortune! ambitieux par vanité, laborieux par nécessité, mais paresseux . . . avec délices! orateur selon le danger, 5 poète par délassement, musicien par occasion, amoureux par folles bouffées, j'ai tout vu, tout fait, tout usé. Puis l'illusion s'est détruite, et trop désabusé . . . Désabusé! Suzon, Suzon Suzon! que tu me donnes de tourments!

Exercices

I   Questions   *Répondez oralement à ces questions.*

1. Où se trouve Figaro?
2. Qu'est ce que le comte n'aura pas?
3. Figaro croit-il que le comte mérite son titre?
4. Comment le comte a-t-il reçu ce titre?
5. Des deux, qui est le supérieur selon Figaro?
6. Pourquoi Figaro trouve-t-il sa destinée bizarre?
7. Quels métiers Figaro a-t-il appris?
8. Pourquoi l'a-t-on emprisonné?
9. Sur quelle question a-t-il écrit?
10. Qu'a-t-il mérité par ses écrits?
11. Quel plaidoyer fait-il pour la liberté?
12. Pourquoi l'a-t-on libéré?
13. Quels sujets sont défendus dans la presse de Madrid?
14. Pourquoi les personnes «comme il faut» lui ouvrent-elles leur maison?
15. Pourquoi trouve-t-il le savoir-faire plus important que le savoir?
16. Quelle bizarre suite d'événements lui est arrivée?
17. De quoi le «moi» de Figaro est-il fait?
18. Pourquoi reste-t-il désabusé à la fin de cette scène?

II   *Trouvez dans le texte des expressions équivalentes aux mots en italiques.*

1. *Il est préférable* que vous restiez chez nous.
2. *Bien qu'*elle soit honnête, elle aime raconter des histoires fantastiques.
3. Nous sommes bien *fatigués* après avoir marché si long-temps.
4. Cette nouvelle *m'a rendu triste*.
5. Il y a toute *une série* de découvertes extraordinaires dans la technologie.
6. Le petit garçon a l'air bien *maigre* à côté de ses cousins robustes.
7. Ces gens *indolents* ne réussiront jamais.
8. Quelle est *l'occupation* de ce monsieur?
9. Il ne s'habille pas *d'une manière acceptable à tout le monde*.
10. Il *avait soin* de ses parents.

III *Complétez les phrases suivantes en vous servant des expressions proposées.*

a) son savoir
b) désabusé par
c) elle m'a donné sa parole
d) dont elle s'occupe si longtemps
e) vous avez manqué à votre promesse
f) d'être volée
g) il s'est avili
h) a supprimé
i) plaire aux
j) s'est vengé
k) les mœurs de Figaro
l) pourvu qu'il puisse

1. Je suis sûr qu'elle rentrera tôt car . . .
2. Nous ne pouvons plus compter sur vous parce que . . .
3. Il viendra vous voir . . . prendre congé de ses amis.
4. Toute cette flatterie est bien calculée pour . . . gens bêtes.
5. On peut dire que . . . n'étaient pas toujours honnêtes.
6. Il y a longtemps que je vous crois! Me voilà . . . vos mensonges insupportables.
7. Cet homme est bien renommé pour . . . mais non pas pour son tact.
8. Je ne sais pas quel est le projet . . .
9. Si elle descend dans la rue à cette heure-ci elle risque . . . par des voyous.
10. A cause des critiques sévères contre son gouvernement, le dictateur . . . ce journal.
11. En déposant ce mauvais chef, le peuple . . . de toutes sortes d'injustice.
12. . . . dans cette affaire honteuse.

IV Composition *Comment ce monologue est-il une critique de la société pré-révolutionnaire?*

V Conversation *Racontez les malheurs principaux que Figaro a subis jusqu'ici.*

"Napoléon" by Auguste Desnoyers. Courtesy of Museum of Fine Arts, Boston.

10
Le Mal du siècle

he French Revolution of 1789 promised great social reform in the famous slogan, "Liberté, Egalité, Fraternité". But within ten years of the fall of the Bastille, the importance of Napoleon Bonaparte already loomed large on the political horizon, and gradually the ideals of 1789 were put aside. The short-lived greatness which Napoleon I brought to France was accompanied by new social and political abuses along with a series of wars which led to the debacle of 1815. The Emperor's exile did not bring about better times for France, but the return of the Royalists made things worse through other forms of oppression. The *émigrés* returned from exile demanding their old rights. The new king was the old king's brother, a little more tolerant, perhaps, but hardly the liberal sought by the young men he ruled. The reactionary forces within the Church were increasing their influence. The principles of '89 seemed forgotten indeed. The proverb, "Plus ça change, plus c'est la même chose", certainly seemed applicable to the times.

The generation born during the Empire produced many disillusioned young men who are generally referred to as *romantics*. Their revolt did not bring them many benefits, so they either abandoned the principles of liberal reform or remained unhappy about society for the rest of their lives. Alfred de MUSSET (1810–1857) belongs to the latter category. He was one of those who by their dress and manners revealed their distaste for the "establishment". Musset, of course, distinguished himself in the sentimental outpourings which characterize his poetry and much of his prose.

La Confession d'un enfant du siècle (1836) opens with an introduction to that moral decay or "century sickness" which was so prevalent during the author's youth. It is essential that the reader grasp the spirit of Musset's explanation rather than seek a clear definition because it is the mood of the times that he is trying to evoke, not a personal view.

aussi   (here:) therefore

j'aurai rongé mon pied captif   I would have bitten off my trapped foot —
    (Traditionally, it is believed that a fox will bite off his own paw when it
    becomes entrapped.)

mettre au monde   to give birth

se regarder entre eux   to look at each other

chamarré   bedecked

Un seul homme . . . — i.e., Napoleon

l'impôt payé à César   the tax paid to Caesar (Napoleon) — The allusion is to
    Jesus' remark to "render unto Ceasar that which is Caesar's and unto God
    that which is God's".

une île déserte — Sainte-Hélène where Napoleon was exiled

un saule pleureur   a weeping willow

La Confession d'un enfant du siècle *(Extraits)*

Musset

CHAPITRE PREMIER

Pour écrire l'histoire de sa vie, il faut d'abord avoir vécu; aussi n'est-ce pas la mienne que j'écris.

Ayant été atteint, jeune encore, d'une maladie morale abominable, je raconte ce qui m'est arrivé pendant trois ans. Si j'étais seul malade, je n'en dirais rien; mais, comme il y en a beaucoup d'autres 5 que moi qui souffrent du même mal, j'écris pour ceux-là, sans trop savoir s'ils y feront attention; car, dans le cas où personne n'y prendrait garde, j'aurai encore retiré ce fruit de mes paroles, de m'être guéri moi-même, et, comme le renard pris au piège, j'aurai rongé mon pied captif. 10

CHAPITRE II

Pendant les guerres de l'Empire, tandis que les maris et les frères étaient en Allemagne, les mères inquiètes avaient mis au monde une génération ardente, pâle, nerveuse. Conçus entre deux batailles, élévés dans les collèges au roulement des tambours, des milliers d'enfants se regardaient entre eux d'un œil sombre, en es- 15 sayant leurs muscles chétifs. De temps en temps leurs pères ensanglantés apparaissaient, les soulevaient sur leurs poitrines chamarrées d'or, puis les posaient à terre et remontaient à cheval.

Un seul homme était en vie en Europe; le reste des êtres tâchait de se remplir les poumons de l'air qu'il avait respiré. Chaque année la 20 France faisait présent à cet homme de trois cent mille jeunes gens; c'était l'impôt payé à César, et, s'il n'avait ce troupeau derrière lui, il ne pouvait suivre sa fortune. C'était l'escorte qu'il lui fallait pour qu'il pût traverser le monde et s'en aller tomber dans une petite vallée d'une île déserte, sous un saule pleureur. 25

Jamais il n'y eut tant de nuits sans sommeil que du temps de cet homme; jamais on ne vit se pencher sur les remparts des villes un tel peuple de mères désolées; jamais il n'y eut un tel silence autour de ceux qui parlaient de mort. Et pourtant jamais il n'y eut tant de joie, tant de vie, tant de fanfares guerrières dans tous les cœurs. Jamais il 30 n'y eut de soleils si purs que ceux qui séchèrent tout ce sang. On

123

Austerlitz — Napoleon's most brilliant success took place at Austerlitz in Moravia.

des nuages — The cloud which remained after the battles are the dead and suffering who were quickly forgotten.

hécatombe f.   great slaughter (slaughter of a hundred bulls)

Murat — one of Napoleon's best generals, King of Naples. He was executed in 1815.

s'il pouvait mourir — Part of the Napoleonic legend is built upon stories of his having survived unharmed situations in which others very nearly were killed.

qu'était-ce que cela?   how to explain this?

elle fauchait de si verts épis   she (death) cut down such young ears (of corn), i.e., death took such young men

Tous les berceaux de France étaient des boucliers   All the cradles of France were shields, i.e., everyone born was a defender of the Empire.

le cercueil   coffin — All those who died did so while defending the Empire.

des demi-dieux — If a soldier survived, he was considered a great hero.

sept peuples s'égorger — At Waterloo Napoleon was defeated by the united armies of Europe.

Azraël — the angel of death in Islam

le poussa dans l'Océan   pushed him into exile, i.e., he was exiled to an island, St. Helena

un habit d'Arlequin — Europe was divided into small countries after Napoleon fell. *Arlequin* wears a multi-colored costume in a checkered pattern.

un linceul blanc   a white shroud (White is the color of the Bourbon family.)

Wellington et Blücher — English and Prussian generals, respectively, who led the battle of Waterloo.

Salvatoribus mundi (Latin)   To the saviors of the world

disait que Dieu les faisait pour cet homme, et on les appelait ses soleils d'Austerlitz. Mais il les faisait bien lui-même avec ses canons toujours tonnants, et qui ne laissaient des nuages qu'aux lendemains de ses batailles.

C'était l'air de ce ciel sans tache, où brillait tant de gloire, où resplendissait tant d'acier, que les enfants respiraient alors. Ils savaient bien qu'ils étaient destinés aux hécatombes; mais ils croyaient Murat invulnérable, et on avait vu passer l'empereur sur un pont où sifflaient tant de balles qu'on ne savait s'il pouvait mourir. Et quand même on aurait dû mourir, qu'était-ce que cela? La mort elle-même était si belle alors, si grande, si magnifique dans sa pourpre fumante! elle ressemblait si bien à l'espérance, elle fauchait de si verts épis qu'elle était comme devenue jeune, et qu'on ne croyait plus à la vieillesse. Tous les berceaux de France étaient des boucliers, tous les cercueils en étaient aussi; il n'y avait vraiment plus de vieillards, il n'y avait que des cadavres ou des demi-dieux.

Cependant l'immortel empereur était un jour sur une colline à regarder sept peuples s'égorger; comme il ne savait pas encore s'il serait le maître du monde ou seulement de la moitié, Azraël passa sur la route, il l'effleura du bout de l'aile et le poussa dans l'Océan. Au bruit de sa chute, les puissances moribondes se redressèrent sur leurs lits de douleurs, et, avançant leurs pattes crochues, toutes les royales araignées découpèrent l'Europe et de la pourpre de César se firent un habit d'Arlequin.

De même qu'un voyageur, tant qu'il est sur le chemin court nuit et jour par la pluie et par le soleil, sans s'apercevoir de ses veilles ni des dangers; mais, dès qu'il est arrivé au milieu de sa famille et qu'il s'assoit devant le feu, il éprouve une lassitude sans bornes et peut à peine se traîner à son lit: ainsi la France, veuve de César, sentit tout à coup sa blessure. Elle tomba en défaillance et s'endormit d'un si profond sommeil que ses vieux rois, la croyant morte, l'enveloppèrent d'un linceul blanc. La vieille armée en cheveux gris rentra épuisée de fatigue, et les foyers des châteaux déserts se rallumèrent tristement.

Alors ces hommes de l'Empire, qui avaient tant couru et tant égorgé, embrassèrent leurs femmes amaigries et parlèrent de leurs premières amours; ils se regardèrent dans les fontaines de leurs prairies natales, et ils s'y virent si vieux, si mutilés, qu'ils se souvinrent de leurs fils, afin qu'on leur fermât les yeux. Ils demandèrent où ils étaient; les enfants sortirent des collèges, et, ne voyant plus ni sabres, ni cuirasses, ni fantassins, ni cavaliers, ils demandèrent à leur tour où étaient leurs pères. Mais on leur répondit que la guerre était finie, que César était mort, et que les portraits de Wellington et de Blücher étaient suspendus dans les antichambres des consulats et des ambassades, avec ces deux mots au bas: *Salvatoribus mundi.*

une jeunesse soucieuse   a troubled young generation

De pâles fantômes — priests   (Musset is anti-clerical.)

ils chassaient les habitants — The *émigrés* returned and demanded their property rights, thus dispossessing those who had bought the property during the Revolution or later.

des hommes encore tout tremblants — the *émigrés*

une seule mort — i.e., Napoleon's death

corbeaux m. pl., — Musset compares the returning exiles to "crows" who are attracted to dead bodies.

une abeille dans ses tapisseries   a bee in his tapestries — The figure of a bee was on Napoleon's emblem. (The fear of Napoleon's return lasted until he actually died.)

Les uns lui tendaient leur chapeau — the *émigrés* who returned penniless

il le baisait — The returning clergy reassumed their former influence.

de grands noms retentissants — The legitimate nobility (i.e., the nobles of pre-Revolutionary times) returned with nothing but their illustrious names.

un habit neuf — Some of those elevated to nobility by Napoleon changed their allegiance to the legitimate nobility and they were often better treated by the new king than the legitimate nobles.

à Cannes — When Napoleon was exiled to Elba in the Mediterranean he returned to France and quickly gathered an army which, during the Hundred Days, recaptured France for Napoleon. The battle of Waterloo ended, definitively, the Napoleonic era.

le lys   the lily — emblem of the Bourbon family

un homme qui tenait à la main . . . — One of the important speakers for freedom at that time, perhaps Benjamin Constant

une inscription romaine — The heroes of the Revolution were depicted in marble busts with Latin inscriptions below them. The first French Republic (1792–1804) is often compared with the Roman Republic established after the overthrow of the Roman kings.

à la veillée   during the evening

un fleuve de sang — The allusion is to the Reign of Terror.

Alors s'assit sur un monde en ruines une jeunesse soucieuse. Tous ces enfants étaient des gouttes d'un sang brûlant qui avait inondé la terre; ils étaient nés au sein de la guerre, pour la guerre. Ils avaient rêvé pendant quinze ans des neiges de Moscou ou du soleil des Pyramides. Ils n'étaient pas sortis de leurs villes; mais on leur avait dit que, par chaque barrière de ces villes, on allait à une capitale d'Europe. Ils avaient dans la tête tout un monde; ils regardaient la terre, le ciel, les rues et les chemins; tout cela était vide, et les cloches de leurs paroisses résonnaient seules dans le lointain.

De pâles fantômes, couverts de robes noires, traversaient lentement les campagnes; d'autres frappaient aux portes des maisons, et, dès qu'on leur avait ouvert, ils tiraient de leurs poches de grands parchemins tout usés, avec lesquels ils chassaient les habitants. De tous côtés arrivaient des hommes encore tout tremblants de la peur qui leur avait pris à leur départ, vingt ans auparavant. Tous réclamaient, disputaient et criaient; on s'étonnait qu'une seule mort pût appeler tant de corbeaux.

Le roi de France était sur son trône, regardant çà et là s'il ne voyait pas une abeille dans ses tapisseries. Les uns lui tendaient leur chapeau, et il leur donnait de l'argent; les autres lui montraient un crucifix, et il le baisait; d'autres se contentaient de lui crier aux oreilles de grands noms retentissants, et il répondait à ceux-là d'aller dans sa grand'salle, que les échos en étaient sonores; d'autres encore lui montraient leurs vieux manteaux, comme ils en avaient bien effacé les abeilles, et à ceux-là il donnait un habit neuf.

Les enfants regardaient tout cela, pensant toujours que l'ombre de César allait débarquer à Cannes et souffler sur ces larves; mais le silence continuait toujours, et l'on ne voyait flotter dans le ciel que la pâleur des lis. Quand les enfants parlaient de gloire, on leur disait: «Faites-vous prêtres»; quand ils parlaient d'ambition: «Faites-vous prêtres»; d'espérance, d'amour, de force, de vie: «Faites-vous prêtres!»

Cependant il monta à la tribune aux harangues un homme qui tenait à la main un contrat entre le roi et le peuple; il commença à dire que la gloire était une belle chose, et l'ambition de la guerre aussi; mais qu'il y en avait une plus belle, qui s'appelait la liberté.

Les enfants relevèrent la tête et se souvinrent de leurs grands-pères, qui en avaient aussi parlé. Ils se souvinrent d'avoir rencontré, dans les coins obscurs de la maison paternelle, des bustes mystérieux avec de longs cheveux de marbre et une inscription romaine; ils se souvinrent d'avoir vu le soir, à la veillée, leurs aïeules branler la tête et parler d'un fleuve de sang bien plus terrible encore que celui de l'empereur. Il y avait pour eux, dans ce mot de liberté, quelque chose qui leur faisait battre le cœur, à la fois comme un lointain et terrible souvenir et comme une chère espérance, plus lointaine encore.

Clamart — an old cemetery in Paris

montant à la tribune   stepping up to the rostrum, i.e., speaking out in public

houleux   swelling, surging

sur une semence ou sur un débris   on a seed or a piece of debris

Pygmalion Galatée — The sculptor Pygmalion fell in love with his own marble
    statue of Galatea. Aphrodite brought her to life and they married.

un sac de chaux   a sack of lime

fluet   slender

Ils tressaillirent en l'entendant; mais en rentrant au logis ils virent trois paniers qu'on portait à Clamart: c'étaient trois jeunes gens qui avaient prononcé trop haut ce mot de liberté.

Un étrange sourire leur passa sur les lèvres à cette triste vue; mais d'autres harangueurs, montant à la tribune, commencèrent à cal- 5 culer publiquement ce que coûtait l'ambition, et que la gloire était bien chère; ils firent voir l'horreur de la guerre, et appelèrent boucheries les hécatombes. Et ils parlèrent tant et si longtemps que toutes les illusions humaines, comme des arbres en automne, tom- baient feuille à feuille autour d'eux, et que ceux qui les écoutaient 10 passaient leur main sur leur front, comme des fiévreux qui s'éveillent.

Les uns disaient: «Ce qui a causé la chute de l'empereur, c'est que le peuple n'en voulait plus»; les autres: «Le peuple voulait le roi; non, la liberté; non, la raison; non, la religion; non, la constitution 15 anglaise; non, l'absolutisme!»; un dernier ajouta: «Non, rien de tout cela, mais le repos».

Trois éléments partageaient donc la vie qui s'offrait alors aux jeunes gens: derrière eux un passé à jamais détruit, s'agitant encore sur ses ruines, avec tous les fossiles des siècles de l'absolutisme; de- 20 vant eux l'aurore d'un immense horizon, les premières clartés de l'avenir; et entre ces deux mondes . . . quelque chose de semblable à l'Océan qui sépare le vieux continent de la jeune Amérique, je ne sais quoi de vague et de flottant, une mer houleuse et pleine de naufrages, traversée de temps en temps par quelque blanche voile 25 lontaine ou par quelque navire soufflant une lourde vapeur, le siècle présent, en un mot, qui sépare le passé de l'avenir, qui n'est ni l'un ni l'autre et qui ressemble à tous deux à la fois, et où l'on ne sait, à chaque pas qu'on fait, si l'on marche sur une semence ou sur un débris. 30

Voilà dans quel chaos il fallut choisir alors; voilà ce qui se présentait à des enfants pleins de force et d'audace, fils de l'Empire et petits-fils de la Révolution.

Or, du passé ils n'en voulaient plus, car la foi en rien ne se donne; l'avenir, ils l'aimaient, mais quoi! comme Pygmalion Galatée: c'était 35 pour eux comme une amante de marbre, et ils attendaient qu'elle s'animât, que le sang colorât ses veines.

Il leur restait donc le présent, l'esprit du siècle, ange du crépuscule qui n'est ni la nuit ni le jour; ils le trouvèrent assis sur un sac de chaux plein d'ossements, serré dans le manteau des égoïstes et 40 grelottant d'un froid terrible. L'angoisse de la mort leur entra dans l'âme à la vue de ce spectre moitié momie et moitié foetus; ils s'en approchèrent comme le voyageur à qui l'on montre à Strasbourg la fille d'un vieux comte de Sarveden, embaumée dans sa parure de fiancée: ce squelette enfantin fait frémir, car ses mains fluettes et 45

hérissé   bristled, on end

Napoléon le lui avait pris . . . — Napoleon crowned himself emperor to show
his independence from all authority.

Voltaire parodied the Bible and religious doctrines and thereby weakened
the authority of the Church. (Musset loathed Voltaire, too.)

la pierre de Sainte-Hélène — i.e., Napoleon's innovations were put in the past
by the Restoration just as the *ancien régime* had been ended by the Revolution.

un suaire livide   a ghastly shroud

le cuistre   dull and ridiculous pedant

livides portent l'anneau des épousées, et sa tête tombe en poussière au milieu des fleurs d'oranger.

Comme, à l'approche d'une tempête, il passe dans les forêts un vent terrible qui fait frissonner tous les arbres, à quoi succède un profond silence, ainsi Napoléon avait tout ébranlé en passant sur le monde; les rois avaient senti vaciller leur couronne, et, portant leur main à leur tête, ils n'y avaient trouvé que leurs cheveux hérissés de terreur. Le pape avait fait trois cents lieues pour le bénir au nom de Dieu et lui poser son diadème; mais Napoléon le lui avait pris des mains. Ainsi tout avait tremblé dans cette forêt lugubre de la vieille Europe; puis le silence avait succédé.

On dit que, lorsqu'on rencontre un chien furieux, si on a le courage de marcher gravement, sans se retourner, et d'une manière régulière, le chien se contente de vous suivre pendant un certain temps en grommelant entre ses dents; tandis que, si on laisse échapper un geste de terreur, si on fait un pas trop vite, il se jette sur vous et vous dévore; car, une fois la première morsure faite, il n'y a plus moyen de lui échapper.

Or, dans l'histoire européenne, il était arrivé souvent qu'un souverain eût fait ce geste de terreur et que son peuple l'eût dévoré; mais, si un l'avait fait, tous ne l'avaient pas fait en même temps, c'est-à-dire qu'un roi avait disparu, mais non la majesté royale. Devant Napoléon, la majesté royale l'avait fait, ce geste qui perd tout, et non seulement la majesté, mais la religion, mais la noblesse, mais toute puissance divine et humaine.

Napoléon mort, les puissances divines et humaines étaient bien rétablies de fait, mais la croyance en elles n'existait plus. Il y a un danger terrible à savoir ce qui est possible, car l'esprit va toujours plus loin. Autre chose est de se dire: «Ceci pourrait être», ou de se dire: «Ceci a été»; c'est la première morsure du chien.

Napoléon despote fut la dernière lueur de la lampe du despotisme; il détruisit et parodia les rois, comme Voltaire les livres saints. Et après lui on entendit un grand bruit: c'était la pierre de Sainte-Hélène qui venait de tomber sur l'ancien monde. Aussitôt parut dans le ciel l'astre glacial de la raison, et ses rayons, pareils à ceux de la froide déesse des nuits, versant de la lumière sans chaleur, enveloppèrent le monde d'un suaire livide.

....

Un sentiment de malaise inexprimable commença donc à fermenter dans tous les jeunes cœurs. Condamnés au repos par les souverains du monde, livrés aux cuistres de toute espèce, à l'oisiveté et à l'ennui, les jeunes gens voyaient se retirer d'eux les vagues écumantes contre lesquelles ils avaient préparé leurs bras. Tous ces

frottés d'huile   rubbed with oil, i.e., ready for battle
le libertin   freethinker, rake
prirent un état   entered a profession (or trade)
la robe . . . , l'épée . . . (synecdoche)   the law . . . the military . . .
à froid   doggedly
Talma — the greatest tragic actor of the period
se ruait = se pressait
les idées anglaises — The English were traditionally known for their calm,
    conservative air.
avant-coureur m.   herald
ils commencèrent à se mesurer des yeux — an allusion to the beginning of
    feminism in France
tombassent impf. subj. of *tomber*
le deuil   mourning

gladiateurs frottés d'huile se sentaient au fond de l'âme une misère insupportable. Les plus riches se firent libertins; ceux d'une fortune médiocre prirent un état et se résignèrent soit à la robe, soit à l'épée; les plus pauvres se jetèrent dans l'enthousiasme à froid, dans les grands mots, dans l'affreuse mer de l'action sans but. Comme la ₅ faiblesse humaine cherche l'association et que les hommes sont troupeaux de nature, la politique s'en mêla. On s'allait battre avec les gardes du corps sur les marches de la Chambre législative, on courait à une pièce de théâtre où Talma portait une perruque qui le faisait ressembler à César, on se ruait à l'enterrement d'un député ₁₀ libéral. Mais des membres des deux partis opposés il n'en était pas un qui, en rentrant chez lui, ne sentit amèrement le vide de son existence et la pauvreté de ses mains.

En même temps que la vie au dehors était si pâle et si mesquine, la vie intérieure de la société prenait un aspect sombre et silencieux; ₁₅ l'hyprocrisie la plus sévère régnait dans les mœurs; les idées anglaises se joignant à la dévotion, la gaieté même avait disparu. Peut-être était-ce la Providence qui préparait déjà ses voies nouvelles, peut-être était-ce l'ange avant-coureur des sociétés futures qui semait déjà dans le cœur des femmes les germes de l'indépendance ₂₀ humaine, que quelque jour elles réclameront. Mais il est certain que tout d'un coup, chose inouïe, dans tous les salons de Paris, les hommes passèrent d'un côté et les femmes de l'autre; et ainsi, les unes vêtues de blanc comme des fiancées, les autres vêtus de noir comme des orphelins, ils commencèrent à se mesurer des yeux. ₂₅

Qu'on ne s'y trompe pas: ce vêtement noir que portent les hommes de notre temps est un symbole terrible; pour en venir là, il a fallu que les armures tombassent pièce à pièce et les broderies fleur à fleur. C'est la raison humaine qui a renversé toutes les illusions; mais elle porte en elle-même le deuil, afin qu'on la console. ₃₀

....

Toute la maladie du siècle présent vient de deux causes: le peuple qui a passé par '93 et par 1814 porte au cœur deux blessures. Tout ce qui était n'est plus; tout ce qui sera n'est pas encore. Ne cherchez pas ailleurs le secret de nos maux.

Exercices

I 'Questions *Répondez oralement à ces questions.*

CHAPITRE PREMIER

1. Quel est le sujet de cette histoire?
2. Pourquoi l'auteur aura-t-il «rongé son pied captif»?

CHAPITRE II

3. Comment Musset décrit-il sa génération?
4. Pouquoi les pères ensanglantés apparaissaient-ils «de temps en temps»?
5. Qui est «César»?
6. Quel est l'impôt payé à César?
7. Pourquoi n'y avait-il que des cadavres ou des demi-dieux?
8. Qu'est-ce que Napoléon est devenu?
9. Et les hommes de l'Empire?
10. Qui étaient Wellington et Blücher?
11. Pourquoi la jeunesse était-elle soucieuse?
12. Pourquoi des gens avaient-ils effacé les abeilles de leurs manteaux?
13. Pourquoi les exilés sont-ils comparés aux corbeaux?
14. Quelle solution était offerte aux jeunes ambitieux?
15. Quelle est «la plus grande chose»?
16. De qui sont les bustes mystérieux?
17. De quoi s'agit-il dans la phrase: «un fleuve de sang plus terrible encore que celui de l'empereur»?
18. Décrivez le chaos qui s'est présenté aux jeunes.
19. Quel effet Napoléon avait-il sur les rois pendant sa vie?
20. Comment la majesté royale a-t-elle été détruite de façon permanente?
21. Qu'est-ce que les jeunes sentaient?
22. Quel est le repos auquel ils sont condamnés?
23. Quelles solutions à leur malaise est-ce que les jeunes de chaque classe ont trouvées?
24. Comment ont-ils exprimé leur mécontentement?
25. Quels changements se manifestaient dans la vie contemporaine?
26. Quelles sont les deux causes du mal du siècle?

II *Trouvez dans le texte des mots* contraires *à ceux qui sont en italiques.*

1. Je *suis tombé malade* hier.
2. *Au crépuscule* le ciel était tout en feu.
3. Elle semble toujours avoir l'air *insouciant.*
4. La jeunesse d'aujourd'hui est très *saine.*
5. Si le corps est toujours *en mouvement*, on risque une crise cardiaque.
6. Il a une *mauvaise* réputation.

III Composition   *Faites le portrait moral d'un jeune homme contemporain de Musset et d'un jeune homme, ou d'une jeune femme, d'aujourd'hui.*

IV Conversation   *Préparez-vous pour une discussion dans laquelle quelques étudiants soutiendront l'opinion que la jeunesse d'aujourd'hui est atteinte d'une maladie comparable au* mal du siècle *de Musset, et d'autres la contesteront.*

BALZAC ILLUSTRÉ.

LA

PEAU DE CHAGRIN.

ÉTUDES SOCIALES.

PARIS.

H. DELLOYE,　　VICTOR LECOU,

ÉDITEURS ;

Rue des Filles Saint-Thomas, 13, place de la Bourse.

1838.

11

L'Envers de la société brillante

Honoré de BALZAC (1799–1850) lived in the first half of the 19th century during a time of profound political unrest but great literary productivity in France. French society of this period was notorious for the stress it placed on the accumulation of wealth and the importance of personal drive in getting ahead. Once the rigid hold of the *Ancien régime* no longer held sway over the economic and social life of the country, the Restoration paved the way for a new breed of ambitious young writers who tried their hand at making a fortune in Paris. However, life in the capital was very hard without money or connections and many of these ambitious young men failed to survive this mad rush for wealth and power.

Balzac conceived the plan of creating a gigantic literary fresco of his troubled time that he called *La Comédie humaine.* He wanted to become the "historian" of his age by writing for posterity novels which would describe realistically and impartially the man of the Restoration society as seen in his historical, social, political, and economic environment. The novels would be classified in various categories of *scènes,* depending on their milieu, such as "scènes de la vie parisienne, scènes de la vie de campagne, scènes de la vie militaire." So powerfully did he create his characters and their milieu that we are made vividly aware of the physical appearance, their dress, their innermost thoughts, and, often, a particular monomania or ruling passion that further individualizes them.

La Peau de chagrin (The Wild Ass' Skin) is one of Balzac's earlier novels, written in 1831. In this selection he introduces his reader to the corrupt and venal Paris of the Restoration by describing one of its dens of vice, a gambling house located in the Palais-Royal district. The young hero, Raphael de Valentin, whom we accompany in his descent into a modern Hades, is typical of Balzac's young heroes by the intensity with which he lives. A young dandy who as yet has not "made it" in the capital, he energetically plays out his destiny by gambling his last gold crown against his own life. Here the wasted addicts of gambling are depicted in perfect conformity with the grim interior of the *maison de jeu,* the morally corrupt atmosphere which Balzac has effectively evoked.

Le Palais Royal — Galleries which in Balzac's time were a famous tourist attraction because of their shops, restaurants, brothels, and gambling houses

du tripot   of the gambling den

les misères de l'hôpital — This can refer to wretched conditions not only of the hospitals, but of asylums and poorhouses.

les procès-verbaux d'une foule d'asphyxies   official police reports of many cases of death by asphyxiation

travaux forcés à perpétuité   forced labor for life

les expatriations au Guazacoalco — He refers to unsuccessful French attempts at colonization near the Guazacoalco river in Mexico during the Restoration.

les soupes gélatineuses de Darcet — Jean Darcet (1777–1844), a well-known chemist and inventor

ses maigres appointements   his meager salary

ce triste cerbère   this sad doorman — In Greek mythology, Cerberus was the three-headed dog guarding the gates of Hades.

La Peau de chagrin *(Extrait)*

Balzac

Vers la fin du mois d'octobre 1829, un jeune homme entra dans le Palais-Royal au moment où les maisons de jeu s'ouvraient, conformément à la loi qui protège une passion essentiellement imposable. Sans trop hésiter, il monta l'escalier du tripot désigné sous le nom de numéro 36.

—Monsieur, votre chapeau, s'il vous plaît? lui cria d'une voix sèche et grondeuse un petit vieillard blême, accroupi dans l'ombre, protégé par une barricade, et qui se leva soudain en montrant une figure moulée sur un type ignoble.

Quand vous entrez dans une maison de jeu, la loi commence par vous dépouiller de votre chapeau.

....

L'étonnement manifesté par le jeune homme en recevant une fiche numérotée en échange de son chapeau, dont heureusement les bords étaient légèrement pelés, indiquait assez une âme encore innocente, aussi le petit vieillard, qui sans doute avait croupi dès son jeune âge dans les bouillants plaisirs de la vie des joueurs, lui jeta-t-il un coup d'œil terne et sans chaleur, dans lequel un philosophe aurait vu les misères de l'hôpital, les vagabondages des gens ruinés, les procès-verbaux d'une foule d'asphyxies, les travaux forcés à perpétuité, les expatriations au Guazacoalco. Cet homme, dont la longue face blanche n'était plus nourrie que par les soupes gélatineuses de Darcet, présentait la pâle image de la passion réduite à son terme le plus simple. Dans ses rides, il y avait trace de vieilles tortures, il devait jouer ses maigres appointements le jour même où il les recevait. Semblable aux rosses sur qui les coups de fouet n'ont plus de prise, rien ne le faisait tressaillir; les sourds gémissements des joueurs qui sortaient ruinés, leurs muettes imprécations, leurs regards hébétés le trouvaient toujours insensible. C'était le Jeu incarné. Si le jeune homme avait contemplé ce triste cerbère, peut-être se serait-il dit: «Il n'y a plus qu'un jeu de cartes dans ce cœur-là» L'inconnu n'écouta pas ce conseil vivant, placé là sans doute par la Providence, comme elle a mis le dégoût à la porte de tous les mauvais lieux. Il entra résolument dans la salle, où le son de l'or exerçait une éblouissante fascination sur les sens en pleine convoitise. Ce jeune homme était probablement poussé là par la plus logique de toutes les éloquentes phrases de Jean-Jacques Rousseau, et dont voici, je crois, la triste pensée: *Oui, je conçois qu'un homme aille*

sanguinolent   running red with blood

acheter à bas prix de cuisants regrets — an allusion to venal love and the dangers it presents afterwards to health

pâmé   swooning

flagellé par le fouet de sa martingale   flagellated by the leather strap of his passion (betting)

par le prurit d'un coup de trente et quarante   by the itching or urge . . . — A combination of thirty and forty is a gambling term.

au jeu, mais c'est lorsque, entre lui et la mort, il ne voit plus que son dernier écu.

Le soir, les maisons de jeu n'ont qu'une poésie vulgaire, mais dont l'effet est assuré comme celui d'un drame sanguinolent. Les salles sont garnies de spectateurs et de joueurs, de vieillards indigents qui 5 s'y traînent pour s'y réchauffer, de faces agitées, d'orgies commencées dans le vin et près de finir dans la Seine. Si la passion y abonde, le trop grand nombre d'acteurs vous empêche de contempler face à face le démon du jeu. La soirée est un véritable morceau d'ensemble où la troupe entière crie, où chaque instrument de 10 l'orchestre module sa phrase. Vous verriez là beaucoup de gens honorables qui viennent y chercher des distractions et les payent comme ils payeraient le plaisir du spectacle, de la gourmandise, ou comme ils iraient dans une mansarde acheter à bas prix de cuisants regrets pour trois mois. Mais comprenez-vous tout ce que doit avoir 15 de délire et de vigueur dans l'âme un homme qui attend avec impatience l'ouverture d'un tripot? Entre le joueur du matin et le joueur du soir, il existe la différence qui distingue le mari nonchalant de l'amant pâmé sous les fenêtres de sa belle. Le matin seulement, arrivent la passion palpitante et le besoin dans sa franche 20 horreur. En ce moment, vous pourrez admirer un véritable joueur qui n'a pas mangé, dormi, vécu, pensé, tant il était rudement flagellé par le fouet de sa martingale, tant il souffrait travaillé par le prurit d'un coup de trente et quarante. A cette heure maudite, vous rencontrerez des yeux dont le calme effraye, des visages qui vous 25 fascinent, des regards qui soulèvent les cartes et les dévorent.

Aussi les maisons de jeu ne sont-elles sublimes qu'à l'ouverture de leurs séances. Si l'Espagne a ses combats de taureaux, si Rome a eu ses gladiateurs, Paris s'enorgueillit de son Palais-Royal, dont les agaçantes roulettes donnent le plaisir de voir couler le sang à flots 30 sans que les pieds du parterre risquent d'y glisser. Essayez de jeter un regard furtif sur cette arène, entrez! . . . Quelle nudité! Les murs, couverts d'un papier gras à hauteur d'homme, n'offrent pas une seule image qui puisse rafraîchir l'âme. Il ne s'y trouve même pas un clou pour faciliter le suicide. Le parquet est usé, malpropre. Une 35 table oblongue occupe le centre de la salle. La simplicité des chaises de paille pressées autour de ce tapis usé par l'or annonce une curieuse indifférence du luxe chez ces hommes qui viennent périr là pour la fortune et le luxe.

Cette antithèse humaine se découvre partout où l'âme réagit puis- 40 samment sur elle-même. L'amoureux veut mettre sa maîtresse dans la soie, la revêtir d'un moelleux tissu d'Orient, et, la plupart du temps, il la possède sur un grabat. L'ambitieux se rêve au faîte du pouvoir, tout en s'aplatissant dans la boue du servilisme. Le marchand végète au fond d'une boutique humide et malsaine, en 45

en élevant un vaste hôtel   by building a sumptuous town house

une licitation fraternelle   an auction of jointly-owned property (here among brothers)

rien n'est complet que le malheur — Note the apocalyptic atmosphere that Balzac creates in this scene to express his view of Restoration Society.

les biens paraf'hernaux d'une femme — the wife's possessions which are not included in her dowry

le peuple à la Grève — In Paris, the *Place de la Grève* was the name given to the old *Place de l'Hôtel de Ville*, where the victims of the Revolution were guillotined; capital punishment was also carried out at this site during the Restoration.

les passes de la rouge et de la noire . . .   the placing of bets on the red and black squares (of the gambling table)

un de ces Tantales modernes — In Greek mythology, King Tantalus of Lydia was thrust into Hades for having stolen from the table of the gods ambrosia and nectar in order to give it to mortals. His punishment was to be forever frustrated from quenching his thirst and satisfying his hunger, though a cool lake and trees with luscious fruit were almost within his reach. Balzac's modern Tantulus, a victim of gambling, lives without ever realizing his desire to win.

une mise imaginaire   an imaginary bet

les messes blanches — practice masses during which young men to be ordained go through the motions of saying mass

deux vieux garçons   two bachelors (perhaps old as well)

en guise d'enseigne — Instead of a shop sign *(une enseigne)*, these gamblers proclaimed the nature of the establishment to passersby by exhibiting their dull faces at the window.

les tailleurs . . . *le banquier* . . . *les pontes: tailleurs* are employees of a gambling house who play against the customers; the *banquier* holds the money, and the *pontes* are those playing against the house.

élevant un vaste hôtel, d'où son fils, héritier précoce, sera chassé par une licitation fraternelle. Enfin, existe-t-il chose plus déplaisante qu'une maison de plaisir? Singulier problème! Toujours en opposition avec lui-même, trompant ses espérances par ses maux présents, et ses maux par un avenir qui ne lui appartient pas, l'homme imprime à tous ses actes le caractère de l'inconséquence et de la faiblesse. Ici-bas, rien n'est complet que le malheur.

Au moment où le jeune homme entra dans le salon, quelques joueurs s'y trouvaient déjà. Trois vieillards à têtes chauves étaient nonchalamment assis autour du tapis vert; leurs visages de plâtre, impassibles comme ceux des diplomates, révélaient des âmes blasées, des cœurs qui depuis longtemps avaient désappris de palpiter, même en risquant les biens paraphernaux d'une femme. Un jeune Italien aux cheveux noirs, au teint olivâtre, était accoudé tranquillement au bout de la table, et paraissait écouter ces pressentiments secrets qui crient fatalement à un joueur: «Oui!—Non!» Cette tête méridionale respirait l'or et le feu. Sept ou huit spectateurs, debout, rangés de manière à former une galerie, attendaient les scènes que leur préparaient les coups du sort, les figures des acteurs, le mouvement de l'argent et celui des râteaux. Ces désœuvrés étaient là, silencieux, immobiles, attentifs comme l'est le peuple à la Grève, quand le bourreau tranche une tête.

Un grand homme sec, en habit râpé, tenait un registre d'une main et de l'autre une épingle pour marquer les passes de la *rouge* ou de la *noire*. C'était un de ces Tantales modernes qui vivent en marge de toutes les jouissances de leur siècle, un de ces avares sans trésor qui jouent une mise imaginaire; espèce de fou raisonnable qui se consolait de ses misères en caressant une chimère, qui agissait enfin avec le vice et le danger comme les jeunes prêtres avec l'eucharistie, lorsqu'ils disent des messes blanches. En face de la banque, un ou deux de ces fins spéculateurs, experts des chances du jeu, et semblables à d'anciens forçats qui ne s'effrayent plus des galères, étaient venus là pour hasarder trois coups et remporter immédiatement le gain probable duquel ils vivaient. Deux vieux garçons de salle se promenaient nonchalamment les bras croisés, et de temps en temps regardaient le jardin par les fenêtres, comme pour montrer aux passants leurs plates figures, en guise d'enseigne.

Le *tailleur* et le *banquier* venaient de jeter sur les pontes ce regard blême qui les tue, et disaient d'une vois grêle: «Faites le jeu!» quand le jeune homme ouvrit la porte. Le silence devint en quelque sorte plus profond, et les têtes se tournèrent vers le nouveau venu par curiosité. Chose inouïe! les vieillards émoussés, les employés pétrifiés, les spectateurs, et jusqu'au fanatique Italien, tous, en voyant l'inconnu, éprouvèrent je ne sais quel sentiment épouvantable. Ne faut-il pas être bien malheureux pour obtenir de la pitié, bien

les poètes eussent voulu = auraient voulu
pour qu'on lui supposât du linge   for one to assume that he was wearing linen
(under the vest and tie), thus, a sign of poverty
professeurs émérites   professors emeritus, hence experienced

faible pour exciter une sympathie, ou d'un bien sinistre aspect pour
faire frissonner les âmes dans cette salle où les douleurs doivent être
muettes, où la misère est gaie et le désespoir décent? Eh bien, il y
avait de tout cela dans la sensation neuve qui remua ces cœurs glacés
quand le jeune homme entra. Mais les bourreaux n'ont-ils pas quel- 5
quefois pleuré sur les vierges dont les blondes têtes devaient être
coupées à un signal de la Révolution?

Au premier coup d'œil, les joueurs lurent sur le visage du novice
quelque horrible mystère, ses jeunes traits étaient empreints d'une
grâce nébuleuse, son regard attestait des efforts trahis, mille 10
espérances trompées! La morne impassibilité du suicide donnait à ce
front une pâleur mate et maladive, un sourire amer dessinait de
légers plis dans les coins de la bouche, et la physionomie exprimait
une résignation qui faisait mal à voir.

Quelque secret génie scintillait au fond de ces yeux, voilés 15
peut-être par les fatigues du plaisir. Etait-ce la débauche qui marquait de son sale cachet cette noble figure, jadis pure et brillante,
maintenant dégradée? Les médecins auraient sans doute attribué à
des lésions au cœur ou à la poitrine le cercle jaune qui encadrait les
paupières et la rougeur qui marquait les joues, tandis que les poètes 20
eussent voulu reconnaître à ces signes les ravages de la science, les
traces de nuits passées à la lueur d'une lampe studieuse. Mais une
passion plus mortelle que la maladie, une maladie plus impitoyable
que l'étude et le génie altéraient cette jeune tête, contractaient ces
muscles vivaces, tordaient ce cœur qu'avaient seulement effleuré les 25
orgies, l'étude et la maladie. Comme, lorsqu'un célèbre criminel arrive au bagne, les condamnés l'accueillent avec respect, ainsi tous ces
démons humains, experts en tortures, saluèrent une douleur inouïe,
une blessure profonde que sondait leur regard, et reconnurent un
de leurs princes à la majesté de sa muette ironie, à l'élégante misère 30
de ses vêtements.

Le jeune homme avait bien un frac de bon goût, mais la jonction
de son gilet et de sa cravate était trop savamment maintenue pour
qu'on lui supposât du linge. Ses mains, jolies comme des mains de
femme, étaient d'une douteuse propreté; enfin, depuis deux jours, il 35
ne portait plus de gants! Si le tailleur et les garçons de salle
eux-mêmes frissonnèrent, c'est que les enchantements de
l'innocence florissaient par vestiges dans ces formes grêles et fines,
dans ces cheveux blonds et rares, naturellement bouclés. Cette
figure avait encore vingt-cinq ans, et le vice paraissait n'y être qu'un 40
accident. La verte vie de la jeunesse y luttait encore avec les ravages
d'une impuissante lubricité. Les ténèbres et la lumière, le néant et
l'existence s'y combattaient en produisant tout à la fois de la grâce et
de l'horreur. Le jeune homme se présentait là comme un ange sans
rayons, égaré dans sa route. Aussi tous ces professeurs émérites de 45

furent-ils près de — inversion of the main verb after the adverbial conjunction
  aussi
ne firent pas de mise   did not place any bet
qui vint lui sourire   which captivated him
à la longue = *enfin*
les cartons fatidiques   the fateful cards
son dernier Napoléon — a twenty-franc piece bearing the effigy of Napoleon
l'air d'un Anglais = *l'air froid, renfermé*
un cerveau brûlé   a hothead

vice et d'infamie, semblables à une vieille femme édentée prise de pitié à l'aspect d'une belle fille qui s'offre à la corruption, furent-ils près de crier au novice: «Sortez!» Celui-ci marcha droit à la table, s'y tint debout, jeta sans calcul sur le tapis une pièce d'or qu'il avait à la main, et qui roula sur noir; puis, comme les âmes fortes, abhorrant 5 de chicanières incertitudes, il lança sur le tailleur un regard tout à la fois turbulent et calme.

L'intérêt de ce coup était si grand, que les vieillards ne firent pas de mise; mais l'Italien saisit avec le fanatisme de la passion une idée qui vint lui sourire, et ponta sa masse d'or en opposition au jeu de 10 l'inconnu. Le banquier oublia de dire ces phrases, qui se sont à la longue converties en un cri rauque et inintelligible:

—Faites le jeu!

—Le jeu est fait!

—Rien ne va plus. 15

Le tailleur étala les cartes, et sembla souhaiter bonne chance au dernier venu, indifférent qu'il était à la perte ou au gain fait par les entrepreneurs de ces sombres plaisirs. Chacun des spectateurs voulut voir un drame et la dernière scène d'une noble vie dans le sort de cette pièce d'or; leurs yeux, arrêtés sur les cartons fatidiques, 20 étincelèrent; mais, malgré l'attention avec laquelle ils regardèrent alternativement et le jeune homme et les cartes, ils ne purent apercevoir aucun symptôme d'émotion sur sa figure froide et résignée.

—Rouge, pair, passe, dit officiellement le tailleur.

Une espèce de râle sourd sortit de la poitrine de l'Italien lorsqu'il 25 vit tomber un à un les billets pliés que lui lança le banquier. Quant au jeune homme, il ne comprit sa ruine qu'au moment où le râteau s'allongea pour ramasser son dernier napoléon. L'ivoire fit rendre un bruit sec à la pièce, qui, rapide, comme une flèche, alla se réunir au tas d'or étalé devant la caisse. L'inconnu ferma les yeux douce- 30 ment, ses lèvres blanchirent; mais il releva bientôt ses paupières, sa bouche reprit une rougeur de corail, il affecta l'air d'un Anglais pour qui la vie n'a plus de mystères, et disparut sans mendier une consolation par un de ces regards déchirants que les joueurs au désespoir lancent assez souvent sur la galerie. Combien 35 d'événements se pressent dans l'espace d'une seconde, et que de choses dans un coup de dé.

—Voilà sans doute sa dernière cartouche, dit en souriant le croupier, après un moment de silence pendant lequel il tint cette pièce d'or entre le pouce et l'index pour la montrer aux assistants. 40

—C'est un cerveau brûlé qui va se jeter à l'eau, répondit un habitué en regardant autour de lui les joueurs, qui se connaissaient tous.

—Bah! s'écria le garçon de chambre en prenant une prise de tabac.

45

le molosse   the watchdog
cette guenille   a worn-out article of clothing
Di tanti palpiti — an aria from Rossini's opera *Tancrède*
je ne sais quoi de = *quelque chose de*
s'être élevé . . . avoir entrevu . . . — perfect infinitives used as participial
   phrases modifying *un grand homme: s'être élevé* having risen; *avoir entrevu*
   having glimpsed
cet entrefilet   a paragraph in a newspaper

—Si nous avions imité monsieur! dit un des vieillards à ses collègues en désignant l'Italien.

Tout le monde regarda l'heureux joueur, dont les mains tremblaient en comptant ses billets de banque.

—J'ai entendu, dit-il, une voix qui me criait dans l'oreille: «Le jeu aura raison contre le désespoir de ce jeune homme.»

—Ce n'est pas un joueur, reprit le banquier; autrement, il aurait groupé son argent en trois masses pour se donner plus de chances.

Le jeune homme passait sans réclamer son chapeau; mais le vieux molosse, ayant remarqué le mauvais état de cette guenille, la lui rendit sans proférer une parole; le joueur restitua la fiche par un mouvement machinal, et descendit les escaliers en sifflant *Di tanti palpiti* d'un souffle si faible, qu'il en entendit à peine lui-même les notes délicieuses.

Il se trouva bientôt sous les galeries du Palais-Royal, alla jusqu'à la rue Saint-Honoré, prit le chemin des Tuileries et traversa le jardin d'un pas indécis. Il marchait comme au milieu d'un désert, coudoyé par des hommes qu'il ne voyait pas, n'écoutant à travers les clameurs populaires qu'une seule voix, celle de la mort; enfin perdu dans une engourdissante méditation, semblable à celle dont jadis étaient saisis les criminels qu'une charrette conduisait, du Palais à la Grève, vers cet échafaud rouge de tout le sang versé depuis 1793.

Il existe je ne sais quoi de grand et d'épouvantable dans le suicide. Les chutes d'une multitude de gens sont sans danger, comme celles des enfants, qui tombent de trop bas pour se blesser; mais, quand un grand homme se brise, il doit venir de bien haut, s'être élevé jusqu'aux cieux, avoir entrevu quelque paradis inaccessible. Implacables doivent être les ouragans qui le forcent à demander la paix de l'âme à la bouche d'un pistolet. Combien de jeunes talents confinés dans une mansarde s'étiolent et périssent faute d'un ami, faute d'une femme consolatrice, au sein d'un million d'êtres, en présence d'une foule lassée d'or et qui s'ennuie!

A cette pensée, le suicide prend des proportions gigantesques. Entre une mort volontaire et la féconde espérance dont la voix appelait un jeune homme à Paris, Dieu seul sait combien se heurtent de conceptions, de poésies abandonnées, de désespoirs et de cris étouffés, de tentatives inutiles et de chefs-d'œuvre avortés. Chaque suicide est un poème sublime de mélancolie. Où trouverez-vous, dans l'océan des littératures, un livre surnageant qui puisse lutter de génie avec cet entrefilet:

«Hier, à quatre heures, une femme s'est jetée dans la Seine du haut du pont des Arts.»

Devant ce laconisme parisien, les drames, les romans, tout pâlit, même ce vieux frontispiece: *Les Lamentations du glorieux roi de Kaernavan, mis en prison par ses enfants*; dernier fragment d'un livre

Laurence Sterne — famous 18th-century Englishman and author of "Tristram Shandy"

en lambeaux   in fragments

Lord Castlereagh — a British statesman who committed suicide in 1822

l'académicien Auger — Louis Simon Auger, a French writer and critic who drowned himself in the Seine in 1829

avoir été chercher sa tabatière pour priser   had gone to get his snuffbox for a pinch (of snuff)

un fort de la Halle   a sturdy worker at the *Halles* (the former great Parisian open market)

la baraque surmontée d'un écriteau   the hut topped by a sign

M. Dacheux — inspector of first-aid stations of Paris

ces vertueux avirons — the life-giving oars that would be held out to drowning victims in the Seine

perdu, dont la seule lecture faisait pleurer ce Sterne qui lui-même délaissait sa femme et ses enfants.

L'inconnu fut assailli par mille pensées semblables, qui passaient en lambeaux dans son âme, comme des drapeaux déchirés voltigent au milieu d'une bataille. S'il déposait pendant un moment le fardeau de son intelligence et de ses souvenirs pour s'arrêter devant quelques fleurs dont les têtes étaient mollement balancées par la brise parmi les massifs de verdure, bientôt saisi par une convulsion de la vie, qui regimbait encore sous la pesante idée du suicide, il levait les yeux au ciel: là, des nuages gris, des bouffées de vent chargées de tristesse, une atmosphère lourde, lui conseillaient encore de mourir. Il s'achemina vers le pont Royal en songeant aux dernières fantaisies de ses prédécesseurs. Il souriait en se rappelant que lord Castlereagh avait satisfait le plus humble de nos besoins avant de se couper la gorge, et que l'académicien Auger avait été chercher sa tabatière pour priser tout en marchant à la mort. Il analysait ces bizarreries et s'interrogeait lui-même, quand, en se serrant contre le parapet du pont pour laisser passer un fort de la Halle, celui-ci ayant légèrement blanchi la manche de son habit, il se surprit à en secouer soigneusement la poussière. Arrivé au point culminant de la voûte, il regarda l'eau d'un air sinistre.

—Mauvais temps pour se noyer, lui dit en riant une vieille femme vêtue de haillons. Est-elle sale et froide, la Seine! . . .

Il répondit par un sourire plein de naïveté qui attestait le délire de son courage; mais il frissonna tout à coup en voyant de loin, sur le port des Tuileries, la baraque surmontée d'un écriteau où ces paroles sont tracées en lettres hautes d'un pied: SECOURS AUX ASPHYXIES. M. Dacheux lui apparut armé de sa philantropie, réveillant et faisant mouvoir ces vertueux avirons qui cassent la tête aux noyés, quand malheureusement ils remontent sur l'eau; il l'aperçut ameutant les curieux, quêtant un médecin, apprêtant des fumigations; il lut les doléances des journalistes écrites entre les joies d'un festin et le sourire d'une danseuse; il entendit sonner les écus comptés à des bateliers pour sa tête par le préfet de police. Mort, il valait cinquante francs; mais, vivant, il n'était qu'un homme de talent sans protecteurs, sans amis, sans paillasse, sans tambour, un véritable zéro social, inutile à l'Etat, qui n'en avait aucun souci. Une mort en plein jour lui parut ignoble, il résolut de mourir pendant la nuit, afin de livrer un cadavre indéchiffrable à cette société qui méconnaissait la grandeur de sa vie.

Exercices

I   Questions   *Répondez oralement à ces questions.*

1. Quand le jeune homme est-il entré dans le Palais Royal?
2. Qu'est-ce que la loi ôtait au client?
3. Quelle action symbolique faisait-on en déposant son chapeau?
4. Une fois entré dans la salle pourquoi le chapeau n'appartient-il plus au joueur?
5. D'après Balzac, qui est-ce que le vieillard incarne? Pourquoi l'appelle-t-il «un cerbère»?
6. Quelle leçon le jeune homme devrait-il apprendre en contemplant le visage du vieillard?
7. D'après cette phrase de Rousseau, pourquoi le jeune homme est-il entré dans la salle de jeu?
8. En quoi les maisons de jeu sont-elles moins passionnantes le soir que le matin?
9. Quelle différence y a-t-il entre le joueur du matin et celui du soir?
10. A quelles institutions étrangères Balzac compare-t-il le Palais-Royal?
11. A qui Balzac compare-t-il les spectateurs qui entourent la table?
12. Pourquoi Balzac appelle-t-il l'homme qui tient le registre «une espèce de fou raisonnable»?
13. Quel sentiment les joueurs ont-ils éprouvé à l'entrée du jeune homme?
14. D'après Balzac, qu'est-ce que l'on peut lire sur le visage du «novice»?
15. Qu'est-ce que les joueurs devaient respecter tout de suite chez le jeune homme?
16. Quelle description physique Balzac donne-t-il de l'inconnu?
17. Quel portrait moral esquisse-t-il aussi?
18. Pourquoi ces vieillards avaient-ils pitié de lui?
19. Quelle est la réaction du jeune homme à la perte de sa dernière pièce d'or? Et celle des autres joueurs?
20. Où le jeune homme devait-il aller ensuite selon les joueurs?
21. Qu'est-ce que le jeune homme méditait en traversant le jardin des Tuileries?
22. Pourquoi y a-t-il quelque chose de grand dans le suicide?
23. Comment le temps s'associait-il à l'idée du suicide?
24. Comment la vieille femme a-t-elle découragé le suicide?
25. Pourquoi a-t-il renoncé au suicide à ce moment là?

26. Quels mots étaient tracés sur un écriteau?
27. Pourquoi le jeune homme valait-il cinquante francs après sa mort?

II *Complétez les phrases suivantes en vous servant des expressions proposées.*

a) sans trop hésiter
b) tient à
c) à peine
d) face à face
e) tant
f) au moment où
g) en guise de
h) au premier coup d'œil

i) fait mal à voir
j) un coup de dé
k) cerveau brûlé
l) faute d'un ami
m) tout à coup
n) de loin
o) en plein jour

1. J'attendais depuis une heure quand . . . il est arrivé.
2. Il est myope; il ne voit pas . . .
3. Le criminel audacieux a volé la banque . . .
4. Mais en sortant, il s'est trouvé . . . d'un agent.
5. . . . était-il sorti de la banque qu'il a été arrêté.
6. Elle ne trouvera jamais un mari . . . elle est acariâtre.
7. Elle aime tant les œuvres de Leonardo qu'elle . . . visiter le Louvre.
8. Il passe toutes ses vacances seul, . . .
9. J'ai accepté son invitation à dîner . . .
10. . . . il est sorti de la banque on l'a arrêté.
11. . . . l'agent l'a reconnu comme le malfaiteur.
12. Sa tristesse lui donne un air qui . . .
13. Le jeune impétueux se prend au sérieux mais ceux qui le connaissent le traitent de . . .
14. Le professeur, étant distrait, portait un ruban . . . cravate.
15. Le destin de ce jeune joueur semble réglé par . . .

III Composition *En suivant les indications du texte, esquissez un portrait moral du jeune homme.*

IV Conversation *Créez un dialogue qui traite le pour et le contre du suicide.*

"Market Place" by Camille Pissaro. Courtesy Museum of Fine Arts, Boston, Bequest of John T. Spaulding.

12
La Société provinciale au 19e siècle

I t was during the 19th century that France experienced its industrial and scientific awakening. Industrialization brought wealth to some, a better life to some, but did little for most people. Science was promising to do for man's soul what industrial progress was supposedly doing for his physical well-being, since religion had .been impressively weakened by the *philosophes* of the 18th century. On the surface, this century certainly seemed to be the one that should lend itself most to individual happiness. In reality, it proved to be a disappointment to many.

Gustave FLAUBERT (1821–1880) felt that material things and the money which procures them had become the standards by which happiness was measured. He saw people in general as cold, indifferent beings seeking only to improve their own lot. In this social atmosphere there was no room for sentimentality since feelings did not produce benefits which could be transferred into gold.

In *Madame Bovary* (1857) Flaubert presents these two extremes, a young woman who is excessively sentimental—like the author himself—and a mercenary society. He depicts a provincial atmosphere quite like the one in which he grew up and which he loathed. His opinion of this social climate is that the people have relatively few of the benefits of a modern society and yet they are impressed with what they have, thinking innocently that they have attained the epitome of progress. He then proceeds to condemn both of his antagonists: his irony is aimed at the society for its officious pretentiousness and at Emma Bovary for her ineptitude in reconciling her imaginative sentimentality with the reality surrounding her.

The following passage offers a concise tableau of provincial life as Flaubert sees it. The fair is the big social event of the season; prizes are awarded for outstanding agricultural achievement and domestic accomplishment. The officials seem more impressed with the prizes they award than do the recipients. Against this background Madame Bovary tries to escape a dull existence by letting herself be seduced by a mundane man of some aristocratic sophistication.

Rodolphe — a provincial aristocrat who seduces Emma

Vaubyessard — An elegant manor where Emma and her husband attended a
  grand ball. This event proves to be the only important social occurrence
  in Emma's entire life. She never meets the viscount again but she often
  thinks of him as the symbol of the life she would like to live.

se cabrant   straightening herself

la diligence l'Hirondelle — a carriage, called the "Swallow", which is the town's
  principal means of transportation

Leux — these are hills

Léon — a young student with whom Emma later has an affair

la bouffée   whiff

à plusieurs reprises   several times

chapiteaux m. pl.   capitals (of columns)

psalmodier   to recite in a singsong manner

Madame Bovary *(Extrait)*

Flaubert

Rodolphe s'était rapproché d'Emma, et il disait d'une voix basse, en parlant vite:

«Est-ce que cette conjuration du monde ne vous révolte pas? Est-il un seul sentiment qu'il ne condamne? Les instincts les plus nobles, les sympathies les plus pures sont persécutés, calomniés, et, s'il se 5 rencontre enfin deux pauvres âmes, tout est organisé pour qu'elles ne puissent se joindre. Elles essaieront cependant, elles battront des ailes, elles s'appelleront. Oh! n'importe, tôt ou tard, dans six mois, dix ans, elles se réuniront, s'aimeront, parce que la fatalité l'exige et qu'elles sont nées l'une pour l'autre». 10

Il se tenait les bras croisés sur ses genoux, et, ainsi levant la figure vers Emma, il la regardait de près, fixement. Elle distinguait dans ses yeux des petits rayons d'or, s'irradiant tout autour de ses pupilles noires, et même elle sentait le parfum de la pommade qui lustrait sa chevelure. Alors une mollesse la saisit, elle se rappela ce vicomte qui 15 l'avait fait valser à la Vaubyessard, et dont la barbe exhalait, comme ces cheveux-là, cette odeur de vanille et de citron; et, machinalement, elle entreferma les paupières pour la mieux respirer. Mais, dans ce geste qu'elle fit en se cabrant sur sa chaise, elle aperçut au loin, tout au fond de l'horizon, la vieille diligence l'*Hirondelle*, qui 20 descendait lentement la côte des Leux, en traînant après soi un long panache de poussière. C'était dans cette voiture jaune que Léon, si souvent, était revenu vers elle; et par cette route là-bas qu'il était parti pour toujours! Elle crut le voir en face, à sa fenêtre, puis tout se confondit, des nuages passèrent; il lui sembla qu'elle tournait encore 25 dans la valse, sous le feu des lustres, au bras du vicomte, et que Léon n'était pas loin, qu'il allait venir . . . et cependant elle sentait toujours la tête de Rodolphe à côté d'elle. La douceur de cette sensation pénétrait ainsi ses désirs d'autrefois, et comme des grains de sable sous un coup de vent, ils tourbillonnaient dans la bouffée subtile du 30 parfum qui se répandait sur son âme. Elle ouvrit les narines à plusieurs reprises, fortement, pour aspirer la fraîcheur des lierres autour des chapiteaux. Elle retira ses gants, elle s'essuya les mains; puis, avec son mouchoir, elle s'éventait la figure, tandis qu'à travers le battement de ses tempes elle entendait la rumeur de la foule et la 35 voix du conseiller qui psalmodiait ses phrases.

Il disait:

chevalines, etc. — These are adjectives relating to horses, cows, sheep and
    pigs.
comices m. pl.   agricultural fair
alléger   to lighten
M. Lieuvain, M. Derozerays — local officials who preside over the ceremony
concouru (inf. *concourir*)   cooperated
le gland   acorn
la dépouille   skin (of animals)
en était venu aux affinités   had come to affinities (as a subject)
Cincinnatus . . . — A Roman farmer who abandoned his plow in order to
    defend his country and humbly returned to his farm when the threat to
    Rome subsided.
Dioclétien . . . — The Roman emperor who rose from obscurity; he may well
    have started life as a farmer.
semailles f. pl.   sowings
Ensemble de bonnes cultures   group of successful cultures, e.g., successful
    raising of plants
Tantôt, par exemple, quand je suis venu . . . — Rodolphe is speaking. The
    conversation of Rodolphe and Emma is alternated with that of the
    officials and thereby contrasted with the happenings at the fair.
fumiers — types of manures (Notice the contrast here!)

«Continuez! persévérez! n'écoutez ni les suggestions de la routine, ni les conseils trop hâtifs d'un empirisme téméraire! Appliquez-vous surtout à l'amélioration du sol, aux bons engrais, au développement des races chevalines, bovines, ovines et porcines! Que ces comices soient pour vous comme des arènes pacifiques où le vainqueur, en sortant, tendra la main au vaincu et fraternisera avec lui, dans l'espoir d'un succès meilleur! Et vous, vénérables serviteurs! humbles domestiques, dont aucun gouvernement jusqu'à ce jour n'avait pris en considération les pénibles labeurs, venez recevoir la récompense de vos vertus silencieuses, et soyez convaincus que l'Etat, désormais, a les yeux fixés sur vous, qu'il vous encourage, qu'il vous protège, qu'il fera droit à vos justes réclamations et allégera, autant qu'il est en lui, le fardeau de vos pénibles sacrifices!»

M. Lieuvain se rassit alors; M. Derozerays se leva, commençant un autre discours. Le sien, peut-être, ne fut point aussi fleuri que celui du conseiller; mais il se recommandait par un caractère de style plus positif, c'est-à-dire par des connaissances plus spéciales et des considérations plus relevées. Ainsi, l'éloge du gouvernement y tenait moins de place; la religion et l'agriculture en occupaient davantage. On y voyait le rapport de l'une et de l'autre, et comment elles avaient concouru toujours à la civilisation. Rodolphe, avec Mme Bovary, causait rêves, pressentiments, magnétisme. Remontant au berceau des sociétés, l'orateur nous dépeignait ces temps farouches où les hommes vivaient de glands au fond des bois. Puis ils avaient quitté la dépouille des bêtes, endossé le drap, creusé des sillons, planté la vigne. Etait-ce un bien, et n'y avait-il pas dans cette découverte plus d'inconvénients que d'avantages? M. Derozerays se posait ce problème. Du magnétisme, peu à peu, Rodolphe en était venu aux affinités, et, tandis que M. le Président citait Cincinnatus à sa charrue, Dioclétien plantant ses choux et les empereurs de la Chine inaugurant l'année par des semailles, le jeune homme expliquait à la jeune femme que ces attractions irrésistibles tiraient leur cause de quelque existence antérieure.

«Ainsi, nous, disait-il, pourquoi nous sommes-nous connus? Quel hasard l'a voulu? C'est qu'à travers l'éloignement, sans doute, comme deux fleuves qui coulent pour se rejoindre, nos pentes particulières nous avaient poussés l'un vers l'autre.»

Et il saisit sa main; elle ne la retira pas.

«Ensemble de bonnes cultures!» cria le président.

«Tantôt, par exemple, quand je suis venu chez vous . . .»

«A M. Binet, de Quincampoix.»

«Savais-je que je vous accompagnerais?»

«Soixante et dix francs!»

«Cent fois même j'ai voulu partir, et je vous ai suivie, je suis resté.»

«Fumiers.»

un bélier mérinos   a Merino ram
ex aequo (Latin)   equally
une tourterelle   a turtledove
soit que   whether
tourteau m.   oil cake, used for feeding cattle
graines oléagineuses   oil seeds (seeds which yield oil)
engrais flamand . . . — these are categories of awards

«Comme je resterais ce soir, demain, les autres jours toute ma vie!»

«A M. Caron, d'Argueil, une médaille d'or!»

«Car jamais je n'ai trouvé dans la société de personne un charme aussi complet.»

«A M. Bain, de Givry-Saint-Martin!»

«Aussi, moi, j'emporterai votre souvenir.»

«Pour un bélier mérinos . . .»

«Mais vous m'oublierez, j'aurai passé comme une ombre.»

«A M. Belot, de Notre-Dame . . .»

«Oh! non, n'est-ce pas, je serai quelque chose dans votre pensée, dans votre vie?»

«Race porcine, prix *ex aequo* à MM. Lehérissé et Cullembourg; soixante francs!»

Rodolphe lui serrait la main, et il la sentait toute chaude et frémissante comme une tourterelle captive qui veut reprendre sa volée; mais, soit qu'elle essayât de la dégager ou bien qu'elle répondît à cette pression, elle fit un mouvement des doigts; il s'écria:

«Oh! merci! Vous ne me repoussez pas! Vous êtes bonne! Vous comprenez que je suis à vous! Laissez que je vous voie, que je vous contemple!»

Un coup de vent qui arriva par les fenêtres fronça le tapis de la table, et, sur la place, en bas, tous les grands bonnets de paysannes se soulevèrent, comme des ailes de papillons blancs qui s'agitent.

«Emploi de tourteaux de graines oléagineuses», continua le président.

Il se hâtait:

«Engrais flamand,—culture du lin,—drainage,—baux à longs termes,—services de domestiques.»

Rodolphe ne parlait plus. Ils se regardaient. Un désir suprême faisait frissonner leurs lèvres sèches; et mollement, sans efforts, leurs doigts se confondirent.

«Catherine-Nicaise-Elisabeth Leroux, de Sassetot-la-Guerrière, pour cinquante-quatre ans de service dans la même ferme, une médaille d'argent—du prix de vingt-cinq francs!»

«Où est-elle, Catherine Leroux?» répéta le conseiller.

Elle ne se présentait pas, et l'on entendait des voix qui chuchotaient:

«Vas-y!

—Non.

—A gauche!

—N'aie pas peur!

—Ah! qu'elle est bête!

—Enfin y est-elle? s'écria Tuvache.

—Oui! . . . la voilà!

—Qu'elle approche donc!»

se ratatiner   to shrink, to shrivel

un béguin   a bonnet (originally a kind of nun's bonnet)

une pomme de reinette flétrie   a withered apple (*reinette* is an apple with spotted skin)

la potasse des lessives   laundry potash

le suint des laines   (natural) grease of wool (lanolin)

monacale   monkish

on l'entendait qui marmottait . . .   she could be heard muttering

le pharmacien M. Homais is the pharmacist; he has Voltairian ideas on religion.

tout rentrait dans la coutume   everything returned to normal

Alors on vit s'avancer sur l'estrade une petite vieille femme de maintien craintif, et qui paraissait se ratatiner dans ses pauvres vêtements. Elle avait aux pieds de grosses galoches de bois, et, le long des hanches, un grand tablier bleu. Son visage maigre, entouré d'un béguin sans bordure, était plus plissé de rides qu'une pomme de reinette flétrie, et des manches de sa camisole rouge dépassaient deux longues mains, à articulations noueuses. La poussière des granges, la potasse des lessives et le suint des laines les avaient si bien encroûtées, éraillées, durcies, qu'elles semblaient sales quoiqu'elles fussent rincées d'eau claire; et, à force d'avoir servi, elles restaient entrouvertes, comme pour présenter d'elles-mêmes l'humble témoignage de tant de souffrances subies. Quelque chose d'une rigidité monacale relevait l'expression de sa figure. Rien de triste ou d'attendri n'amollissait ce regard pâle. Dans la fréquentation des animaux, elle avait pris leur mutisme et leur placidité. C'était la première fois qu'elle se voyait au milieu d'une compagnie si nombreuse; et, intérieurement effarouchée par les drapeaux, par les tambours, par les messieurs en habit noir et par la croix d'honneur du conseiller, elle demeurait tout immobile, ne sachant s'il fallait s'avancer ou s'enfuir, ni pourquoi la foule la poussait et pourquoi les examinateurs lui souriaient. Ainsi se tenait, devant ces bourgeois épanouis, ce demi-siècle de servitude.

«Approchez, vénérable Catherine-Nicaise-Elisabeth Leroux!» dit M. le conseiller, qui avait pris des mains du président la liste des lauréats.

Et tour à tour examinant la feuille de papier, puis la vieille femme, il répétait d'un ton paternel:

«Approchez, approchez!

—Etes-vous sourde?» dit Tuvache, en bondissant sur son fauteuil. Et il se mit à lui crier dans l'oreille:

«Cinquante-quatre ans de service! Une médaille d'argent! Vingt-cinq francs! C'est pour vous.»

Puis, quand elle eut sa médaille, elle la considéra. Alors un sourire de béatitude se répandit sur sa figure et on l'entendait qui marmottait en s'en allant:

«Je la donnerai au curé de chez nous, pour qu'il me dise des messes.

—Quel fanatisme!» exclama le pharmacien, en se penchant vers le notaire.

La séance était finie; la foule se dispersa; et, maintenant que les discours étaient lus, chacun reprenait son rang et tout rentrait dans la coutume: les maîtres rudoyaient les domestiques, et ceux-ci frappaient les animaux, triomphateurs indolents qui retournaient à l'étable, une couronne verte entre les cornes.

Exercices

I   Questions   *Répondez oralement à ces questions.*

1. Pourquoi est-ce que Rodolphe n'aime pas la foule?
2. Qui sont les hommes que Mme Bovary se rappelle en ce moment?
3. Selon le conseiller, à quoi les gens doivent-ils s'appliquer?
4. Selon lui, quand est-ce que l'Etat a commencé à prendre en considération le travail de ces gens?
5. Quel est le sujet du discours de M. Derozerays?
6. Comment Rodolphe explique-t-il sa rencontre avec Emma?
7. A votre avis, est-il sincère?
8. Que fait le président en même temps que Rodolphe parle?
9. Est-ce qu'Emma oubliera Rodolphe?
10. Pourquoi l'auteur a-t-il alterné les répliques des amants avec les annonces officielles?
11. Quelle est la dernière médaille offerte? A qui? Pourquoi?
12. Pourquoi Catherine Leroux hésite-t-elle à se présenter?
13. Décrivez Catherine Leroux.
14. Pourquoi l'auteur la traite-t-il de «ce demi-siècle de servitude»?
15. Croyez-vous que cette femme mérite cet honneur de l'Etat? Commentez.
16. Que fera-t-elle de cette médaille?
17. Quelle est la réaction du pharmacien?
18. Que sait-on donc de ce pharmacien?
19. Comment est-ce que cette scène prend fin?
20. Dans le dernier paragraphe, comment l'auteur montre-t-il son dédain pour les gens qui ont assisté à la cérémonie?

II   *Complétez les phrases suivantes en vous servant des expressions proposées.*

a)   s'essuyer
b)   les lustres
c)   séance
d)   se serrer la main
e)   à plusieurs reprises
f)   couler
g)   diligences
h)   se rencontrer

i)   en face de
j)   une récompense
k)   à travers
l)   s'appliquer à
m)   remonter
n)   dépeindre
o)   chuchoter

1. Hier Henri et Marie . . . dans la rue.
2. D'habitude après sa douche, il . . . d'une grande serviette.
3. Qui est cette jeune fille assise . . . de moi?
4. Après tous vos ennuis, vous méritez. . .
5. Ce château est célèbre pour ses . . . et son grand escalier en marbre.
6. Je veux bien voir ce film; à quelle heure est la prochaine . . .?
7. Elle . . . toujours sa situation d'une façon bien pessimiste.
8. Comme signe amical, les Français ont l'habitude de . . .
9. . . . la rumeur de la foule, il restait calme.
10. Parlez plus haut; c'est bien impoli de . . . dans la présence des amis.
11. Marie a essayé . . . de faire démarrer sa voiture. Après vingt minutes, elle y a renoncé.
12. Si vous . . . à vos études, vous ferez mieux.
13. Est-ce que le Mississippi . . . dans la mer?
14. Dans notre cours d'histoire ancienne, nous . . . à l'origine de la civilisation.
15. Les vieilles . . . de Wells-Fargo n'étaient ni rapides, ni confortables.

III *Substituez les expressions en italiques en employant les expressions proposées.*

a) causaient
b) s'est mis à
c) aux comices agricoles
d) était sourde
e) se hâtait

f) domestique
g) il rudoie
h) désormais
i) un discours
j) autrefois

1. La pauvre jeune fille *ne pouvait pas entendre*.
2. Ce vieux *serviteur* a pris sa retraite.
3. *A une foire* dans le Texas, ce fermier a reçu un prix pour ses bestiaux.
4. Hier *il a commencé à* pleuvoir dans l'après-midi.
5. Etant en retard, elle *se dépêchait* pour rattraper les autres.
6. Rodophe et Emma *se parlaient intimement*.
7. Le ministre de l'agriculture a donné *une harangue* aux fermiers.
8. *Dès ce moment*, vous ferez tout votre devoir!
9. *Au passé* nous nous levions à sept heures.
10. Il *traite* ses serviteurs *d'une façon cruelle*.

IV Conversation *Philippe rencontre son amie Hélène aux comices agricoles dans l'Iowa. Lisez les réponses d'Hélène et refaites oralement ce que Philippe a probablement dit.*

PHILIPPE: . . .

HÉLÈNE: Bonjour, Philippe. Merci bien, mais je dois rester ici pour attendre ma famille.

PHILIPPE: . . .

HÉLÈNE: O, vous savez, l'année dernière nous n'avons pas eu de chance. Nous avons eu simplement une médaille d'argent pour nos bestiaux. Mais cette année-ci, on fera sans doute mieux.

PHILIPPE: . . .

HÉLÈNE: Pour moi il n'est pas ennuyeux et je compte écouter son discours. Il s'y connaît bien en l'engrais qu'il faut pour notre ferme.

PHILIPPE: . . .

HÉLÈNE: Mais non, je suis bien contente de rester à la ferme en simple paysanne. Qu'est-ce que je deviendrais dans une grande ville? Cette vie ne me tente pas.

PHILIPPE: . . .

HÉLÈNE: Quelle idée! On s'est rencontré il y a deux ans, c'est tout. Mais vous vous trompez si vous attachez à notre rencontre l'élément de la fatalité.

PHILIPPE: . . .

HÉLÈNE: Vous êtes bien flatteur. Mais j'ai déjà dit que je compte rester comme je suis.

PHILIPPE: . . .

HÉLÈNE: Mais pensez donc! Nous nous connaissons seulement depuis deux ans et vous vous déclarez déjà? Vous vous hâtez un peu!

PHILIPPE: . . .

HÉLÈNE: Ne parlez pas comme cela. A vrai dire, je deviens fatiguée. Peut-être avez-vous raison; je devrais me passer de discours.

PHILIPPE: . . .

HÉLÈNE: Pourquoi pas? Il fait si chaud et j'ai soif. Nous pouvons causer un peu. Cela fait si longtemps qu'on ne s'est pas vu!

V Composition *Faites une description de Catherine Leroux. En quoi Flaubert attaque-t-il la bourgeoisie dans son portrait de la vieille femme?*

Engraving from "Les Misérables" Paris, 1870. Courtesy Museum of Fine Arts, Boston, Gift of Mrs. H. Dyer.

13

Les Gamins de Paris

es Misérables by Victor HUGO (1802–1885) is a great literary fresco of France from the Directoire to the Second Empire (1795–1860). It represents the dark side of the social coin: there are almost no pretty scenes but many scenes of shock and revulsion at the fate of the poor as well as many scenes of violence and death. This is the part of society which the governments since the Revolution tried to ignore. But the rise of socialism and the feeling that something had to be done led several writers to treat the sordid side of life and call attention to the need for social reform.

The hero of Les Misérables (1862) is Jean Valjean who undergoes years of humiliation by an unfeeling society. There are in addition many other characters in this novel who suffer and fight for survival. The Thénardiers are such a family; at the age of twelve their oldest son, Gavroche, leaves home and dies when he is caught in a crossfire during an insurrection. Up to that time he leads the life of an urchin, a gamin. Nobody loves him, nobody cares for him; when he dies, he is not missed at all.

Children are very rarely portrayed in French literature before Les Misérables. What children there are, are presented as miniature adults. The psychological needs of the child are not presented, only the preparation for being an adult is stressed. Victor Hugo saw children as children, and he understood their need for love and protection. If society is going to improve, he felt, the lot of the children must be given first consideration. To impress upon the reader this conviction, he wrote often, lyrically, tenderly, sadly about children. This tableau, which shows how Gavroche's two younger brothers also become urchins, is a touching revelation of the destruction of innocence and, at the same time, a violent attack on social corruption.

la gargote de Montfermeil   the dive in Montfermeil (*gargoter* is colloquial: to swill; *gargote* is a low-class restaurant) The Thénardiers ran this miserable restaurant in northeast Paris.

la cloaque des petites dettes   the cesspool of little debts—Hugo is making the point that these people are even too poor to go bankrupt; they are ruined simply by little debts.

la Thénardier — Because these people are forced to live almost like animals, Hugo treats them as though their family name were a generic term.

un bonheur singulier — Her method is the subject of this passage.

la maréchale de la Mothe-Houdancourt — a woman who rejected her own children (17th century)

à pic   at (its) peak

l'aîné — i.e., *Gavroche* (see Introduction)

Cette fille Magnon   That Magnon woman — She belongs to the shady, seamy society to which the Thénardiers also belong; she is a petty crook, too.

à faire renter par le bonhomme Gillenormand . . .   to have supported by the good-natured Gillenormand . . . — She has convinced Gillenormand that he is the father of her children. He believes her and does pay for their upbringing.

la teinture externe d'iode — Hugo criticizes the scientists for their unfeeling experimentation with suffering human beings.

la maçonnerie   freemasonry — Here it refers to this secret underworld society.

Les Misérables *(Extrait)*
Hugo

MÉCHANTE ESPIÈGLERIE DU VENT

Depuis 1823, tandis que la gargote de Montfermeil sombrait et s'engloutissait peu à peu, non dans l'abîme d'une banqueroute, mais dans la cloaque des petites dettes, les mariés Thénardier avaient eu deux autres enfants, mâles tous deux. Cela faisait cinq; deux filles et trois garçons. C'était beaucoup. 5

La Thénardier s'était débarrassée des deux derniers, encore en bas âge et tout petits, avec un bonheur singulier.

Débarrassée est le mot. Il n'y avait chez cette femme qu'un fragment de nature. Phénomène dont il y a du reste plus d'un exemple. Comme la maréchale de La Mothe-Houdancourt, la Thénardier 10 n'était mère que jusqu'à ses filles. Sa maternité finissait là. Sa haine du genre humain commençait à ses garçons. Du côté de ses fils sa méchanceté était à pic, et son cœur avait à cet endroit un lugubre escarpement. Comme on l'a vu, elle détestait l'aîné; elle exécrait les deux autres. Pourquoi? Parce que. Le plus terrible des motifs et la 15 plus indiscutable des réponses: Parce que.—Je n'ai pas besoin d'une tiaulée d'enfants, disait cette mère.

Expliquons comment les Thénardier étaient parvenus à s'exonérer de leurs deux derniers enfants, et même à en tirer profit.

Cette fille Magnon, dont il a été question quelques pages plus 20 haut, était la même qui avait réussi à faire renter par le bonhomme Gillenormand les deux enfants qu'elle avait. Elle demeurait quai des Célestins, à l'angle de cette antique rue du Petit-Musc qui a fait ce qu'elle a pu pour changer en bonne odeur sa mauvaise renommée. On se souvient de la grande épidémie de croup qui désola, il y a 25 trente-cinq ans, les quartiers riverains de la Seine à Paris, et dont la science profita pour expérimenter sur une large échelle l'efficacité des insufflations d'alun, si utilement remplacées aujourd'hui par la teinture externe d'iode. Dans cette épidémie, la Magnon perdit, le même jour, l'un le matin, l'autre le soir, ses deux garçons, encore en 30 très bas âge. Ce fut un coup. Ces enfants étaient précieux à leur mère; ils représentaient quatre-vingts francs par mois. Ces quatre-vingts francs étaient fort exactement soldés, au nom de M. Gillenormand, par son receveur de rentes, M. Barge, huissier retiré, rue du Roi-de Sicile. Les enfants morts, la rente était enterrée. La 35 Magnon chercha un expédient. Dans cette ténébreuse maçonnerie

s'entr'aider   to help one another

le plus simplement du monde — Poor people are so unimportant that the civil authorities do not even keep records of their births and deaths.

à *qui les avatars étaient aisés . . .*   who took life's misadventures in stride . . .

Jondrette — In order not to be caught by the authorities or rival criminals for his various and frequent misdoings, Thénardier finds it necessary to change his name and thereby get lost.

faire semblant de = *prétendre*

Rousseau had at least five children all of whom he put in public institutions because he felt his nomadic and persecuted existence was not suited to the rearing of children. How ironic (and typical of Rousseau) that he should write an important treatise on education — *Emile!*

monsieur Thénardier — It is a bourgeois custom for wives to address their husbands as *monsieur*. The irony here is that this woman is not only from the lowest class but that she is also involved in the criminal sub-stratum of society.

Personne n'y verra que de l'azur   No one will notice it

nul n'a intérêt . . . — Another reference to society's disinterest in the poor.

Mlle Mars — A famous classical actress, she appeared in Hugo's *Hernani*. *Mamselle Miss* probably had plans to rob this actress, too.

les sommiers judiciaires — an index containing the results of criminal prosecutions in all of France

Mamselle Miss — a nickname for this English woman who has adopted France as her home. *Mamselle* is a corrupt pronunciation of *mademoiselle*, frequent among foreigners.

de petits messieurs   little well-bred gentlemen

du mal dont elle faisait partie, on sait tout, on se garde le secret, et l'on s'entr'aide. Il fallait deux enfants à la Magnon; la Thénardier en avait deux. Même sexe, même âge. Bon arrangement pour l'une, bon placement pour l'autre. Les petits Thénardier devinrent les petits Magnon. La Magnon quitta le quai des Célestins et alla de- 5
meurer rue Clocheperce. A Paris, l'identité qui lie un individu à lui-même se rompt d'une rue à l'autre.

L'état civil, n'étant averti par rien, ne réclama pas, et la substitu- tion se fit le plus simplement du monde. Seulement le Thénardier exigea, pour ce prêt d'enfants, dix francs par mois que la Magnon 10
promit, et même paya. Il va sans dire que M. Gillenormand continua de s'exécuter. Il venait tous les six mois voir les petits. Il ne s'aperçut pas du changement.—Monsieur, lui disait la Magnon, comme ils vous ressemblent!

Thénardier, à qui les avatars étaient aisés, saisit cette occasion de 15
devenir Jondrette. Ses deux filles et Gavroche avaient à peine eu le temps de s'apercevoir qu'ils avaient deux petits frères. A un certain degré de misère, on est gagné par une sorte d'indifférence spectrale, et l'on voit les êtres comme des larves. Vos plus proches ne sont souvent pour vous que de vagues formes de l'ombre, à peine distinc- 20
tes du fond nébuleux de la vie et facilement remêlées à l'invisible.

Le soir du jour où elle avait fait livraison de ses deux petits à la Magnon, avec la volonté bien expresse d'y renoncer à jamais, la Thénardier avait eu, ou fait semblant d'avoir, un scrupule. Elle avait dit à son mari:—Mais c'est abandonner ses enfants, cela!—Thé- 25
nardier, magistral et flegmatique, cautérisa le scrupule avec ce mot: Jean-Jacques Rousseau a fait mieux! Du scrupule la mère avait passé à l'inquiétude:—Mais si la police allait nous tourmenter? Ce que nous avons fait là, monsieur Thénardier, dis donc, est-ce que c'est permis?—Thénardier répondit:—Tout est permis. Personne 30
n'y verra que de l'azur. D'ailleurs, dans des enfants qui n'ont pas le sou, nul n'a intérêt à y regarder de près.

La Magnon était une sorte d'élégante du crime. Elle faisait de la toilette. Elle partageait son logis, meublé d'une façon maniérée et misérable, avec une savante voleuse anglaise francisée. Cette ang- 35
laise naturalisée parisienne, recommandable par des relations fort riches, intimement liée avec les médailles de la bibliothèque et les diamants de Mlle Mars, fut plus tard célèbre dans les sommiers judiciaires. On l'appelait *mamselle Miss*.

Les deux petits échus à la Magnon n'eurent pas à se plaindre. 40
Recommandés par les quatre-vingts francs, ils étaient ménagés, comme tout ce qui est exploité; point mal vêtus, point mal nourris, traités presque comme «de petits messieurs», mieux avec la fausse mère qu'avec la vraie. La Magnon faisait la dame et ne parlait pas argot devant eux. 45

le père — Notice the arrogance of Thénardier!

le galetas   hovel

la catastrophe de la Magnon — All these underworld characters being in deals together, it is only to be expected that a chain reaction develops at such a time.

Eponine — daughter of the Thénardiers, she carries messages for the underworld characters. She also begs from door to door for her father. Eventually she is killed in a skirmish.

le billet relatif à la rue Plumet — Another of this group's plans to burglarize someone.

toute la maisonnée   the whole household

passa dans le coup de filet   caught in the net

la razzia   raid

Ils se mirent à errer au hasard dans les rues. — Notice the shocking irony of Hugo's title for this chapter, "Naughty trick of the wind"!

Ils passèrent ainsi quelques années. Le Thénardier en augurait bien. Il lui arriva un jour de dire à la Magnon qui lui remettait ses dix francs mensuels:—Il faudra que «le père» leur donne de l'éducation.

Tout à coup, ces deux pauvres enfants, jusque-là assez protégés, même par leur mauvais sort, furent brusquement jetés dans la vie, et forcés de la commencer.

Une arrestation en masse de malfaiteurs comme celle du galetas Jondrette, nécessairement compliquée de perquisitions et d'incarcérations ultérieures, est un véritable désastre pour cette hideuse contre-société occulte qui vit sous la société publique; une aventure de ce genre entraîne toutes sortes d'écroulements dans ce monde sombre. La catastrophe des Thénardier produisit la catastrophe de la Magnon.

Un jour, peu de temps après que la Magnon eut remis à Eponine le billet relatif à la rue Plumet, il se fit rue Clocheperce une subite descente de police; la Magnon fut saisie, ainsi que mamselle Miss, et toute la maisonnée, qui était suspecte, passa dans le coup de filet. Les deux petits garçons jouaient pendant ce temps-là dans une arrière-cour et ne virent rien de la razzia. Quand ils voulurent rentrer, ils trouvèrent la porte fermée et la maison vide. Un savetier d'une échoppe en face les appela et leur remit un papier que «leur mère» avait laissé pour eux. Sur le papier il y avait une addresse: M. Barge, receveur de rentes, rue du Roi-de-Sicile, n°. 8. L'homme de l'échoppe leur dit:—Vous ne demeurez plus ici. Allez là, c'est tout près. La première rue à gauche. Demandez votre chemin avec ce papier-ci.

Les deux enfants partirent, l'aîné menant le cadet, et tenant à la main le papier qui devait les guider. Il avait froid, et ses petits doigts engourdis serraient peu et tenaient mal ce papier. Au détour de la rue Clocheperce, un coup de vent le lui arracha, et, comme la nuit tombait, l'enfant ne put le retrouver.

Ils se mirent à errer au hasard dans les rues.

Exercices

I   Questions   *Répondez oralement à ces questions.*

   1. Quels enfants la Thénardier aimait-elle?
   2. Comment montrait-elle sa haine du genre humain?
   3. Pourquoi exécrait-elle les deux plus petits?
   4. Quelle sorte de femme est la Magnon?
   5. Quelle tragédie a-t-elle subie?
   6. Pourquoi ses enfants lui étaient-ils chers?
   7. Que savons-nous de M. Gillenormand?
   8. Quel accord la Magnon a-t-elle fait avec la Thénardier?
   9. Pourquoi la Magnon avait-elle déménagé?
  10. Que pensaient les autres enfants Thénardier de la disparition de leurs petits frères? Pourquoi?
  11. Quels scrupules la Thénardier a-t-elle révélés?
  12. Quelle consolation Thénardier a-t-il donnée à sa femme?
  13. Les deux petits Thénardier étaient-ils contents chez la Magnon? Pourquoi?
  14. Quelle demande Thénardier a-t-il faite à la Magnon?
  15. Est-ce que la vie des deux enfants est restée stable?
  16. Qui est Jondrette?
  17. Qu'est-ce qui est arrivé aux Thénardier?
  18. Qu'est-ce qui s'est passé rue Clocheperce?
  19. Où se trouvaient les garçons à ce moment-là?
  20. Quelle était l'importance du papier donné aux garçons?
  21. Quels événements se prêtaient à la perte du papier?
  22. Qu'est-ce que les deux garçons ont fait?

II   Composition   *Les sentiments sociaux de Victor Hugo révélés dans ce chapitre.*

III Conversation   *Racontez ce que vous feriez pour améliorer le niveau de vie des gamins dans les quartiers sordides de nos grandes villes.*

IV *Complétez les phrases suivantes en employant les expressions proposées.*

a) l'argot parisien
b) avoir fait banqueroute
c) à grande échelle
d) quel mauvais coup
e) que nous nous sommes aperçus
f) ne s'est pas débarrassée de
g) à pic
h) le quartier riverain
i) l'aîné
j) à tirer profit de tout
k) dont il a été question
l) de faire partie
m) avez-vous averti la police
n) si on en faisait livraison
o) vous n'avez pas à vous plaindre
p) le rendait suspect
q) je renonce à
r) elle fait toujours semblant de

1. L'air coupable de cet homme . . . partout.
2. Comme elle est pitoyable! Malgré ses économies elle . . . ses dettes.
3. De tous les enfants . . . est généralement le plus gâté.
4. J'ai grande envie . . . du club de l'alpinisme.
5. On était très juste à votre égard; . . .
6. Je la considère très impolie car . . . ne pas me connaître chaque fois que je la rencontre.
7. Ce roman est vraiment trop ennuyant! Je . . . l'achever.
8. Quoique très répandu, . . . est souvent assez grossier.
9. Après . . . ce magasin a été fermé.
10. . . .! Il a perdu son fils dans la guerre.
11. A peine est-elle entrée . . . qu'elle pleurait.
12. Les alpinistes grimpaient lentement ce col . . .
13. . . . de notre ville était inondé par la tempête.
14. Quel commerçant prudent! Il parvient . . . ce qu'il fait.
15. Cet accident . . . dans les journaux a attiré l'attention de bien des lecteurs.
16. . . . qu'on a failli vous voler?
17. J'achèterais un piano tout de suite . . .
18. Le gouvernment a décidé de développer son système routier . . .

"Dance Study" by Henri Matisse. Collection of Museum of Modern Art, New York. Gift of Nelson A. Rockefeller in honor of H. Barr, Jr.

14

L'Angoisse du spleen

harles BAUDELAIRE (1821–1867) was a writer who in the strongest words expressed disgust for his contemporary society. His revulsion for what we call the real or everyday world went far beyond the disillusionment evoked by the Romantic poets for the *mal du siècle*. Baudelaire felt literally sick and demoralized by the boredom and ugliness he found to be inseparable from everyday living, and the only word that could adequately express for him this extreme state of moral and physical suffering was *spleen*.

From his earliest childhood, Baudelaire had been unhappy. Losing his father at the age of seven, he never got along with the strict and narrow-minded stepfather, the army officer Commander Aupick. He was lonely as a schoolboy, and at eighteen he embraced the bohemian life of Paris. Despite threats from his parents and their gradual refusal to finance his loose ways, he continued to lead a life of dissipation which gradually undermined his health. At this same time he became widely known for his translation of the works of Edgar Allan Poe and for his own art criticism and poetry.

Baudelaire's unhappy youth and his dissipated way of life cannot alone explain his very dark view of society. He lived to witness Napoleon III's smug and authoritarian Second Empire—a period of vast industrial expansion in France and Europe as a whole, and the beginning of our modern technological age. One can, therefore, see in Baudelaire today a prophet who saw the toll that massive industrialization and technology would take in the daily life of man, stripping it of mystery and of beauty. Today the joyless and boring monotony of man's life in a system where he no longer has a sense of his own individuality or worth is a constant theme in our literature, and Baudelaire may well be considered one of the first protesters against the dehumanization of man.

In his masterpiece, *Les Fleurs du Mal* (1857), Baudelaire gave his antidote for the misery of life. Man would have to find other ideals, other realities, and other worlds to forget the sordid everyday life he had to live. Where or how he found them was not so important as long as he could realize through them a greater appreciation for his existence and could remain permanently "drunk" or oblivious of his depressing surroundings.

Baudelaire later expressed similar themes in his collection of *Petits Poèmes en prose,* published a year after his death, in 1869. Entitled *Le Spleen de Paris,* these short prose poems often reflect his great concern for the derelicts or victims who represented the ugliest form of spleen in Paris, the poor. To them Baudelaire wanted to bring an awareness of their dignity as human beings. First he found it necessary to shock them out of their resigned

179

acceptance of the role of subservient, sub-human creatures, whose lot in life was restricted to begging for survival. In *Assommons les pauvres* and *Enivrez-vous*, we see how Baudelaire would, by a kind of spiritual shock treatment, demand that not only beggars, but all men, open their eyes to a richer conception of what is reality, and how he would suggest to them forms of escape from the grim aspects of everyday life.

Enivrez-vous

à votre guise   as you wish

Assommons les pauvres

où = dans lesquels
toutes les élucubrations   fruits or results of long scholarly research
avoisinant   bordering on
les formules de bonnes femmes   old wives' tales

Petits Poèmes en prose *(Extraits)*

Baudelaire

ENIVREZ-VOUS

Il faut être toujours ivre. Tout est là: c'est l'unique question. Pour ne pas sentir l'horrible fardeau du Temps qui brise vos épaules et vous penche vers la terre, il faut vous enivrer sans trêve.

Mais de quoi? De vin, de poésie ou de vertu, à votre guise. Mais enivrez-vous. 5

Et si quelquefois, sur les marches d'un palais, sur l'herbe verte d'un fossé, dans la solitude morne de votre chambre, vous vous réveillez, l'ivresse déjà diminuée ou disparue, demandez au vent, à la vague, à l'étoile, à l'oiseau, à l'horloge, à tout ce qui fuit, à tout ce 10 qui gémit, à tout ce qui roule, à tout ce qui chante, à tout ce qui parle, demandez quelle heure il est; et le vent, la vague, l'étoile, l'oiseau, l'horloge, vous répondront: «Il est l'heure de s'enivrer! Pour n'être pas les esclaves martyrisés du Temps, enivrez-vous; enivrez-vous sans cesse! De vin, de poésie ou de vertu, à votre 15 guise.»

ASSOMMONS LES PAUVRES!

Pendant quinze jours je m'étais confiné dans ma chambre, et je m'étais entouré des livres à la mode dans ce temps-là (il y a seize ou dix-sept ans); je veux parler des livres où il est traité de l'art de rendre les peuples heureux, sages et riches, en vingt-quatre heures. J'avais donc dirigé,—avalé, veux-je dire,—toutes les 20 élucubrations de tous ces entrepreneurs de bonheur public—de ceux qui conseillent à tous les pauvres de se faire esclaves, et de ceux qui leur persuadent qu'ils sont tous des rois détrônés.—On ne trouvera pas surprenant que je fusse alors dans un état d'esprit avoisinant le vertige ou la stupidité. 25

Il m'avait semblé seulement que je sentais, confiné au fond de mon intellect, le germe obscur d'une idée supérieure à toutes les formules de bonne femme dont j'avais récemment parcouru le dictionnaire. Mais ce n'était que l'idée d'une idée, quelque chose d'infiniment vague. 30

Et je sortis avec une grande soif. Car le goût passionné des

si l'œil d'un magnétiseur . . .   if the eye (look) of a mesmerizer could ripen
   grapes. — To illustrate the extremely pathetic and powerful appeal in the
   eyes of the beggar, Baudelaire uses this exaggerated comparison.
mon brevet de folie . . . du subtil Lélut et du bien-avisé Baillarger — Two well-
   known Parisian doctors of Baudelaire's day who specialized in mental
   illness. The author facetiously expresses the desire to receive an official
   certificate *(brevet)* from these experts confirming his madness. Since he
   has just been visited by his own angel (a reference to Socrates' *Démon),* few
   could presumably judge Baudelaire sane for that.
à lui briser deux dents   in breaking two of his teeth
hors de la portée   out of reach
de bon augure = de bon signe
le malandrin = le bandit
me pocha les deux yeux   blackened my eyes
battre dru   to beat stiff

mauvaises lectures engendre un besoin proportionnel du grand air et des rafraîchissants.

Comme j'allais entrer dans un cabaret, un mendiant me tendit son chapeau, avec un de ces regards inoubliables qui culbuteraient les trônes, si l'esprit remuait la matière, et si l'œil d'un magnétiseur faisait mûrir les raisins.

En même temps, j'entendis une voix qui chuchotait à mon oreille, une voix que je reconnus bien; c'était celle d'un bon Ange, on d'un bon Démon, pourquoi n'aurais-je pas mon bon Ange, et pourquoi n'aurais-je pas l'honneur, comme Socrate, d'obtenir mon brevet de folie, signé du subtil Lélut et du bien-avisé Baillarger?

Il existe cette différence entre le Démon de Socrate et le mien, que celui de Socrate ne se manifestait à lui que pour défendre, avertir, empêcher, et que le mien daigne conseiller, suggérer, persuader. Ce pauvre Socrate n'avait qu'un Démon prohibiteur; le mien est un grand affirmateur, le mien est un Démon d'action, ou Démon de combat.

Or, sa voix me chuchotait ceci: «Celui-là seul est l'égal d'un autre, qui le prouve, et celui-là seul est digne de la liberté, qui sait la conquérir.»

Immédiatement, je sautai sur mon mendiant. D'un seul coup de poing, je lui bouchai un œil, qui devint, en une seconde, gros comme une balle. Je cassai un de mes ongles à lui briser deux dents, et comme je ne me sentais pas assez fort, étant né délicat et m'étant peu exercé à la boxe, pour assommer rapidement ce vieillard, je le saisis d'une main par le collet de son habit, de l'autre je l'empoignai à la gorge, et je me mis à lui secouer vigoureusement la tête contre un mur. Je dois avouer que j'avais préalablement inspecté les environs d'un coup d'œil, et que j'avais vérifié que dans cette banlieue déserte, je me trouvais, pour un assez long temps, hors de la portée de tout agent de police.

Ayant ensuite, par un coup de pied lancé dans le dos, assez énergique pour briser les omoplates, terrassé ce sexagénaire affaibli, je me saisis d'une grosse branche d'arbre qui traînait à terre, et je le battis avec l'énergie obstinée des cuisiniers qui veulent attendrir un beefsteak.

Tout à coup,—ô miracle! ô jouissance du philosophe qui vérifie l'excellence de sa théorie!—je vis cette antique carcasse se retourner, se redresser avec une énergie que je n'aurais jamais soupçonnée dans une machine si singulièrement détraquée, et, avec un regard de haine qui me parut de *bon augure*, le malandrin décrépit se jeta sur moi, me pocha les deux yeux, me cassa quatre dents, et, avec la même branche d'arbre, me battit dru comme plâtre.—Par mon énergique médication, je lui avais donc rendu l'orgueil et la vie.

force signes = *beaucoup de signes*

d'un sophiste du Portique — A reference to the Greek Sophists who would
   sometimes teach before the stoa or porticos *(portiques)* of the Agora in
   Athens.

Veuillez = *S'il vous plaît*

Alors, je lui fis force signes pour lui faire comprendre que je considérais la discussion comme finie, et me relevant avec la satisfaction d'un sophiste du Portique, je lui dis: «Monsieur, *vous êtes mon égal!* veuillez me faire l'honneur de partager avec moi ma bourse; et souvenez-vous, si vous êtes réellement philanthrope, qu'il faut appliquer à tous vos confrères, quand ils vous demanderont l'aumône, la théorie que j'ai eu la *douleur* d'essayer sur votre dos.»

Il m'a bien juré qu'il avait compris ma théorie, et qu'il obéirait à mes conseils.

Exercices

I Questions *Répondez oralement à ces questions.*

ENIVREZ-VOUS!

1. Pourquoi faut-il toujours être ivre?
2. De quoi faut-il s'enivrer?
3. Expliquez la comparaison entre les marches d'un palais et l'herbe verte d'un fossé.
4. Avec quels éléments doit-on s'enivrer si l'ivresse est diminuée?
5. En fin de compte, comment l'ivresse protège-t-elle l'homme contre le Temps?

ASSOMMONS LES PAUVRES!

1. Quand cet épisode s'est-il passé?
2. Quelle sorte de livres Baudelaire avait-il lue?
3. Quels conseils différents ces livres enseignaient-ils à l'égard des pauvres?
4. Pourquoi le lecteur était-il donc dans un état perplexe?
5. Quelle sorte d'idée obscure sentait-il?
6. Que faisait un mendiant à l'entrée d'un cabaret?
7. Qui est-ce qui a chuchoté à l'oreille du narrateur? D'où venait-elle?
8. Quelle différence y avait-il entre le démon de Socrate et celui de Baudelaire?
9. Qui est seulement l'égal d'un autre? Et qui est digne de la liberté?
10. Comment le mendiant s'est-il cassé deux dents?
11. Pourquoi le narrateur a-t-il fini par secouer la tête du vieillard contre un mur?
12. Qu'est-ce qu'il avait vérifié avant de l'assommer?
13. Quelle transformation miraculeuse a eu lieu?
14. Quelle théorie ce miracle semblait-il avoir justifiée?
15. Quel honneur le narrateur voudrait-il que le mendiant lui fasse?
16. En fin de compte, qu'est-ce qu'il a rendu au vieillard?
17. S'il était vraiment philanthrope, comment le vieillard devrait-il agir dans l'avenir?

II *Complétez les phrases suivantes en vous servant des expressions proposées.*

a) sans cesse
b) à votre guise
c) à la mode
d) il y a
e) se faire
f) besoin de

g) en même temps
h) coup de poing
i) un coup d'œil
j) tout à coup
k) veuillez

1. Je comptais sur le soleil pour notre pique-nique mais . . . il a commencé à pleuvoir.
2. . . . plus de dix ans que le général a assumé la présidence.
3. Il a travaillé . . . pour restaurer la gloire passée de la France.
4. Il y a ceux qui croient qu'il voulait . . . dictateur légitime.
5. Pour étudier nous avons . . . silence complet.
6. . . . qu'elle venait me voir, je la cherchais chez elle.
7. La musique classique est toujours . . .
8. . . . me prêter votre stylo.
9. Le voleur a donné . . . à l'agent en essayant de s'évader.
10. . . . vous révèle que cette fille est très belle.
11. Vous pouvez toujours vous asseoir au premier rang ou au dernier, . . .

III *Employez ces expressions dans des phrases complètes.*

1. veuillez
2. à votre guise
3. chuchoter
4. un coup d'œil
5. se mettre à

6. battre
7. vérifier
8. se souvenir de
9. demander l'aumône
10. partager

IV Composition *A votre avis, comment peut-on le mieux s'enivrer dans le sens donné à cet état par Baudelaire?*

V Conversation *Discutez, pour ou contre, sur la thèse: «Celui seul est l'égal d'un autre, qui le prouve . . . » etc.*

"The Uprising" by Honoré Daumier. The Philipps Collection, Washington, D. C.

15

Les Déshérités

he career of Emile ZOLA (1840–1902) as a novelist spanned roughly the last quarter of the 19th century. About 1868, he resolved to perform the same service for the Second Empire that Balzac had realized for the Restoration in the *Comédie Humaine.* Like Balzac, Zola wrote a vast social study of his age which he called *Les Rougon-Macquart, Histoire naturelle et sociale d'une famille sous le Second Empire.*

The members of this fictitious *Rougon-Macquart* clan, touched by madness and alcoholism through heredity, are used throughout Zola's many novels to illustrate the rigid determinism which he felt heredity and environment exerted on a human being. Zola thus saw his role as novelist to be very similar to that of a medical doctor. Just as a doctor cared for the ills of the body, the novelist, by a careful scientific study of man in various milieus, would suggest ways to eradicate social and political evils.

This formula for a socio-scientific study, which Zola termed the "experimental novel" has often been criticized because it is based upon a faulty premise. By creating a work essentially derived from his own imagination, the novelist obviously does not employ the rigid objectivity of a scientist. His concern with social problems leads to novels which depict with sympathy the degrading environmental conditions in which the lower classes had to live. As he progressed with the Rougon-Macquarts, Zola became more and more committed to a system of humanitarian socialism, which he felt could best alleviate the sufferings of the proletariat. The first serious attempt to make the life and conscience of the working classes an important part of the scope of the modern novel can therefore be credited to Zola.

One of his most popular novels, *Germinal,* appeared in 1885. Modeled on the actual working and living conditions of the miners in Northern France and Belgium, the work describes in epic dimensions the poor conditions under which they were forced to live. Immediately preceding this selection, the miners and their families have been led to the brink of starvation because of a just strike, demanding an end to the unfair working demands of a huge coal combine. Seeking to break the strike, the company has sent other workers to replace the miners in the pits, stationing at the same time a small detachment of soldiers to guard the entrances to the shafts and to prevent possible opposition. In a mass movement of indignation, the workers and their families have rushed to the mines to prevent the entry of this "scab" labor. Feelings mount to a fever pitch in the confrontation between miners and militia. Here Zola relates the needless tragedy that ensues, as men are impelled by misery to react irrationally against longstanding injustice.

ces enragés-là   the enraged ones, i.e., the miners

de s'embrocher eux-mêmes   to be run through

un vieux chevronné — an old soldier decorated with *chevrons,* hence: experienced in the military

au cuir tanné   like tanned leather; (here:) weatherbeaten skin

qu'il se sentait traité de crapule ou de canaille   (each time) that he heard himself
called a scoundrel or riffraff

la consigne   military order

le porion Richomme — one of the foremen of the coal mine

être un des vôtres   to be on your side

qui dirait aux chefs leurs quatre vérités   who would tell off the managers (own-
ers)

en voilà de trop   this is too much

gueuler (slang)   to shout or shriek

Négrel — the nephew of the manager of the mine; to the workers, he
represented the company, and his sudden appearance stirs them up again

qu'on l'accusât   *that he would be accused*

Richomme . . . eut beau   Richomme tried in vain

Germinal *(Extrait)*

Zola

La position des soldats devenait critique, car ils avaient reçu l'ordre sévère de ne se servir de leurs armes qu'à la dernière extrémité. Et comment empêcher ces enragés-là de s'embrocher eux-mêmes? D'autre part, l'espace diminuait, ils se trouvaient maintenant acculés contre le mur, dans l'impossibilité de reculer davantage. Leur petite troupe, une poignée d'hommes, en face de la marée montante des mineurs, tenait bon cependant, exécutait avec sang-froid les ordres brefs donnés par le capitaine. Celui-ci, les yeux clairs, les lèvres nerveusement amincies, n'avait qu'une peur, celle de les voir s'emporter sous les injures. Déjà, un jeune sergent, un grand maigre dont les quatre poils de moustache se hérissaient, battait des paupières d'une façon inquiétante. Près de lui, un vieux chevronné, au cuir tanné par vingt campagnes, avait blêmi, quand il avait vu sa baïonnette tordue comme une paille. Un autre, une recrue sans doute, sentant encore le labour, devenait très rouge, chaque fois qu'il s'entendait traité de crapule et de canaille. Et les violences ne cessaient pas, les poings tendus, les mots abominables, des pelletées d'accusations et de menaces qui les souffletaient au visage. Il fallait toute la force de la consigne pour les tenir ainsi, la face muette, dans le hautain et triste silence de la discipline militaire.

Une collision semblait fatale, lorsqu'on vit sortir, derrière la troupe, le porion Richomme, avec sa tête blanche de bon gendarme, bouleversé d'émotion. Il parlait tout haut.

«Nom de Dieu, c'est bête à la fin! On ne peut pas permettre des bêtises pareilles.»

Et il se jeta entre les baïonnettes et les mineurs.

«Camarades, écoutez-moi . . . Vous savez que je suis un vieil ouvrier et que je n'ai jamais cessé d'être un des vôtres. Eh bien, nom de Dieu! je vous promets que, si l'on n'est pas juste avec vous, ce sera moi qui dirai aux chefs leurs quatre vérités . . . Mais en voilà de trop, ça n'avance à rien de gueuler des mauvaises paroles à ces braves gens et de vouloir se faire trouer le ventre.»

On écoutait, on hésitait. En haut, malheureusement, reparut le profil du petit Négrel. Il craignait sans doute qu'on ne l'accusât d'envoyer un porion, au lieu de se risquer lui-même; et il tâcha de parler. Mais sa voix se perdit au milieu d'un tumulte si épouvantable, qu'il dut quitter de nouveau la fenêtre, après avoir simplement haussé les épaules. Richomme, dès lors, eut beau les

s'entêter   to become stubborn

Etienne — Etienne Lantier, the representative of the Rougon-Macquart family in the novel and the leader of the workers

les Borains — scab workers sent in by the company and those whom the soldiers were supposed to let into the mine

Zacharie et Philomène . . . Achille et Désirée — Zacharie was the oldest son of the Maheu family, whose members Zola described in particular detail as victims of the degrading working conditions. Philomène is Zacharie's mistress, and Achille and Désirée their two children. They cannot marry since each must support the respective families.

Réquillart — another mine

Mouquet et Mouquette — brother and sister of another mining family. Mouquette has been corrupted by the mines and is known for her promiscuity, though she is also courageous and loyal to her fellow workers.

Montsou — largest coal mine in the area

ils partent pour la cible   they're off to find the target

la Maheude — mother of the large Maheu family

ce pauvre mioche (slang)   this poor brat

Qu'est-ce que ça te fout? (vulgar)   What's it to you?

des Cosaques   Cossacks, warlike, pastoral people of the Russian steppes

Maheu — father of the Maheu family

la campagne de Crimée   Crimean War (1854–1856)

cracher   to spit; (here:) to hurl curses

son cul (vulgar)   her ass

supplier en son nom, répéter que cela devait se passer entre camarades: on le repoussait, on le suspectait. Mais il s'entêta, il resta au milieu d'eux.

«Nom de Dieu! qu'on me casse la tête avec vous, mais je ne vous lâche pas, tant que vous serez si bêtes!»

Etienne, qu'il suppliait de l'aider à leur faire entendre raison, eut un geste d'impuissance. Il était trop tard, leur nombre maintenant montait à plus de cinq cents. Et il n'y avait pas que des enragés, accourus pour chasser les Borains: des curieux stationnaient, des farceurs qui s'amusaient de la bataille. Au milieu d'un groupe, à quelque distance, Zacharie et Philomène regardaient comme au spectacle, si paisibles qu'ils avaient amené les deux enfants, Achille et Désirée. Un nouveau flot arrivait de Réquillart, dans lequel se trouvaient Mouquet et la Mouquette: lui, tout de suite, alla en ricanant taper sur les épaules de son ami Zacharie; tandis qu'elle, très allumée, galopait au premier rang des mauvaises têtes.

Cependant, à chaque minute, le capitaine se tournait vers la route de Montsou. Les renforts demandés n'arrivaient pas, ses soixante hommes ne pouvaient tenir davantage.

Enfin, il eut l'idée de frapper l'imagination de la foule, il commanda de charger les fusils devant elle. Les soldats exécutèrent le commandement, mais l'agitation grandissait, des fanfaronnades et des moqueries.

«Tiens! ces feignants, ils partent pour la cible!» ricanaient les femmes, la Brûlé, la Levaque et les autres.

La Maheude, la gorge couverte du petit corps d'Estelle, qui s'était réveillée et qui pleurait, s'approchait tellement, que le sergent lui demanda ce qu'elle venait faire, avec ce pauvre mioche.

«Qu'est-ce que ça te fout? répondit-elle. Tire dessus, si tu l'oses.»

Les hommes hochaient la tête de mépris. Aucun ne croyait qu'on pût tirer sur eux.

«Il n'y a pas de balles dans leurs cartouches, dit Levaque.

—Est-ce que nous sommes des Cosaques? cria Maheu. On ne tire pas contre des Français, nom de Dieu!»

D'autres répétaient que, lorsqu'on avait fait la campagne de Crimée, on ne craignait pas le plomb. Et tous continuaient à se jeter sur les fusils. Si une décharge avait eu lieu à ce moment, elle aurait fauché la foule.

Au premier rang, la Mouquette s'étranglait de fureur, en pensant que des soldats voulaient trouer la peau à des femmes. Elle leur avait craché tous ces gros mots, elle ne trouvait pas d'injure assez basse, lorsque, brusquement, n'ayant plus que cette mortelle offense à bombarder au nez de la troupe, elle montra son cul. Des deux mains, elle relevait ses jupes, tendait les reins, élargissait la rondeur énorme.

v'là = voilà
tas de salauds (vulgar)   bunch of dirty bastards
Catherine — eldest daughter of the Maheu family who, at only fifteen, works
    in the mine; she is in love with Etienne Lantier
à l'écart   aside
Dansaert — another foreman
emporter d'assault to storm
pour taper juste   to hit with accuracy
ces furies   these angry women (like the Greek Furies)

«Tenez, v'là pour vous! et il est encore trop propre, tas de salauds!»

Elle plongeait, culbutait, se tournait pour que chacun en eût sa part, s'y reprenait à chaque poussée qu'elle envoyait.

«V'là pour l'officier! v'là pour le sergent! v'là pour les militaires!» 5

Un rire de tempête s'éleva, Bébert et Lydie se tordaient, Etienne lui-même, malgré son attente sombre, applaudit à cette nudité insultante. Tous, les farceurs aussi bien que les forcenés, huaient les soldats maintenant, comme s'ils les voyaient salis d'un éclaboussement d'ordure; et il n'y avait que Catherine, à l'écart, 10 debout sur d'anciens bois, qui restât muette, le sang à la gorge, envahie de cette haine dont elle sentait la chaleur monter.

Mais une bousculade se produisit. Le capitaine, pour calmer l'énervement de ses hommes, se décidait à faire des prisonniers. D'un saut, la Mouquette s'échappa, en se jetant entre les jambes des 15 camarades. Trois mineurs, Levaque et deux autres, furent empoignés dans le tas des plus violents, et gardés à vue, au fond de la chambre des porions.

D'en haut, Négrel et Dansaert criaient au capitaine de rentrer, de s'enfermer avec eux. Il refusa, il sentait que ces bâtiments aux portes 20 sans serrure, allaient être emportés d'assaut, et qu'il y subirait la honte d'être désarmé. Déjà sa petite troupe grondait d'impatience, on ne pouvait fuir devant ces misérables en sabots. Les soixante, acculés au mur, le fusil chargé, firent de nouveau face à la bande.

Il y eut d'abord un recul, un profond silence. Les grévistes res- 25 taient dans l'étonnement de ce coup de force. Puis, un cri monta, exigeant les prisonniers, réclamant leur liberté immédiate. Des voix disaient qu'on les égorgeait là-dedans. Et, sans s'être concertés, emportés d'un même élan, d'un même besoin de revanche, tous coururent aux tas de briques voisins, à ces briques dont le terrain 30 marneux fournissait l'argile, et qui étaient cuites sur place. Les enfants les charriaient une à une, des femmes en emplissaient leurs jupes. Bientôt, chacun eut à ses pieds des munitions, la bataille à coups de pierres commença.

Ce fut la Brûlé qui se campa la première. Elle cassait les briques, 35 sur l'arête maigre de son genou, et de la main droite, et de la main gauche, elle lâchait les deux morceaux. La Levaque se démanchait les épaules, si grosse, si molle, qu'elle avait dû s'approcher pour taper juste, malgré les supplications de Bouteloup, qui la tirait en arrière, dans l'espoir de l'emmener, maintenant que le mari était à 40 l'ombre. Toutes s'excitaient, la Mouquette, ennuyée de se mettre en rang, à rompre les briques sur ses cuisses trop grasses, préférait les lancer entières. Des gamins eux-mêmes entraient en ligne, Bébert montrait à Lydie comment on envoyait ça par-dessous le coude. C'était une grêle, des grêlons énormes, dont on entendait les cla- 45 quements sourds. Et, soudain, au milieu de ces furies, on aperçut

elle crevait d'une envie (slang)   she was bursting with the desire (was dying to)
cette sacrée existence (slang)   this damned existence
en train d'avaler la langue (slang)   in the process of starving
manqua d'avoir le crâne fendu   just missed having his skull split
comme s'il eût assisté à . . . de bouchon   as if he had been present at a game of
    pitching pennies
à l'entrée du coron   at the entrance of the workers' housing complex
le vieux Bonnemort — patriarch of the Maheu family and so named because
    he had ruined his health in the mines and could no longer work

Catherine, les poings en l'air, brandissant elle aussi des moitiés de brique, les jetant de toute la force de ses petits bras. Elle n'aurait pu dire pourquoi, elle suffoquait, elle crevait d'une envie de massacrer le monde. Est-ce que ça n'allait pas être bientôt fini, cette sacrée existence de malheur? Elle en avait assez, d'être giflée et chassée par son homme, de patauger ainsi qu'un chien perdu dans la boue des chemins, sans pouvoir seulement demander une soupe à son père, en train d'avaler sa langue comme elle. Jamais ça ne marchait mieux, ça se gâtait au contraire depuis qu'elle se connaissait; et elle cassait des briques, et elle les jetait devant elle, avec la seule idée de balayer tout, les yeux si aveuglés de sang, qu'elle ne voyait pas à qui elle écrasait les mâchoires.

Etienne, resté devant les soldats, manqua d'avoir le crâne fendu. Son oreille enflait, il se retourna, il tressaillit en comprenant que la brique était partie des poings fiévreux de Catherine; et, au risque d'être tué, il ne s'en allait pas, il la regardait. Beaucoup d'autres s'oubliaient également là, passionnés par la bataille, les mains ballantes. Mouquet jugeait les coups, comme s'il eût assisté à une partie de bouchon: oh! celui-là, bien tapé! et cet autre, pas de chance! Il rigolait, il poussait du coude Zacharie, qui se querellait avec Philomène, parce qu'il avait giflé Achille et Désirée, en refusant de les prendre sur son dos, pour qu'ils pussent voir. Il y avait des spectateurs, massés au loin, le long de la route. Et, en haut de la pente, à l'entrée du coron, le vieux Bonnemort venait de paraître, se traînant sur une canne, immobile maintenant, droit dans le ciel couleur de rouille.

Dès les premières briques lancées, le porion Richomme s'était planté de nouveau entre les soldats et les mineurs. Il suppliait les uns, il exhortait les autres, insoucieux du péril, si désespéré que de grosses larmes lui coulaient des yeux. On n'entendait pas ses paroles au milieu du vacarme, on voyait seulement ses grosses moustaches grises qui tremblaient.

Mais la grêle des briques devenait plus drue, les hommes s'y mettaient, à l'exemple des femmes.

Alors, la Maheude s'aperçut que Maheu demeurait en arrière. Il avait les mains vides, l'air sombre.

«Qu'est-ce que tu as, dis? cria-t-elle. Est-ce que tu les lâches? est-ce que tu vas laisser conduire tes camarades en prison? . . . Ah! si je n'avais pas cette enfant, tu verrais!»

Estelle, qui s'était cramponnée à son cou en hurlant, l'empêchait de se joindre à la Brûlé et aux autres. Et, comme son homme ne semblait pas entendre, elle lui poussa du pied des briques dans les jambes.

«Nom de Dieu! veux-tu prendre ça! Faut-il que je te crache à la figure devant le monde, pour te donner du cœur?»

on les écharperait   they would be lynched

hors d'eux = enragés, beside themselves

nom de Dieu (vulgar)   goddamn

pareil à un coup de battoir dans du linge   like laundry struck by a beater (in
   order to remove stains when done by hand)

un roulement de peloton   a round shot by the whole platoon

Souvarine — a Russian anarchist who later engineers a tragic cave-in of the
   mines

Redevenu très rouge, il cassa des briques, il les jeta. Elle le cinglait, l'étourdissait, aboyait derrière lui des paroles de mort, en étouffant sa fille sur sa gorge, dans ses bras crispés; et il avançait toujours, il se trouva en face des fusils.

Sous cette rafale de pierres, la petite troupe disparaissait. 5 Heureusement, elles tapaient trop haut, le mur en était criblé. Que faire? l'idée de rentrer, de tourner le dos, empourpra un instant le visage pâle du capitaine; mais ce n'était même plus possible, on les écharperait, au moindre mouvement. Une brique venait de briser la visière de son képi, des gouttes de sang coulaient de son front. 10 Plusieurs de ses hommes étaient blessés; et il les sentait hors d'eux, dans cet instinct débridé de la défense personnelle, où l'on cesse d'obéir aux chefs. Le sergent avait lâché un nom de Dieu! l'épaule gauche à moitié démontée, la chair meurtrie par un choc sourd, pareil à un coup de battoir dans du linge. Eraflée à deux reprises, la 15 recrue avait un pouce broyé, tandis qu'une brûlure l'agaçait au genou droit: est-ce qu'on se laisserait embêter longtemps encore? Une pierre ayant ricoché et atteint le vieux chevronné sous le ventre, ses joues verdirent, son arme trembla, s'allongea, au bout de ses bras maigres. Trois fois, le capitaine fut sur le point de commander le 20 feu. Une angoisse l'étranglait, une lutte interminable de quelques secondes heurta en lui des idées, des devoirs, toutes ses croyances d'homme et de soldat. La pluie des briques redoublait, et il ouvrait la bouche, il allait crier: Feu! lorsque les fusils partirent d'eux-mêmes, trois coups d'abord, puis cinq, puis un roulement de peloton, puis 25 un coup tout seul, longtemps après, dans le grand silence.

Ce fut une stupeur. Ils avaient tiré, la foule béante restait immobile, sans le croire encore. Mais des cris déchirants s'élevèrent, tandis que le clairon sonnait la cessation du feu. Et il y eut une panique folle, un galop de bétail mitraillé, une fuite éperdue dans la 30 boue.

....

La fosse était libre. De son geste nerveux, le capitaine avait retiré, puis remis son képi coupé par une pierre; et il gardait sa raideur blême devant le désastre de sa vie; pendant que ses hommes, aux faces muettes, rechargeaient leurs armes. On aperçut les visages 35 effarés de Négrel et de Dansaert, à la fenêtre de la recette. Souvarine était derrière eux, le front barré d'une grande ride, comme si le clou de son idée fixe se fût imprimé là, menaçant. De l'autre côté de l'horizon, au bord du plateau, Bonnemort n'avait pas bougé, calé d'une main sur sa canne, l'autre main aux sourcils pour 40 mieux voir, en bas, l'égorgement des siens. Les blessés hurlaient, les morts se refroidissaient dans des postures cassées, boueux de la boue

le dégel   thaw
Trompette — a work horse used to haul coal carts from the mine

liquide du dégel, ça et là envasés parmi les taches d'encre du char-
bon, qui reparaissaient sous les lambeaux salis de la neige. Et, au
milieu de ces cadavres d'hommes, tout petits, l'air pauvre avec leur
maigreur de misère, gisait le cadavre de Trompette, un tas de chair
morte, monstrueux et lamentable. 5

Etienne n'avait pas été tué. Il attendait toujours, près de Catherine
tombée de fatigue et d'angoisse, lorsqu'une voix vibrante le fit tressaillir. C'était l'abbé Ranvier, qui revenait de dire sa messe, et qui, les
deux bras en l'air, dans une fureur de prophète, appelait sur les
assassins la colère de Dieu. Il annonçait l'ère de justice, la prochaine 10
extermination de la bourgeoisie par le feu du ciel, puisqu'elle mettait
le comble à ses crimes en faisant massacrer les travailleurs et les
déshérités de ce monde.

Exercices

I Questions   *Répondez oralement à ces questions.*

1. Quand les soldats devaient-ils se servir de leurs armes?
2. Où les soldats se trouvaient-ils maintenant?
3. Quelle était la seule crainte du capitaine?
4. Comment quelques soldats réagissaient-ils déjà aux inquiétudes de la foule?
5. Qu'est-ce qui semblait inévitable quand Richomme est arrivé en scène?
6. Qu'est-ce que Richomme a promis aux grévistes?
7. Qu'est-ce qui a agité la foule de nouveau?
8. Pourquoi Etienne se sentait-il impuissant à faire entendre raison à la foule?
9. Qu'est-ce que le capitaine attendait de Montsou?
10. Comment le capitaine a-t-il cru frapper l'imagination de la foule?
11. Pourquoi ne croyait-on pas que les soldats tireraient sur les gens?
12. Quelle était la réaction des grévistes au jeu grossier de la Mouquette?
13. Pourquoi le capitaine s'est-il décidé brusquement à faire des prisonniers?
14. Combien de soldats y avait-il contre cette foule?
15. Pourquoi le capitaine a-t-il refusé de s'enfermer avec les autres dans le bâtiment?
16. De quoi s'est-on armé? Qu'est-ce qui a commencé ensuite?
17. Pourquoi Zola appelle-t-il les femmes «les furies»?
18. Expliquez pourquoi Catherine, ordinairement si douce, est entrée en bataille?
19. Comment la foule a-t-elle réagi pendant cette bataille?
20. Dans quelle situation impossible les soldats se trouvaient-ils?
21. Pourquoi le capitaine ne pouvait-il pas se décider à commander le feu?
22. Comment le feu a-t-il commencé?
23. Qu'est-ce qui est arrivé après la cessation du feu?
24. Décrivez la plaine à la suite de ce désastre.
25. Qu'est-ce que l'Abbé Ranvier a prophétisé?

II *Complétez les phrases suivantes en vous servant des expressions proposées.*

a)   avec sang-froid
b)   en voilà de trop
c)   au milieu de
d)   tant qu'
e)   tandis que
f)   a manqué de
g)   me quereller avec
h)   dès

i)   que faire
j)   au bord de
k)   en bas
l)   ça et là
m)   tiens!
n)   à quelque distance
o)   un rire de tempête
p)   qu'est-ce que tu as

1. Je me suis perdu . . . la foule.
2. . . . il fait beau, nous resterons en vacances.
3. Il . . . préparer ses leçons et maintenant il va échouer à l'examen.
4. . . . de ses étudiants qui ne sont pas préparés!
5. Ce n'est pas tout à fait un désert; . . . on trouve une fleur.
6. . . . la fourmi s'est préparée pour l'hiver, la cigale a dansé.
7. . . . septembre vous devriez penser aux examens finals.
8. Il se tient . . . pour ne pas attraper mon rhume.
9. Beaucoup de gens passent leurs vacances . . . la mer.
10. Je ne suis pas d'accord, mais je ne veux . . . vous.
11. Je n'aime pas les hauteurs; je suis toujours content d'arriver . . .
12. Les bêtises de ce clown causent . . .
13. Tu n'as pas bonne mine, . . .
14. Les mineurs avaient peut-être tort, mais les tuer . . . est inhumain.
15. . . . , il a oublié son parapluie, et il pleut.
16. J'accepte quelques fautes de grammaire, mais jamais tant; . . . !

III Composition   *Ecrivez un article pour un journal au sujet de cet incident.*

IV Conversation   *Créez un monologue qui révèle, à votre avis, les sentiments du porion Richomme.*

"The Concert" by James Tissot. Courtesy of the City of Manchester Art Galleries, Manchester, England.

16
La Belle époque

etween 1872 and 1914 France experienced a period of relative calm. There were no wars even though there were a few skirmishes which can now be seen as part of the prelude to World War I. Internally, there was the Dreyfus Affair which shook the foundations of French society and eventually led to the Law of Separation of 1905 (the government, thoroughly secularized, seized the property of the Church.) But on the surface the social situation looked rather good. An air of prosperity pervaded France. People were confident enough in the status quo to consider political turmoil and religious persecution to be interesting topics of social conversation. This was the period of the gay nineties, *l'époque 1900* and, more inclusively, *la Belle époque*. A few individuals saw the danger of this social attitude. Some of them tried to act politically while others wrote about it. Marcel PROUST (1871–1922) is one who wrote about it.

A la Recherche du temps perdu (1913–1927) treats the period 1880–1919 approximately. In it Proust reveals what he observed about the middle and upper class salons which he frequented. At the same time that he saw high society's superficial beauty he also saw the meaninglessness of many of its institutions, the decadence of people who could treat serious matters ever so lightly and light matters ever so seriously.

There are many salons depicted in the course of this lengthy work. Some are aristocratic; some are bourgeois. But in the final analysis they are all organized according to one model. There is a central character, usually a woman, around whom a group of supposed friends gather for the supposed purpose of mutual diversion. In reality, the entire structure of the salon is organized to suit the tastes of the hostess, and to bring her a certain glory.

In the following passage from *Un Amour de Swann,* the second volume of the *Recherche,* the bourgeois Mme Verdurin, for example, would like very much to be recognized by the aristocratic Duchesse de Guermantes. While awaiting that dreamed-of day, she holds a tyrannical control over her guests and their social and private lives. She obviously feels that none of them is important except in proportion to what they can contribute toward making her salon a chic place to congregate.

"petit noyau" etc. — The expressions in quotes through this passage are
   terms used by the members of the Verdurin circle themselves. Proust is
   evoking the attitude of these people who like to use expressions charac-
   teristic of their group, the "in" expressions.

Credo . . . articles — Notice the religious connotations!

Planté and *Rubinstein* were well-known pianists of the day.

Potain   was a well-known doctor.

église — here it refers to the circle (elsewhere it is "church")

fidèle m.   usually "faithful", here it refers to a member of the Verdurin
   salon.

le demi-monde — a less respectable element of society; the women of this
   class, *demi-mondaines,* are frequently supported by lovers and such rela-
   tionships are often short-lived.

tirer le cordon   to pull the strings, i.e., to control the actions of another

l'ancienne concierge   the former janitor

la cocotte   a woman of loose morals

son couvert mis   his place set at table

si "ça lui chantait"   if "he felt in the mood"

la chevauchée   ride

la Walkyrie, Tristan — Richard Wagner's music was extremely popular in
   France at this time (ca. 1880). The allusions are to two of his operas.

Un Amour de Swann *(Extrait)*
Proust

Pour faire partie du «petit noyau», du «petit groupe», du «petit clan» des Verdurin, une condition était suffisante mais elle était nécessaire: il fallait adhérer tacitement à un Credo dont un des articles était que le jeune pianiste protégé par Mme Verdurin cette année-là et dont elle disait: «Ça ne devrait pas être permis de savoir jouer Wagner comme ça!», «enfonçait» à la fois Planté et Rubinstein et que le docteur Cottard avait plus de diagnostic que Potain. Toute «nouvelle recrue» à qui les Verdurin ne pouvaient pas persuader que les soirées des gens qui n'allaient pas chez eux étaient ennuyeuses comme la pluie, se voyait immédiatement exclue. Les femmes étant à cet égard plus rebelles que les hommes à déposer toute curiosité mondaine et l'envie de se renseigner par soi-même sur l'agrément des autres salons, et les Verdurin sentant d'autre part que cet esprit d'examen et ce démon de frivolité pouvait par contagion devenir fatal à l'orthodoxie de la petite église, ils avaient été amenés à rejeter successivement tous les «fidèles» du sexe féminin.

En dehors de la jeune femme du docteur, ils étaient réduits presque uniquement cette année-là (bien que Mme Verdurin fût elle-même vertueuse et d'une respectable famille bourgeoise, excessivement riche et entièrement obscure, avec laquelle elle avait peu à peu cessé volontairement toute relation) à une personne presque du demi-monde, Mme de Crécy, que Mme Verdurin appelait par son petit nom, Odette, et déclarait être «un amour», et à la tante du pianiste, laquelle devait avoir tiré le cordon; personnes ignorantes du monde et à la naïveté de qui il avait été si facile de faire accroire que la princesse de Sagan et la duchesse de Guermantes étaient obligées de payer des malheureux pour avoir du monde à leurs dîners, que si on leur avait offert de les faire inviter chez ces deux grandes dames, l'ancienne concierge et la cocotte eussent dédaigneusement refusé.

Les Verdurin n'invitaient pas à dîner: on avait chez eux «son couvert mis.» Pour la soirée, il n'y avait pas de programme. Le jeune pianiste jouait, mais seulement si «ça lui chantait», car on ne forçait personne et comme disait M. Verdurin: «Tout pour les amis, vivent les camarades!» Si le pianiste voulait jouer la chevauchée de la *Walkyrie* ou le prélude de *Tristan*, Mme Verdurin protestait, non que cette musique lui déplût, mais au contraire parce qu'elle lui causait

Vous tenez à ce que j'aie ma migraine?   You insist on my getting a migraine (headache)?

Bonsoir, plus personne!   That's the end, there'll be no one! (She will not be able to invite anyone.)

lâcher   (here:) to let go with

une grosse faribole   something very nonsensical

esclaffer   to burst out laughing

prendre au propre   to take literally

sa mâchoire   her jaw

ennuyeux   the boring ones, i.e., all those not of the "petit clan"

se garer de   to avoid

au fur et à mesure   (in proportion) as

lâcher   (here:) to absent oneself (or whatever is momentarily colloquial)

le jour de l'an   New Year's Day

en province — Mme. Verdurin means to mock the naïveté of her guest.

le Vendredi saint   Good Friday

les fêtes de Pâques   Easter holidays

Auvergne — a province of central France

grand bien vous fasse!   may it do you much good! (or) enjoy yourself!

trop d'impression. «Alors vous tenez à ce que j'aie ma migraine? Vous savez bien que c'est la même chose chaque fois qu'il joue ça. Je sais ce qui m'attend! Demain quand je voudrai me lever, bonsoir, plus personne!» S'il ne jouait pas, on causait, et l'un des amis, le plus souvent leur peintre favori d'alors, «lâchait», comme disait M. Verdurin, «une grosse faribole qui faisait esclaffer tout le monde», Mme Verdurin surtout, à qui,—tant elle avait l'habitude de prendre au propre les expressions figurées des émotions qu'elle éprouvait—le docteur Cottard (un jeune débutant à cette époque) dut un jour remettre sa mâchoire qu'elle avait décrochée pour avoir trop ri.

L'habit noir était défendu parce qu'on était entre «copains» et pour ne pas ressembler aux «ennuyeux» dont on se garait comme de la peste et qu'on n'invitait qu'aux grandes soirées, données le plus rarement possible et seulement si cela pouvait amuser le peintre ou faire connaître le musicien. Le reste du temps, on se contentait de jouer des charades, de souper en costumes, mais entre soi, en ne mêlant aucun étranger au petit «noyau».

Mais au fur et à mesure que les «camarades» avaient pris plus de place dans la vie de Mme Verdurin, les ennuyeux, les réprouvés, ce fut tout ce qui retenait les amis loin d'elle, ce qui les empêchait quelquefois d'être libres, ce fut la mère de l'un, la profession de l'autre, la maison de campagne ou la mauvaise santé d'un troisième. Si le docteur Cottard croyait devoir partir en sortant de table pour retourner auprès d'un malade en danger: «Qui sait, lui disait Mme Verdurin, cela lui fera peut-être beaucoup plus de bien que vous n'alliez pas le déranger ce soir; il passera une bonne nuit sans vous; demain matin vous irez de bonne heure et vous le trouverez guéri.» Dès le commencement de décembre, elle était malade à la pensée que les fidèles «lâcheraient» pour le jour de Noël et le 1er Janvier. La tante du pianiste exigeait qu'il vînt dîner ce jour-là en famille chez sa mère à elle:

—Vous croyez qu'elle mourrait, votre mère, s'écria durement Mme Verdurin, si vous ne dîniez pas avec elle le jour de l'an, comme en *province*!

Ses inquiétudes renaissaient à la semaine sainte:

—Vous, docteur, un savant, un esprit fort, vous venez naturellement le Vendredi saint comme un autre jour? dit-elle à Cottard, la première année, d'un ton assuré comme si elle ne pouvait douter de la réponse. Mais elle tremblait en attendant qu'il l'eût prononcée, car s'il n'était pas venu, elle risquait de se trouver seule.

—Je viendrai le Vendredi saint . . . vous faire mes adieux, car nous allons passer les fêtes de Pâques en Auvergne.

—En Auvergne? pour vous faire manger par les puces et la vermine, grand bien vous fasse!

Et après un silence:

agréger   to unite

brouiller avec   to separate from

séance tenante   then and there

marivaudage m. — witty, affected manner of conversation, named after
   Marivaux, the best 18th-century playwright in France. His dialogue is
   indeed witty but not affected; those who imitated him developed an affected style.

fishing for compliments — Odette is a snob; Anglicisms were considered very
   stylish in this period.

—Si vous nous l'aviez dit au moins, nous aurions tâché d'organiser cela et de faire le voyage ensemble dans des conditions confortables.

De même, si un «fidèle» avait un ami, ou une «habituée» un flirt qui serait capable de faire «lâcher» quelquefois, les Verdurin, qui ne s'effrayaient pas qu'une femme eût un amant pourvu qu'elle l'eût 5 chez eux, l'aimât en eux et ne le leur préférât pas, disaient: «Eh bien! amenez-le, votre ami.» Et on l'engageait à l'essai, pour voir s'il était capable de ne pas avoir de secrets pour Mme Verdurin, s'il était susceptible d'être agrégé au «petit clan». S'il ne l'était pas, on prenait à part le fidèle qui l'avait présenté et on lui rendait le service de le 10 brouiller avec son ami ou avec sa maîtresse. Dans le cas contraire, le «nouveau» devenait à son tour un fidèle. Aussi quand cette année-là, la demi-mondaine raconta à M. Verdurin qu'elle avait fait la connaissance d'un homme charmant, M. Swann, et insinua qu'il serait très heureux d'être reçu chez eux, M. Verdurin transmit-il 15 séance tenante la requête à sa femme. (Il n'avait jamais d'avis qu'après sa femme, dont son rôle particulier était de mettre à exécution les désirs, ainsi que les désirs des fidèles, avec de grandes ressources d'ingéniosité.)

—Voici Mme de Crécy qui a quelque chose à te demander. Elle 20 désirerait te présenter un de ses amis, M. Swann. Qu'en dis-tu?

—Mais voyons, est-ce qu'on peut refuser quelque chose à une petite perfection comme ça. Taisez-vous, on ne vous demande pas votre avis, je vous dis que vous êtes une perfection.

—Puisque vous le voulez, répondit Odette sur un ton de 25 marivaudage, et elle ajouta: vous savez que je ne suis pas *fishing for compliments*.

—Eh bien! amenez-le votre ami, s'il est agréable.

Exercices

I   Questions   *Répondez oralement à ces questions.*

1. Qui est Mme Verdurin?
2. Qu'est-ce que le «petit noyau»? le «petit clan»?
3. Pourquoi les femmes, plus que les hommes, sont-elles rejetées du salon Verdurin?
4. Quel est le Credo dont parle le narrateur?
5. Qu'est-ce qu'un «fidèle»?
6. Décrivez la naïveté des amies de Mme Verdurin en ce qui concerne la princesse de Sagan et la duchesse de Guermantes
7. Qui semble être le compositeur préféré de Mme Verdurin?
8. Qui lâche de grosses fariboles?
9. Pourquoi fallait-il remettre la mâchoire de Mme Verdurin?
10. Qui sont les «ennuyeux»?
11. Pour quelles raisons Mme Verdurin a-t-elle consenti de donner des «grandes soirées»?
12. Comment Mme Verdurin emploie-t-elle le verbe «lâcher»?
13. Comment Mme Verdurin révèle-t-elle sa déception au départ du pianiste pour Noël?
14. Quelle est sa réaction à la nouvelle du départ des Cottard pour Pâques?
15. De quelle autre tactique se servent les Verdurin pour s'assurer qu'un «fidèle» reste dans le salon?
16. Qui est la demi-mondaine dans le salon Verdurin?
17. Qui est M. Swann?
18. Est-ce que Mme Verdurin veut faire la connaissance de Swann?
19. Pourquoi devrait-il être agréable à Mme Verdurin?
20. Décrivez le rôle social de M. Verdurin.
21. Pourquoi Odette emploie-t-elle cette expression anglaise?

II   Conversation   *Mettez le texte suivant sous forme de conversation.*

Mme de Crécy (Odette) introduit son ami chez les Verdurin. Un homme fort intelligent et sensible, M. Swann se rend compte déjà de la vraie position sociale des Verdurin et surtout des prétentions de Mme Verdurin. Cependant il est poli et il ne veut pas nuire à l'opinion favorable dont jouit Odette dans ce petit groupe.

Il salue Mme Verdurin qui le présente aux membres permanents de son petit clan. Effusivement, elle exagère les talents et la situation sociale de chacun de ses fidèles en les présentant à Swann. Il entre dans l'esprit du jeu en les flattant un peu.

Mme Verdurin parle de façon banale de la musique, de l'art, et des autres salons de Paris. Ses fidèles n'osent pas la contredire tout en suivant ses opinions peu profondes.

Enfin Mme Verdurin prend la décision d'inviter Swann à faire partie d'une manière permanente de son groupe et il accepte son invitation en masquant de son mieux son manque d'enthousiasme pour cet «honneur».

III *Complétez les phrases suivantes en vous servant des expressions proposées.*

a)	en dehors	f)	une demi-mondaine
b)	faire partie	g)	faire ses adieux
c)	protégé	h)	tient à
d)	séance tenante	i)	au fur et à mesure
e)	ennuyeux	j)	avait du monde

1. Parce que j'aime parler français, je compte . . . du cercle français de notre université cette année-ci.
2. Cette riche veuve s'intéresse à l'œuvre d'un jeune peintre qu'elle appelle son . . .
3. O que ces gens étaient fatigants! En somme, c'était un groupe bien . . .
4. On appelle une femme dont les mœurs sont suspectes . . .
5. Je n'avais que cinq minutes pour me décider de ce qu'il fallait faire; j'avais à prendre ma décision . . .
6. Avant son départ, Charlotte est venue . . . à sa tante.
7. . . . de ce médecin prétentieux, je trouve tous les autres gens du cercle bien sympathiques.
8. Ah, quelle foule! Je ne savais pas que ma mère . . . à sa soirée.
9. . . . que vous ferez des efforts, vous deviendrez un très bon musicien.
10. Ce journaliste refuse de partir, il veut bien vous voir et il . . . faire votre connaissance.

IV Composition *Faites le portrait de Mme Verdurin.*

"At the Easel" from *Mein Leben* by Marc Chagall. Collection Museum of Modern Art, New York.

17

Le Portrait
du salaud* moderne

ean-Paul SARTRE (b. 1905) ranks among the most influential
writers of our century. He has distinguished himself as an
opponent of tradition, which he considers oppressive to individual freedom, and as a proponent of revaluation, or even
an overthrowing, of the present social structure which insists
that money and birth are measures of a person's worth. Sartre would erase
all values and begin again simply by letting each individual be free to create
his own values and free of the need to conform to any standards.

This, basically, is Sartre's existentialism. A person is free because God
does not exist. Without this supernatural force there is no true reason for
anything. Chance *(le hasard)* is his explanation of birth, and sometimes of
death. But in-between these two extremes of the living process we alone are
responsible for our actions. When we accept society we are actually putting a
value on a phenomenon. If we were to reject it, as Sartre would have us do,
we would be removing, or withholding, a value from society and thereby
affording ourselves the occasion to state our utter independence, i.e., our
"freedom" and thereby to rid ourselves of such prejudicial influences as
tradition, love, friendship, need for wealth and property and all the elements which characterize society.

Sartre has been most successful in his persuasive critical attacks which are
aimed at illustrating the abuses of society as it exists. *La Nausée* (1938), which
launched Sartre's fame and remains perhaps his best known work, gets its
title from the physical reaction experienced by the principal character when
he realizes that he is an entity at war with all that is not within his conscious
being. Roquentin, the narrator in this supposed diary, wanders about the
strange town of Bouville where he is doing research for a historical biog-
raphy, trying to understand the sick feeling he has in reaction to the events
and people he observes.

Sartre's conclusion in this early novel is that, while each human being is
indeed at war with all the others and while even things impose their presence on us, man must accept that there is no alternative but to exist with
these outside forces by *détente*. This is what Roquentin finally decides to do.
But he will even go so far as to attempt to communicate with others by
means of a book which he says he will eventually write.

* *le salaud:* (colloquial) dirty pig, dirty bastard. Sartre frequently uses this term with
special reference to the self-centered, self-satisfied bourgeoisie which he loathes.

In the passage quoted here, Roquentin, as part of his research, is visiting the museum at Bouville. While in this particular room, he encounters two social forces: historical tradition, in the form of the paintings, and social tradition, in the form of the elderly couple who come to view. He observes how useless values are carried on through generations by people who do not question the truth of the impressions they receive.

veule   flabby
la faïence (familiar)   chinaware
de leur vivant   during their lifetime
dragages, forages   dredgings, borings
Bouville — a ficticious name which Sartre created from *boue* (mud) and *ville* to suggest the repulsive quality of the place
Renaudas, Bordurin — artists whose works appear in this museum
le bouquet des Droits . . .   the best of the Rights of man and citizen — Sartre refers here to the civil rights championed by the American and French Revolutions.
sans arrière-pensée   wholeheartedly (without mental reservation)
se découvrir   to take off one's hat — Sartre points out the exaggerated respect for the meaningless past.
ben! (exclamation, from *bien*)   now then! well then! well now! etc.
le sang-froid   composure
bouche bée   open-mouthed, speechless
avec application   with concentration
eut un hochement de tête   tossed her head
ce qu'il est bien . . . = (popular) *qu'il est bien*

La Nausée *(Extrait)*

Sartre

On les avait peints très exactement; et pourtant, sous le pinceau, leurs visages avaient dépouillé la mystérieuse faiblesse des visages d'hommes. Leurs faces, même les plus veules, étaient nettes comme des faïences: j'y cherchais en vain quelque parenté avec les arbres et les bêtes, avec les pensées de la terre ou de l'eau. Je pensais 5 bien qu'ils n'avaient pas eu cette nécessité, de leur vivant. Mais, au moment de passer à la postérité, ils s'étaient confiés à un peintre en renom pour qu'il opérât discrètement sur leur visage ces dragages, ces forages, ces irrigations, par lesquels, tout autour de Bouville, ils avaient transformé la mer et les champs. Ainsi, avec le concours de 10 Renaudas et de Bordurin, ils avaient asservi toute la Nature: hors d'eux et en eux-mêmes. Ce que ces toiles sombres offraient à mes regards, c'était l'homme repensé par l'homme, avec, pour unique parure, la plus belle conquête de l'homme: le bouquet des Droits de l'Homme et du Citoyen. J'admirai sans arrière-pensée le règne hu- 15 main.

Un monsieur et une dame étaient entrés. Ils étaient vêtus de noir et cherchaient à se faire tout petits. Ils s'arrêtèrent, saisis, sur le pas de la porte, et le monsieur se découvrit machinalement.

«Ah! Ben!» dit la dame fortement émue. 20

Le monsieur reprit plus vite son sang-froid. Il dit d'un ton respectueux: «C'est toute une époque!»

«Oui, dit la dame, c'est l'époque de ma grand'mère.»

Ils firent quelques pas et rencontrèrent le regard de Jean Parrottin. La dame restait bouche bée, mais le monsieur n'était pas fier: il 25 avait l'air humble, il devait bien connaître les regards intimidants et les audiences écourtées. Il tira doucement sa femme par le bras:

«Regarde celui-ci,» dit-il.

Le sourire de Rémy Parrottin avait toujours mis les humbles à leur aise. La femme s'approcha et lut, avec application. 30

«Portrait de Rémy Parrottin, né à Bouville, en 1849, professeur de l'Ecole de Médecine de Paris, par Renaudas.»

«Parrottin, de l'Académie des Sciences, dit son mari, par Renaudas, de l'Institut. C'est de l'Histoire!»

La dame eut un hochement de tête puis elle regarda le Grand 35 Patron.

«Ce qu'il est bien, dit-elle, ce qu'il a l'air intelligent!»

Le mari eut un geste large.

Il n'avait pas l'air commode.   He didn't seem good-natured.

le rouspéteur   rabble rouser

d'un air fat et tâtillon   in a foppish and meddlesome fashion

Il y eut un moment . . . — Notice the author's sarcasm!

le gros négociant   wholesale merchant

le licencié   licentiate (a degree holder); (here:) a law degree

la Commune — a revolutionary group which attempted to control Paris and
   then France in 1871 after the defeat by the Prussians. Sartre favors this
   "people's government".

armateur m. — ship owner (Bouville is on the sea; it has characteristics
   similar to those of Le Havre.)

par boutade   facetiously

le Jockey — the Jockey Club, a very exclusive social club; it counts aristocracy
   among its members.

posa sa candidature . . .   declared his candidacy for a position as deputy. (A
   député is a member of the *Chambre des Députés,* a governing body similar to
   the House of Representatives.)

«C'est tous ceux-là qui ont fait Bouville», dit-il avec simplicité.

«C'est bien de les avoir mis là, tous ensemble», dit la dame attendrie.

Nous étions trois soldats à faire la manœuvre dans cette salle immense. Le mari qui riait de respect, silencieusement, me jeta un coup d'œil inquiet et cessa brusquement de rire. Je me détournai et j'allai me planter en face du portrait d'Olivier Blévigne. Une douce jouissance m'envahit: eh bien! j'avais raison. C'était vraiment trop drôle!

La femme s'était approchée de moi.

«Gaston, dit-elle, brusquement enhardie, viens donc!»

Le mari vint vers nous.

«Dis donc, poursuivit-elle, il a sa rue, celui-là: Olivier Blévigne. Tu sais, la petite rue qui grimpe au Coteau Vert juste avant d'arriver à Jouxtebouville.»

Elle ajouta, au bout d'un instant:

«Il n'avait pas l'air commode.»

«Non! Les rouspéteurs devaient trouver à qui parler.»

La phrase m'était adressée. Le monsieur me regarda du coin de l'œil et se mit à rire avec un peu de bruit, cette fois, d'un air fat et tâtillon, comme s'il était lui-même Olivier Blévigne.

Olivier Blévigne ne riait pas. Il pointait vers nous sa mâchoire contractée et sa pomme d'Adam saillait.

Il y eut un moment de silence et d'extase.

«On dirait qu'il va bouger», dit la dame.

Le mari expliqua obligeamment:

«C'était un gros négociant en coton. Ensuite il a fait de la politique, il a été député.»

Je le savais. Il y a deux ans, j'ai consulté, à son sujet, le «petit dictionnaire des Grands hommes de Bouville» de l'abbé Morellet. J'ai copié l'article.

Blévigne Olivier-Martial, fils du précédent, né et mort à Bouville (1849-1908), fit son droit à Paris et obtint le grade de licencié en 1872. Fortement impressionné par l'insurrection de la Commune, qui l'avait contraint, comme tant de Parisiens, de se réfugier à Versailles sous la protection de l'Assemblée nationale, il se jura, à l'âge où les jeunes gens ne songent qu'au plaisir, «de consacrer sa vie au rétablissement de l'Ordre». Il tint parole: dès son retour dans notre ville, il fonda le fameux club de l'Ordre, qui réunit chaque soir, pendant de longues années, les principaux négociants et armateurs de Bouville. Ce cercle aristocratique, dont on a pu dire, par boutade, qu'il était plus fermé que le Jockey, exerça jusqu'en 1908 une influence salutaire sur les destinées de notre grand port commercial. Olivier Blévigne épousa, en 1880, Marie-Louise Pacôme, la fille cadette du négociant Charles Pacôme (voir ce nom) et fonda, à la mort de celui-ci, la maison Pacôme-Blévigne et fils. Peu après il se tourna vers la politique active et posa sa candidature à la députation.

l'échauffourée f.   scuffle, (mob) clash

l'Ecole polytechnique — This is France's most prestigious technical school. Traditionally, the ambitious bourgeois sought to enter his son in this school.

l'Affaire Dreyfus — Captain Dreyfus was unjustly condemned for having passed military secrets to the Germans. In reality, he was used as a scapegoat partly because he was a Jew in a Christian country.

épuisé   sold out

Labor Improbus (Latin)   Persistent Labor (This comes from a proverbial line in Virgil's Georgics, *Labor omnia vincit improbus*   Persistent labor conquers all (I, 144–145)

Plon — a well-known publishing house in France

soit   so be it (or) be that as it may

Maurice Barrès — a politician-writer who preached nationalism, catholicism, and monarchism; he was much more successful as a writer than as a politician.

le Président . . . — this refers to Barrès and his political party

une trique   heavy stick

comme un diable de sa boîte   like a jack-in-the-box

à quoi m'en tenir   what to make of it

le Pou du Lion   the louse in the lion's mane *(crinière)*

railler = se moquer de

la rainette   tree frog

des talonnettes . . .   false heels in his boots

il a son double par moitié — There is a play on *double:* 1) his better half *(moitié)* looks just like him, and 2) his better half is twice as big as he.

«Le pays, dit-il dans un discours célèbre, souffre de la plus grave maladie: la classe dirigeante ne veut plus commander. Et qui donc commandera, Messieurs, si ceux que leur hérédité, leur éducation, leur expérience ont rendus les plus aptes à l'exercice du pouvoir, s'en détournent par résignation ou par lassitude? Je l'ai dit souvent: commander n'est pas un droit de l'élite; c'est son principal devoir. Messieurs, je vous en conjure: restaurons le principe d'autorité!»

Elu au premier tour le 4 octobre 1885, il fut constamment réélu depuis. D'une éloquence énergique et rude, il prononça de nombreux et brillants discours. Il était à Paris en 1898 lorsque éclata la terrible grève. Il se transporta d'urgence à Bouville, où il fut l'animateur de la résistance. Il prit l'initiative de négocier avec les grévistes. Ces négociations, inspirées d'un esprit de large conciliation, furent interrompues par l'échauffourée de Jouxtebouville. On sait qu'une intervention discrète de la troupe fit rentrer le calme dans les esprits.

La mort prématurée de son fils Octave entré tout jeune à l'Ecole polytechnique et dont il voulait «faire un chef» porta un coup terrible à Olivier Blévigne. Il ne devait pas s'en relever et mourut deux ans plus tard en février 1908.

Recueils de discours: les Forces Morales (1894 Epuisé), Le Devoir de Punir (1900. Les discours de ce recueil ont tous été prononcés à propos de l'affaire Dreyfus. Epuisé), Volonté (1902. Epuisé). On réunit après sa mort ses derniers discours et quelques lettres à ses intimes sous le titre *Labor improbus* (chez Plon, 1910). Iconographie: il existe un excellent portrait de lui par Bordurin au musée de Bouville.

Un excellent portrait, soit. Olivier Blévigne portait une petite moustache noire et son visage olivâtre ressemblait un peu à celui de Maurice Barrès. Les deux hommes s'étaient assurément connus: ils siégeaient sur les mêmes bancs. Mais le député de Bouville n'avait pas la nonchalance du Président de la ligue des Patriotes. Il était raide comme une trique et jaillissait de la toile comme un diable de sa boîte. Ses yeux étincelaient: la pupille était noire, la cornée rougeâtre. Il pinçait ses petites lèvres charnues et pressait sa main droite contre sa poitrine.

Comme il m'avait tracassé, ce portrait! Quelquefois Blévigne m'avait paru trop grand et d'autres fois trop petit. Mais aujourd'hui, je savais à quoi m'en tenir.

J'avais appris la vérité en feuilletant le *Satirique Bouvillois*. Le numéro du 6 novembre 1905 était tout entier consacré à Blévigne. On le représentait sur la couverture, minuscule, accroché à la crinière du père Combes, avec cette légende: Le Pou du Lion. Et dès la première page, tout s'expliquait: Olivier Blévigne mesurait un mètre cinquante-trois. On raillait sa petite taille et sa voix de rainette, qui avait fait, plus d'une fois, pâmer la Chambre tout entière. On l'accusait de mettre des talonnettes de caoutchouc dans ses bottines. Par contre Mme Blévigne, née Pacôme, était un cheval. «C'est le cas de dire, ajoutait le chroniqueur, qu'il a son double pour moitié.»

rapetisser   to make smaller

in-douze — In publishing, a standard sheet of paper can be divided into four
   printed pages (in-quarto), eight pages (in-octo), or twelve (in-douze). In-
   douze makes a very small book.

un guéridon persan   a Persian pedestal table

suraigu   shrill

le bicorne   two-pointed hat

le casoar   cassowary, (a Malaysian bird known for its red and white feathers)

Saint-Cyr — a military school near Versailles; the cadets wear a hat distinguished by red and white feathers

moustache bien pensante — Sartre sarcastically associates a type of moustache
   with certain religious, social, and political attitudes of the bourgeoisie.

Tu Marcellus . . .   "You will be Marcellus. Give handfuls of lilies . . ." — This
   is a quote from Virgil's *Aeneid* (vi, 883). It refers to the early death of the
   emperor's son, Marcellus. It has come to mean a promise from heaven
   which is not fulfilled.

M. Bossoire, M. Rannequin, etc., etc. — Sartre ends his attack on bourgeois
   standards by satirically giving an extended list of names commonly as-
   sociated with the middle class.

Un mètre cinquante-trois! Eh oui: Bordurin, avec un soin jaloux, l'avait entouré de ces objets qui ne risquent point de rapetisser; un pouf, un fauteuil bas, une étagère avec quelques in-douze, un petit guéridon persan. Seulement il lui avait donné la même taille qu'à son voisin Jean Parrottin et les deux toiles avaient les mêmes dimensions. Il en résultait que le guéridon, sur l'une, était presque aussi grand que l'immense table sur l'autre et que le pouf serait venu à l'épaule de Parrottin. Entre les deux portraits l'œil faisait instinctivement la comparaison: mon malaise était venu de là.

A présent, j'avais envie de rire: un mètre cinquante-trois! Si j'avais voulu parler à Blévigne, j'aurais dû me pencher ou fléchir sur les genoux. Je ne m'étonnais plus qu'il levât si impétueusement le nez en l'air: le destin des hommes de cette taille se joue toujours à quelques pouces au-dessus de leur tête.

Admirable puissance de l'art. De ce petit homme à la voix suraigüe, rien ne passerait à la postérité, qu'une face menaçante, qu'un geste superbe et des yeux sanglants de taureau. L'étudiant terrorisé par la Commune, le député minuscule et rageur; voilà ce que la mort avait pris. Mais, grâce à Bordurin, le président du club de l'Ordre, l'orateur des Forces Morales était immortel.

«Oh! Le pauvre petit Pipo!»

La dame avait poussé un cri étouffé: sous le portrait d'Octave Blévigne, «fils du précédent», une main pieuse avait tracé ces mots: «Mort à Polytechnique en 1904.»

«Il est mort! C'est comme le fils Arondel. Il avait l'air intelligent. Ce que sa maman a dû avoir de la peine! Aussi ils en font trop dans ces grandes Ecoles. Le cerveau travaille, même pendant le sommeil. Moi, j'aime bien ces bicornes, ça fait chic. Ces casoars, ça s'appelle?»

«Non; c'est à Saint-Cyr, les casoars.»

Je contemplais à mon tour le polytechnicien mort en bas âge. Son teint de cire et sa moustache bien pensante auraient suffi à éveiller l'idée d'une mort prochaine. D'ailleurs il avait prévu son destin: une certaine résignation se lisait dans ses yeux clairs, qui voyaient loin. Mais, en même temps, il portait haut la tête; sous cet uniforme, il représentait l'Armée francaise.

Tu Marcellus eris! Manibus date lilia plenis . . .

Une rose coupée, un polytechnicien mort: que peut-il y avoir de plus triste?

Je suivis doucement la longue galerie, saluant au passage, sans m'arrêter, les visages distingués qui sortaient de la pénombre: M. Bossoire, président du tribunal de commerce, M. Faby, président du conseil d'administration du port autonome de Bouville, M. Boulange, négociant, avec sa famille, M. Rannequin, maire de Bouville, M. de Lucien, né à Bouville, ambassadeur de France aux Etats-Unis et poète, un inconnu aux habits de préfet, Mère Sainte-

le conseil des prud'hommes   conciliation board
prendre le dessus   to overcome
Sociétés de bienfaisance   charitable societies

Marie-Louise, supérieure du Grand Orphelinat, M. et Mme
Théréson, M. Thiboust-Gouron, président général du conseil des
prud'hommes, M. Bobot, administrateur principal de l'Inscription maritime, MM. Brion, Minette, Grelot, Lefèbvre, le Dr et
Mme Pain, Bordurin lui-même, peint par son fils Pierre Bordurin. 5
Regards clairs et froids, traits fins, bouches minces, M. Boulange
était énorme et patient, Mère Sainte-Marie-Louise d'une piété in-
dustrieuse, M. Thiboust-Gouron était dur pour lui-même comme
pour autrui. Mme Théréson luttait sans faiblir contre un mal profond. Sa bouche infiniment lasse disait assez sa souffrance. Mais 10
jamais cette femme pieuse n'avait dit: «J'ai mal.» Elle prenait le dessus: elle composait des menus et présidait des Sociétés de bienfaisance. Parfois, au milieu d'une phrase, elle fermait lentement les
paupières et la vie abandonnait son visage. Cette défaillance ne
durait guère plus d'une seconde; bientôt Mme Théréson rouvrait les 15
yeux, reprenait sa phrase. Et l'on chuchotait dans l'ouvroir: «Pauvre
Mme Théréson! Elle ne se plaint jamais.»

J'avais traversé le salon Bordurin-Renaudas dans toute sa lon-
gueur. Je me retournai. Adieu beaux lys tout en finesse dans vos
petits sanctuaires peints, adieu beaux lys, notre orgueil et notre 20
raison d'être, adieu Salauds.

Exercices

I   Questions   *Répondez oralement à ces questions.*

  1. Où se trouvait le narrateur?
  2. Quelle parenté cherchait-il?
  3. Est-ce que les portraits sont vraisemblants?
  4. Quelle image de l'homme ces portraits offraient-ils?
  5. Qui était-ce qui entrait?
  6. Pourquoi cherchaient-ils à se faire tout petits?
  7. Pourquoi étaient-ils émerveillés?
  8. De qui sont les portraits?
  9. Que sait-on d'Olivier Blévigne?
 10. Quelle était la réaction de Blévigne à la Commune?
 11. De quelle classe sociale Olivier Blévigne était-il?
 12. Quelle est la classe dirigeante selon Blévigne?
 13. Comment savait-il que cette classe doit commander?
 14. Comment situer cet homme politiquement?
 15. Quelles caractéristiques de Blévigne est-ce que Roquentin avait apprises et comment?
 16. D'où venait son malaise?
 17. Quelle partie de l'existence de Blévigne passerait à la posterité?
 18. Décrivez Octave Blévigne.
 19. Pourquoi Roquentin le traitait-il de *rose coupée*?
 20. Quelles «qualités» sont révélées dans les autres portraits?
 21. Croyez-vous que Roquentin est sincère quand il dit: «Notre orgueil et notre raison d'être»? Pourquoi?
 22. Quel est le dernier jugement prononcé par Roquentin?

II   Composition   *Discutez les éléments de la société, vus dans cet extrait, qui déplaisent à Sartre.*

III Conversation   *Décrivez comment vous peindriez quelques personnages bien connus aujourd'hui si vous étiez peintre.*

IV *Complétez les phrases suivantes en vous servant des expressions proposées.*

a) sans arrière-pensée
b) lui a porté un coup terrible
c) a opéré longtemps sur
d) se sont réfugiés
e) à asservir la classe dirigeante
f) déposer sa candidature
g) a poussé un grand cri
h) prend l'initiative
i) à faire son droit
j) de faire la manœuvre
k) s'est découvert

l) une guerre n'a pas éclaté
m) n'a pas repris son sang-froid
n) jetait des coups d'œil
o) demeurait bouche bée
p) de se confier à vous
q) avait de la peine
r) il tient la parole
s) de gros commerçants et des armateurs
t) il a obtenu le grade

1. Cette idée . . . mon esprit avant que j'aie agi.
2. Cet homme illustre vient de . . . pour le sénat.
3. Il a renoncé . . . parce qu'il préférerait se faire professeur.
4. Grâce aux démarches prises pour apaiser les deux gouvernements, . . .
5. Il était tant étonné par votre histoire qu'il . . . en vous écoutant.
6. . . . une fois qu'il a pris une décision.
7. Ce parti conservateur a été dirigé par . . .
8. A cause de son esprit sérieux, . . . d'un colonel.
9. Il est très franc. Il a sans doute agi . . .
10. La mort de sa mère . . . dont il souffre encore.
11. Après ce tremblement de terre bien des survivants . . . près de la mer.
12. Bouleversée par ce qu'elle avait vu, Hélène . . .
13. Très indépendant, il . . . souvent dans son bureau.
14. Les soldats détestaient surtout l'habitude . . . dans la campagne tous les samedis.
15. Jean était tellement hors de lui qu'il . . . avant leur départ.
16. On voyait bien qu'il était mal à son aise parce qu'il . . . partout.
17. En entrant dans l'église l'homme s'est signé et . . .
18. A cause de vos indiscrétions elle a refusé . . . dans l'avenir.
19. Le tyran n'est pas parvenu . . . qui fomentait une insurrection.
20. Il . . . à marcher tant il était goutteux.

"Khan in Algiers" by Eugène Fromentin. Courtesy Museum of Fine Arts, Boston, Bequest of James William Page.

18

L'Esclave libéré

*T*he life of Antoine de SAINT-EXUPÉRY (1900–1944) as well as his works are inseparably linked with aviation. Born of old Breton stock, he entered the ranks of one of the first aeronautic societies, la Société Latécoère, as a young pilot in 1926. This society played an important role in these early days of aviation, providing airmail service to North Africa and then to South America over the perilous Andes. "Saint-Ex", as he was affectionately called by his friends, was one of the pioneers in transatlantic aviation. His life was filled with many dangerous experiences, including a near-fatal crash landing in the Sahara. A pilot for the Allies during the Second World War, he lost his life on a reconnaissance mission against the Germans in 1944.

The uniqueness of Saint-Exupéry's writings lies in the special vision of man and his globe that he derived from his profession as a pilot. For him, the airplane, like the earlier inventions of plow and ship, is one more in a series of instruments enabling man to unlock nature's mysteries. But even more important, the airplane leads man to a deeper awareness of his powers and potential. For in pitting himself against the elements, in his aircraft the pilot is both enriching human experience and testing his own mettle. As Saint-Exupéry explained this process in the introduction to his best work, *Terre des hommes* (1939), "L'homme se découvre quand il se mesure avec l'obstacle."

By risking his life to keep open human lines of communication, which the delivery of the mail ultimately symbolizes, the *pilote de ligne* does indeed serve to link men together. Moreover, his work engenders in him the feeling of responsibility towards the fulfillment of a common goal (i.e., communication among people), which to Saint-Exupéry is the most fundamental of human values. In being fully committed to his profession, the pilot experiences the deep joys of communication in a common cause with others: "C'est sentir en posant sa pierre que l'on contribue à bâtir le monde."

Throughout his writings Saint-Exupéry remains optimistic that man can prevail over machines like the airplane, even though they will play an ever-increasing role in human life. He offers as proof his own experience: that through the airplane he received insights that made him all the more concerned for his fellowman and more anxious to serve him. The concept that man may indeed become more humane and more committed to others by the intermediary of machines that are an extension of his genius represents the most strikingly original part of Saint-Exupéry's thought.

Such an act of active involvement with others is his delivery of the former slave, Bark, in *Terre des Hommes*. Here, more the moralist than the pilot, Saint-Exupéry has movingly described what it means to be free once again after a long period of captivity.

Mohammed — the name of a freeman, whereas *Bark* is a generic name mean-
    ing "slave" in Arabic
les Maures   Arabs
gagner son pain   to earn a living
Il ne voulait pas . . . d'esclaves.   He didn't want to accept for his happiness the
    kindness offered by the slave master.
Marrakech — a city of Morocco
l'autre   the freeman
une maison de bure   a canvas tent
chargé de   weighed down with
leur pôle   their sphere of influence
le truc (popular)   the trick or means (of escape)
Agadir — port city of Morocco

Terre des hommes *(Extrait)*

Saint-Exupéry

—J'étais conducteur de troupeaux, et je m'appelais
Mohammed . . .

Bark, captif noir, était le premier que je connus qui ait résisté. Ce
n'était rien que les Maures eussent violé sa liberté, l'eussent fait, en
un jour, plus nu sur terre qu'un nouveau-né. Il est des tempêtes de $\quad$ 5
Dieu qui ravagent, ainsi, en une heure, les moissons d'un homme.
Mais, plus profondément que dans ses biens, les Maures le mena-
çaient dans son personnage. Et Bark n'abdiquait pas, alors que tant
d'autres captifs eussent laissé si bien mourir en eux un pauvre conducteur de bêtes, qui besognait toute l'année pour gagner son pain! $\quad$ 10

Bark ne s'installait pas dans la servitude comme on s'installe, las
d'attendre, dans un médiocre bonheur. Il ne voulait pas faire ses
joies d'esclave des bontés du maître d'esclaves. Il conservait au
Mohammed absent cette maison que ce Mohammed avait habitée
dans sa poitrine. Cette maison triste d'être vide, mais que nul autre $\quad$ 15
n'habiterait. Bark ressemblait à ce gardien blanchi qui, dans les
herbes des allées et l'ennui du silence, meurt de fidélité.

Il ne disait pas: «Je suis Mohammed ben Lhaoussin», mais: «Je
m'appelais Mohammed», rêvant au jour où ce personnage oublié
ressusciterait, chassant par sa seule résurrection l'apparence de $\quad$ 20
l'esclave. Parfois, dans le silence de la nuit, tous ses souvenirs lui
étaient rendus, avec la plénitude d'un chant d'enfance. «Au milieu
de la nuit, nous racontait notre interprète maure, au milieu de la
nuit, il a parlé de Marrakech, et il a pleuré.» Nul n'échappe dans la
solitude à ces retours. L'autre se réveillait en lui, sans prévenir, $\quad$ 25
s'étirait dans ses propres membres, cherchait la femme contre son
flanc, dans ce désert où nulle femme jamais n'approcha, Bark
écoutait chanter l'eau des fontaines, là où nulle fontaine ne coula
jamais. Et Bark, les yeux fermés, croyait habiter une maison
blanche, assise chaque nuit sous la même étoile, là où les hommes $\quad$ 30
habitent des maisons de bure et poursuivent le vent. Chargé de ses
vieilles tendresses mystérieusement vivifiées, comme si leur pôle eût
été proche, Bark venait à moi. Il voulait me dire qu'il était prêt, que
toutes ses tendresses étaient prêtes, et qu'il n'avait plus, pour les
distribuer, qu'à rentrer chez lui. Et il suffirait d'un signe de moi. Et $\quad$ 35
Bark souriait, m'indiquait le truc, je n'y avais sans doute pas songé
encore:

—C'est demain le courrier . . . Tu me caches dans l'avion pour
Agadir . . .

en dissidence in enemy territory — The airport of Cap Juby, where Saint-Exupéry was stationed, was only tolerated by dissident Arab tribesmen who resented the presence and the influence of the French. They would necessarily avenge the abduction of a slave, particularly by a European.

mécanicien de l'escale airport mechanic

en quête de in search of

Tu te fous de nous? (vulgar) Are you making fun of us?

en mesure de in a position to

en rezzou in a raid

le marabout — Moslem holy man

le caïd — a local Arab chief

—Pauvre vieux Bark!

Car nous vivions en dissidence, comment l'eussions-nous aidé à fuir? Les Maures, le lendemain, auraient vengé par Dieu sait quel massacre le vol et l'injure. J'avais bien tenté de l'acheter, aidé par les mécaniciens de l'escale, Laubergue, Marchal, Abgrall, mais les Maures ne rencontrent pas tous les jours des Européens en quête d'un esclave. Ils en abusent.

—C'est vingt mille francs.

—Tu te fous de nous?

—Regarde-moi ces bras forts qu'il a . . .

Et des mois passèrent ainsi.

Enfin les prétentions des Maures baissèrent, et, aidé par des amis de France auxquels j'avais écrit, je me vis en mesure d'acheter le vieux Bark.

Ce furent de beaux pourparlers. Ils durèrent huit jours. Nous les passions, assis en rond, sur le sable, quinze Maures et moi. Un ami du propriétaire et qui était aussi le mien, Zin Ould Rhattari, un brigand, m'aidait en secret.

—Vends-le, tu le perdras quand même, lui disait-il sur mes conseils. Il est malade. Le mal ne se voit pas d'abord, mais il est dedans. Un jour vient, tout à coup, où l'on gonfle. Vends-le vite au Français.

J'avais promis une commission à un autre bandit, Raggi, s'il m'aidait à conclure l'achat, et Raggi tentait le propriétaire:

—Avec l'argent tu achèteras des chameaux, des fusils et des balles. Tu pourras ainsi partir en rezzou et faire la guerre aux Français. Ainsi, tu ramèneras d'Atar trois ou quatre esclaves tout neufs. Liquide ce vieux-là.

Et l'on me vendit Bark. Je l'enfermai à clef pour six jours dans notre baraque, car s'il avait erré au dehors avant le passage de l'avion, les Maures l'eussent repris et revendu plus loin.

Mais je le libérai de son état d'esclave. Ce fut encore une belle cérémonie. Le marabout vint, l'ancien propriétaire et Ibrahim, le caïd de Juby. Ces trois pirates, qui lui eussent volontiers coupé la tête, a vingt mètres du mur du fort, pour le seul plaisir de me jouer un tour, l'embrassèrent chaudement, et signèrent un acte officiel.

—Maintenant, tu es notre fils.

C'était aussi le mien, selon la loi.

Et Bark embrassa tous ses pères.

Il vécut dans notre baraque une douce captivité jusqu'à l'heure du départ. Il se faisait décrire vingt fois par jour le facile voyage: il descendrait d'avion à Agadir, et on lui remettrait, dans cette escale, un billet d'autocar pour Marrakech. Bark jouait à l'homme libre, comme un enfant joue à l'explorateur: cette démarche vers la vie, cet autocar, ces foules, ces villes qu'il allait revoir . . .

peiner   to toil
déraciner les traverses   to dig up rail ties
aux portes de la vie   at the gates of freedom
trop au large   too free
hormis = sauf
cette tonnelle   awning

Laubergue vint me trouver au nom de Marchal et d'Abgrall. Il ne fallait pas que Bark crevât de faim en débarquant. Ils me donnaient mille francs pour lui; Bark pourrait ainsi chercher du travail.

Et je pensais à ces vieilles dames des bonnes œuvres qui «font la charité», donnent vingt francs et exigent la reconnaissance. Laubergue, Marchal, Abgrall, mécaniciens d'avions, en donnaient mille, ne faisaient pas la charité, exigeaient encore moins de reconnaissance. Ils n'agissaient pas non plus par pitié, comme ces mêmes vieilles dames qui rêvent au bonheur. Ils contribuaient simplement à rendre à un homme sa dignité d'homme. Ils savaient trop bien, comme moi-même, qu'une fois passée l'ivresse du retour, la première amie fidèle qui viendrait au-devant de Bark, serait la misère, et qu'il peinerait avant trois mois quelque part sur les voies de chemin de fer, à déraciner des traverses. Il serait moins heureux qu'au désert chez nous. Mais il avait le droit d'être lui-même parmi les siens.

—Allons, vieux Bark, va et sois un homme.

L'avion vibrait, prêt à partir. Bark se penchait une dernière fois vers l'immense désolation de Cap Juby. Devant l'avion deux cents Maures s'étaient groupés pour bien voir quel visage prend un esclave aux portes de la vie. Ils le récupéreraient un peu plus loin en cas de panne.

Et nous faisions des signes d'adieu à notre nouveau-né de cinquante ans, un peu troublés de le hasarder vers le monde.

—Adieu Bark!

—Non.

—Comment: non?

—Non. Je suis Mohammed ben Lhaoussin.

Nous eûmes pour la denière fois des nouvelles de lui par l'Arabe Abdallah, qui, sur notre demande, assista Bark à Agadir.

L'autocar partait le soir seulement, Bark disposait ainsi d'une journée. Il erra d'abord si longtemps, et sans dire un mot, dans la petite ville, qu'Abdallah le devina inquiet et s'émut:

—Qu'y a-t-il?

—Rien . . .

Bark, trop au large dans ses vacances soudaines, ne sentait pas encore sa résurrection. Il éprouvait bien un bonheur sourd, mais il n'y avait guère de différence, hormis ce bonheur, entre le Bark d'hier et le Bark d'aujourd'hui. Il partageait pourtant désormais, à égalité, ce soleil avec les autres hommes, et le droit de s'asseoir ici, sous cette tonnelle de café arabe. Il s'y assit. Il commanda du thé pour Abdallah et lui. C'était son premier geste de seigneur; son pouvoir eût dû le transfigurer. Mais le serveur lui versa le thé sans surprise, comme si le geste était ordinaire. Il ne sentait pas, en versant ce thé, qu'il glorifiait un homme libre.

—Allons ailleurs, dit Bark.

Kasbah — Arab quarter of the city
berbère — North African tribesman; (here:) prostitute
babouche cousue d'or   Turkish slipper trimmed with gold
faire partager un trop-plein de joie   to have to share an excess of joy
à quoi bon   what's the good of
prendre congé de   to take leave of

Ils montèrent vers la Kasbah, qui domine Agadir.

Les petites danseuses berbères vinrent à eux. Elles montraient tant de douceur apprivoisée que Bark crut qu'il allait revivre: c'étaient elles qui, sans le savoir, l'accueilleraient dans la vie. L'ayant pris par la main, elles lui offrirent donc le thé, gentiment, mais 5 comme elles l'eussent offert à tout autre. Bark voulut raconter sa résurrection. Elles rirent doucement. Elles étaient contentes pour lui, puisqu'il était content. Il ajouta pour les émerveiller: «Je suis Mohammed ben Lhaoussin.» Mais cela ne les surprit guère. Tous les hommes ont un nom, et beaucoup reviennent de tellement loin . . . 10

Il entraîna encore Abdallah vers la ville. Il erra devant les échoppes juives, regarda la mer, songea qu'il pouvait marcher à son gré dans n'importe quelle direction, qu'il était libre . . . Mais cette liberté lui parut amère: elle lui découvrait surtout à quel point il manquait de liens avec le monde. 15

Alors, comme un enfant passait, Bark lui caressa doucement la joue. L'enfant sourit. Ce n'était pas un fils de maître que l'on flatte. C'était un enfant faible à qui Bark accordait une caresse. Et qui souriait. Et cet enfant réveilla Bark, et Bark se devina un peu plus important sur terre, à cause d'un enfant faible qui lui avait dû sou- 20 rire. Il commençait d'entrevoir quelque chose et marchait maintenant à grands pas.

—Que cherches-tu? demandait Abdallah.

—Rien, répondait Bark.

Mais quand il buta, au détour d'une rue, sur un groupe d'enfants 25 qui jouaient, il s'arrêta. C'était ici. Il les regarda en silence. Puis, s'étant écarté vers les échoppes juives, il revint les bras chargés de présents. Abdallah s'irritait:

—Imbécile, garde ton argent!

Mais Bark n'écoutait plus. Gravement, il fit signe à chacun. Et les 30 petites mains se tendirent vers les jouets et les bracelets et les babouches cousues d'or. Et chaque enfant, quand il tenait bien son trésor, fuyait, sauvage.

Les autres enfants d'Agadir, apprenant la nouvelle, accoururent vers lui: Bark les chaussa de babouches d'or. Et dans les environs 35 d'Agadir, d'autres enfants, touchés à leur tour par cette rumeur, se levèrent et montèrent avec des cris vers le Dieu noir et, cramponnés à ses vieux vêtements d'esclave, réclamèrent leur dû. Bark se ruinait.

Abdallah le crut «fou de joie». Mais je crois qu'il ne s'agissait pas, pour Bark, de faire partager un trop-plein de joie. 40

Il possédait, puisqu'il était libre, les biens essentiels, le droit de se faire aimer, de marcher vers le Nord ou le Sud et de gagner son pain par son travail. A quoi bon cet argent . . . Alors qu'il éprouvait, comme on éprouve une faim profonde, le besoin d'être un homme parmi les hommes, lié aux hommes. Les danseuses d'Agadir 45 s'étaient montrées tendres pour le vieux Bark, mais il avait pris

entraver   to hinder; shackle

il ébaucha un geste = *il fit un geste*

qui eût cousu du plomb dans sa ceinture — a reference to the archangel "who would have sewn lead weights in his belt" to be earth-bound

congé d'elles sans effort, comme il était venu; elles n'avaient pas besoin de lui. Ce serveur de l'échoppe arabe, ces passants dans les rues, tous respectaient en lui l'homme libre, partageaient avec lui leur soleil à égalité, mais aucun n'avait montré non plus qu'il eût besoin de lui. Il était libre, mais infiniment, jusqu'à ne plus se sentir peser sur terre. Il lui manquait ce poids des relations humaines qui entrave la marche, ces larmes, ces adieux, ces reproches, ces joies, tout ce qu'un homme caresse ou déchire chaque fois qu'il ébauche un geste, ces mille liens qui l'attachent aux autres, et le rendent lourd. Mais sur Bark pesaient déjà mille espérances . . .

Et le règne de Bark commençait dans cette gloire du soleil couchant sur Agadir, dans cette fraîcheur qui si longtemps avait été pour lui la seule douceur à attendre, la seule étable. Et comme approchait l'heure du départ, Bark s'avançait, baigné de cette marée d'enfants, comme autrefois de ses brebis, creusant son premier sillage dans le monde. Il rentrerait, demain, dans la misère des siens, responsable de plus de vies que ses vieux bras n'en sauraient peut-être nourrir, mais déjà il pesait ici de son vrai poids. Comme un archange trop léger pour vivre de la vie des hommes, mais qui eût triché, qui eût cousu du plomb dans sa ceinture, Bark faisait des pas difficiles, tiré vers le sol par mille enfants, qui avaient tellement besoin de babouches d'or.

Exercices

I   Questions   *Répondez oralement à ces questions.*

1. Qui était Bark?
2. Contre quoi avait-il toujours résisté?
3. Comment les Maures le menaçaient-ils?
4. Qu'est-ce que Bark a conservé chez lui pendant ses ans d'esclavage?
5. Pourquoi Bark disait-il, «je m'appelais Mohammed»?
6. De quoi Bark se souvenait-il la nuit?
7. Qui était cet autre qui se réveillait en lui?
8. Comment Saint-Exupéry avait-il essayé de rendre la liberté à Bark? Pourquoi n'y avait-il pas réussi?
9. Comment Zin Ould Rhattari et Raggi ont-ils aidé Saint-Exupéry à acheter Bark?
10. Pourquoi devait-on enfermer Bark à clef?
11. Décrivez cette cérémonie où Bark a retrouvé sa liberté.
12. Qu'est-ce que Bark se faisait décrire?
13. Comment les mécaniciens Laubergue, Marchal et Abgrall ne faisaient-ils pas la charité comme «ces vieilles dames de bonnes œuvres»?
14. Pourquoi alors lui ont-ils donné de l'argent?
15. Pourquoi les Maures ont-ils assisté au départ de Bark?
16. De qui Saint Exupéry a-t-il reçu des nouvelles de l'ancien esclave?
17. Qu'est-ce que Bark ne sentait pas encore?
18. Quel a été son premier geste d'homme libre?
19. Quel rôle les petites danseuses ont-elles joué dans la «résurrection» de Bark?
20. Pourquoi la liberté était-elle amère jusqu'ici pour Bark?
21. Comment l'enfant pauvre a-t-il réveillé Bark?
22. Qu'est-ce qu'il a acheté aux échoppes juives?
23. En donnant ces cadeaux aux enfants qu'est-ce qu'il voulait éprouver?
24. En fin de compte, qu'est-ce qui lui manquait dans ses relations avec le serveur de thé et les petites danseuses berbères?
25. Quelles difficultés Bark éprouverait-il demain?
26. Pourquoi ces enfants n'avaient-ils pas vraiment besoin de ces babouches d'or?

II *Complétez les phrases suivantes en vous servant des expressions proposées.*

a) tant de
b) se voit
c) chargée de
d) agit par pitié
e) me jouer un tour
f) jouer au
g) trop au large
h) hormis

i) en cas de
j) fasse signe
k) gagner son pain
l) à quoi bon
m) à leur gré
n) il lui manquait
o) ne saurais

1. Je me méfie toujours de ceux qui veulent . . .
2. Il ne pouvait pas étudier la leçon parce que . . . les livres nécessaires.
3. Il y avait . . . monde au cirque qu'on ne pouvait plus trouver de place.
4. Il n'avait même pas assez de talent pour . . .
5. . . . rêver d'être riche si vous ne voulez pas faire de vrai travail?
6. . . . feu appelez les pompiers.
7. Elle est rentrée des courses toute . . . paquets.
8. J'ai tant de travail que je . . . aller à cette soirée.
9. Il . . . en donnant ce sou au mendiant.
10. En donnant cette aumône il . . . généreux mais dans son cœur il est très avare.
11. Personne . . . le président ne peut déclarer la guerre.
12. Celui qui reçoit beaucoup d'argent tout-à-coup est souvent . . . dans la richesse pour se rendre compte de sa responsabilité.
13. A l'université les étudiants sont libres de vivre . . .
14. Si la maladie ne . . . pas tôt, on peut souffrir de sérieuses conséquences.
15. Je vais attendre jusqu'à ce que le maître d'hôtel me . . . de le suivre.

III Composition *En vous servant du vieux Bark comme modèle, donnez votre définition d'une liberté digne de l'homme.*

IV Conversation *Imaginez une conversation entre le narrateur et Bark après que Bark a eu ses aventures comme homme libre.*

"Decorated Street" by Raoul Dufy. Collection Musée National d'Art Moderne, Paris.

19
La Fin de la peste

Albert CAMUS' death in an automobile accident in 1960, at the age of forty-seven, put a tragic end to perhaps the most widely read and admired writer that France has produced in the last twenty years. To many not only in France but also throughout the world, he is still considered the best spokesman for a system of human values that is more authentic than the worn-out moral clichés and doctrines of the past. His desire to make men of our own day aware of the moral problems that threaten human dignity dominates all of his works. For his efforts in this direction he received the Nobel Prize for Literature in 1957.

Camus (1913–1960) realized his first literary triumph in 1942, when the novel *L'Etranger* appeared in Occupied France. This brief work complemented a philosophical essay on Camus' philosophy of the absurd, *Le Mythe de Sisyphe,* which he published a few months before the novel. In his essay, Camus defined the absurd as the inevitable conflict between man's deep-rooted desire to find a rational and just principle guiding the universe when in effect the real nature of the universe is both irrational and indifferent to man's reasoned aspirations. In *L'Etranger,* the somewhat insignificant and detached narrator, Meursault, though mediocre in most respects, achieves a certain heroic dimension by his final recognition of the basic absurdity of man's relationship to nature and society. In a sense, Meursault becomes a martyr to the absurd. His execution by the state for an act judged to be murder itself rests on a seemingly "rational" judgment by a jury. He has, in fact, been condemned for the most irrational of reasons, such as smoking and drinking coffee at his mother's wake, and seeing a comic film with a woman friend shortly after the funeral.

This definition by Camus of the absurd universe could lead man to an impossible impasse and even despair, if Meursault's late and lonely rebellion against it exemplified the best human response. For there would be little hope or joy in a solitary struggle against such a constant threat to human happiness. The question of how man could live in a manner most worthy of his nature and most sympathetic to the sufferings of others is the crucial problem examined in a later novel, *La Peste.*

In *La Peste,* (1947) the city of Oran in Camus' native Algeria is suddenly and brutally afflicted with the bubonic plague. Sealed off from the rest of the world, its inhabitants become locked in a desperate struggle for survival which elicits from each of them a different individual response. Camus explores the gamut of human reactions, passing from a weak resignation to the inevitability of the disease, to unthinking rebellion, ruthless

243

profiteering, and finally, to a determined attempt to combat the aggressor rationally by all human means.

It is the last position that Camus espouses through the example of the narrator of the novel, Doctor Rieux. In Rieux's opinion, man cannot transcend the plague nor ignore its existence. Instead, he must wage a rational battle against it, using all his human knowledge and ingenuity in a *collective* effort. Though a total or permanent victory is rarely possible, man's only real hope lies in a vigorous attempt to reduce the ravages of the disease.

In what is clearly a modern allegory, *La Peste* also presents the reader with the problem of the existence of evil. The plague that besets Oran was immediately and understandably interpreted by European readers in 1947, when the book appeared, to be the virulent racist philosophy of Nazism, which caused the death of millions. Camus also intended it to be taken in a universal sense as the symbol for all natural and man-made evils threatening our world.

In this selection, the plague has relaxed its grip on the city. As the gates of Oran are reopened to the world, Rieux describes the joy and sorrow experienced by the survivors and those from whom they have been separated. He also meditates on the insights that he has gained from the horror of the past months. He finds that the collective human resistance against the plague has heightened his appreciation for the only kind of happiness he believes to be within man's grasp: *la tendresse humaine.* Since all else is subject to the vicissitudes of an absurd universe, man, by joining hands in a united action against evil, can at least be assured of the love and tenderness engendered by such human involvement. These values no plague or evil of any kind can take away.

tout entier — Doctor Rieux was too involved in the sorrows of the time to participate in the joy at the plague's end.

mettre le cap sur   to steer for

les passionnés = les amoureux

étaient livrés à leur idée fixe   were given over to their obsession

alors que = maintenant que

ils souhaitèrent le ralentir . . . le tenir suspendu — Those who first wanted to hurry time now wished it slowed down

Rambert — a journalist who had found himself quarantined in the city at the outbreak of the plague

La Peste *(Extrait)*

Camus

Les portes de la ville s'ouvrirent enfin, à l'aube d'une belle matinée de février, saluées par le peuple, les journaux, la radio et les communiqués de la préfecture. Il reste donc au narrateur à se faire le chroniqueur des heures de joie qui suivirent cette ouverture des portes, bien que lui-même fût de ceux qui n'avaient pas la liberté 5 de s'y mêler tout entiers.

De grandes réjouissances étaient organisées pour la journée et pour la nuit. En même temps, les trains commencèrent à fumer en gare pendant que, venus de mers lointaines, des navires mettaient déjà le cap sur notre port, marquant à leur manière que ce jour était, 10 pour tous ceux qui gémissaient d'être séparés, celui de la grande réunion.

On imaginera facilement ici ce que put devenir le sentiment de la séparation qui avait habité tant de nos concitoyens. Les trains qui, pendant la journée, entrèrent dans notre ville, n'étaient pas moins 15 chargés que ceux qui en sortirent. Chacun avait retenu sa place pour ce jour-là, au cours des deux semaines de sursis, tremblant qu'au dernier moment la décision préfectorale fût annulée. Certains des voyageurs qui approchaient de la ville n'étaient d'ailleurs pas tout à fait débarrassés de leur appréhension, car s'ils connaissaient en 20 général le sort de ceux qui les touchaient de près, ils ignoraient tout des autres et de la ville elle-même, à laquelle ils prêtaient un visage redoutable. Mais ceci n'était vrai que pour ceux que la passion n'avait pas brûlés pendant tout cet espace de temps.

Les passionnés, en effet, étaient livrés à leur idée fixe. Une seule 25 chose avait changé pour eux: ce temps que, pendant les mois de leur exil, ils auraient voulu pousser pour qu'il se pressât, qu'ils s'acharnaient à précipiter encore, alors qu'ils se trouvaient déjà en vue de notre ville, ils souhaitèrent le ralentir au contraire et le tenir suspendu, dès que le train commença de freiner avant l'arrêt. Le 30 sentiment, à la fois vague et aigu en eux, de tous ces mois de vie perdus pour leur amour, leur faisait confusément exiger une sorte de compensation par laquelle le temps de la joie aurait coulé deux fois moins vite que celui de l'attente. Et ceux qui les attendaient dans une chambre ou sur le quai, comme Rambert, dont la femme 35 prévenue, depuis des semaines, avait fait ce qu'il fallait pour arriver, étaient dans la même impatience et le même désarroi. Car cet amour

à toute allure = à toute vitesse
qui ne se savoure pas = que l'on ne peut pas goûter
il en allait autrement   it was an entirely different matter

ou cette tendresse que les mois de peste avaient réduits à l'abstraction, Rambert attendait, dans un tremblement, de les confronter avec l'être de chair qui en avait été le support.

Il aurait souhaité redevenir celui qui, au début de l'épidémie, voulait courir d'un seul élan hors de la ville et s'élancer à la rencontre de celle qu'il aimait. Mais il savait que cela n'était plus possible. Il avait changé, la peste avait mis en lui une distraction que, de toutes ses forces, il essayait de nier, et qui, cependant, continuait en lui comme une sourde angoisse. Dans un sens, il avait le sentiment que la peste avait fini trop brutalement, il n'avait pas sa présence d'esprit. Le bonheur arrivait à toute allure, l'événement allait plus vite que l'attente. Rambert comprenait que tout lui serait rendu d'un coup et que la joie est une brûlure qui ne se savoure pas.

Tous, du reste, plus ou moins consciemment, étaient comme lui et c'est de tous qu'il faut parler. Sur ce quai de gare où ils recommençaient leur vie personnelle, ils sentaient encore leur communauté en échangeant entre eux des coups d'œil et des sourires. Mais leur sentiment d'exil, dès qu'ils virent la fumée du train, s'éteignit brusquement sous l'averse d'une joie confuse et étourdissante. Quand le train s'arrêta, des séparations interminables qui avaient souvent commencé sur ce même quai de gare, y prirent fin, en une seconde, au moment où des bras se refermèrent avec une avarice exultante sur des corps dont ils avaient oublié la forme vivante. Rambert, lui n'eut pas le temps de regarder cette forme courant vers lui, que déjà, elle s'abattait contre sa poitrine. Et la tenant à pleins bras, serrant contre lui une tête dont il ne voyait que les cheveux familiers, il laissa couler ses larmes sans savoir si elles venaient de son bonheur présent ou d'une douleur trop longtemps réprimée, assuré du moins qu'elles l'empêcheraient de vérifier si ce visage enfoui au creux de son épaule était celui dont il avait tant rêvé ou au contraire celui d'une étrangère. Il saurait plus tard si son soupçon était vrai. Pour le moment, il voulait faire comme tous ceux qui avaient l'air de croire, autour de lui, que la peste peut venir et repartir sans que le cœur des hommes en soit changé.

Serrés les uns contre les autres, tous rentrèrent alors chez eux, aveugles au reste du monde, triomphant en apparence de la peste, oublieux de toute misère et de ceux qui, venus aussi par le même train, n'avaient trouvé personne et se disposaient à recevoir chez eux la confirmation des craintes qu'un long silence avait déjà fait naître dans leur cœur. Pour ces derniers, qui n'avaient maintenant pour compagnie que leur douleur toute fraîche, pour d'autres qui se vouaient, à ce moment, au souvenir d'un être disparu, il en allait tout autrement et le sentiment de la séparation avait atteint son sommet. Pour ceux-là, mères, époux, amants qui avaient perdu

Le jour était en arrêt.   On this day time was suspended.

à la volée   at full peal

plein à craquer   bursting

en veilleuse   a night light or subdued lamp — In this sense, each had sup-
  pressed his most intimate thoughts for months.

toute joie avec l'être maintenant égaré dans une fosse anonyme ou fondu dans un tas de cendre, c'était toujours la peste.

Mais qui pensait à ces solitudes? A midi, le soleil, triomphant des souffles froids qui luttaient dans l'air depuis le matin, déversait sur la ville les flots ininterrompus d'une lumière immobile. Le jour était en arrêt. Les canons des forts, au sommet des collines, tonnèrent sans interruption dans le ciel fixe. Toute la ville se jeta dehors pour fêter cette minute oppressée où le temps des souffrances prenait fin et où le temps de l'oubli n'avait pas encore commencé.

On dansait sur toutes les places. Du jour au lendemain, la circulation avait considérablement augmenté et les automobiles, devenues plus nombreuses, circulaient difficilement dans les rues envahies. Les cloches de la ville sonnèrent, à la volée, pendant tout l'après-midi. Elles remplissaient de leurs vibrations un ciel bleu et doré. Dans les églises, en effet, des actions de grâces étaient récitées. Mais, en même temps, les lieux de réjouissance étaient pleins à craquer et les cafés, sans se soucier de l'avenir, distribuaient leurs derniers alcools. Devant leurs comptoirs, se pressait une foule de gens pareillement excités et, parmi eux, de nombreux couples enlacés qui ne craignaient pas de se donner en spectacle. Tous criaient ou riaient. La provision de vie qu'ils avaient faite pendant ces mois où chacun avait mis son âme en veilleuse, ils la dépensaient ce jour-là qui était comme le jour de leur survie. Le lendemain, commencerait la vie elle-même, avec ses précautions. Pour le moment, des gens d'origines très différentes se coudoyaient et fraternisaient. L'égalité que la présence de la mort n'avait pas réalisée en fait, la joie de la délivrance l'établissait, au moins pour quelques heures.

Mais cette banale exubérance ne disait pas tout et ceux qui remplissaient les rues à la fin de l'après-midi, aux côtés de Rambert, déguisaient souvent, sous une attitude placide, des bonheurs plus délicats. Bien des couples et bien des familles, en effet, n'avaient pas d'autre apparence que celle de promeneurs pacifiques. En réalité, la plupart effectuaient des pèlerinages délicats aux lieux où ils avaient souffert. Il s'agissait de montrer aux nouveaux venus les signes éclatants ou cachés de la peste, les vestiges de son histoire. Dans quelques cas, on se contentait de jouer au guide, à celui qui a vu beaucoup de choses, au contemporain de la peste, et on parlait du danger sans évoquer la peur. Ces plaisirs étaient inoffensifs. Mais dans d'autres cas, il s'agissait d'itinéraires plus frémissants où un amant, abandonné à la douce angoisse du souvenir, pouvait dire à sa compagne: «En ce lieu, à cette époque, je t'ai désirée et tu n'étais pas là.» Ces touristes de la passion pouvaient alors se reconnaître: ils formaient des îlots de chuchotements et de confidences au milieu du tumulte où ils cheminaient. Mieux que les orchestres aux carrefours, c'étaient eux qui annonçaient la vraie délivrance. Car ces couples

ajustés = *adaptés, conciliés*

s'évaporait en fumée grasse — How is this an allusion to the Second World War?

anisé flavored with anise

à partir de beginning with

de n'être plus à même de from no longer being in a position to

Tarrou — one of Rieux's close friends who died, ironically, of the plague after it had been officially declared ended

ravis, étroitement ajustés et avares de paroles, affirmaient au milieu du tumulte, avec tout le triomphe et l'injustice du bonheur, que la peste était finie et que la terreur avait fait son temps. Ils niaient tranquillement, contre toute évidence, que nous ayons jamais connu ce monde insensé où le meurtre d'un homme était aussi quotidien que celui des mouches, cette sauvagerie bien définie, ce délire calculé, cet emprisonnement qui apportait avec lui une affreuse liberté à l'égard de tout ce qui n'était pas le présent, cette odeur de mort qui stupéfiait tous ceux qu'elle ne tuait pas, ils niaient enfin que nous ayons été ce peuple abasourdi dont tous les jours une partie, entassée dans la gueule d'un four, s'évaporait en fumées grasses, pendant que l'autre, chargée des chaînes de l'impuissance et de la peur, attendait son tour.

C'était là, en tout cas, ce qui éclatait aux yeux du docteur Rieux qui, cherchant à gagner les faubourgs, cheminait seul, à la fin de l'après-midi, au milieu des cloches, du canon, des musiques et des cris assourdissants. Son métier continuait, il n'y a pas de congé pour les malades. Dans la belle lumière fine qui descendait sur la ville, s'élevaient les anciennes odeurs de viande grillée et d'alcool anisé. Autour de lui des faces hilares se renversaient contre le ciel. Des hommes et des femmes s'agrippaient les uns aux autres, le visage enflammé, avec tout l'énervement et le cri du désir. Oui, la peste était finie avec la terreur, et ces bras qui se nouaient disaient en effet qu'elle avait été exil et séparation, au sens profond du terme.

Pour la première fois, Rieux pouvait donner un nom à cet air de famille qu'il avait lu, pendant des mois, sur tous les visages des passants. Il lui suffisait maintenant de regarder autour de lui. Arrivés à la fin de la peste, avec la misère et les privations, tous ces hommes avaient fini par prendre le costume du rôle qu'ils jouaient déjà depuis longtemps, celui d'émigrants dont le visage d'abord, les habits maintenant, disaient l'absence et la patrie lointaine. A partir du moment où la peste avait fermé les portes de la ville, ils n'avaient plus vécu que dans la séparation, ils avaient été retranchés de cette chaleur humaine qui fait tout oublier. A des degrés divers, dans tous les coins de la ville, ces hommes et ces femmes avaient aspiré à une réunion qui n'était pas, pour tous, de la même nature, mais qui, pour tous, était également impossible. La plupart avaient crié de toutes leurs forces vers un absent, la chaleur d'un corps, la tendresse ou l'habitude. Quelques-uns, souvent sans le savoir, souffraient d'être placés hors de l'amitié des hommes, de n'être plus à même de les rejoindre par les moyens ordinaires de l'amitié qui sont les lettres, les trains et les bateaux. D'autres plus rares, comme Tarrou peut-être, avaient désiré la réunion avec quelque chose qu'ils ne pouvaient pas définir, mais qui leur paraissait le seul bien désirable. Et faute d'un autre nom, ils l'appelaient quelquefois la paix.

à mesure que   as
d'autant   in the same proportion
ce qui était répondu   what the answer was
à l'espoir des hommes — For Camus, things need not have a fixed or absolute
    meaning but need only fulfill man's hopes.
s'en tenant au peu   being content with their insignificance
deux fois séparés . . . — once by a failure to communicate, and the second
    time, by the physical separation caused by the plague

Rieux marchait toujours. A mesure qu'il avançait, la foule grossissait autour de lui, le vacarme s'enflait et il lui semblait que les faubourgs qu'il voulait atteindre reculaient d'autant. Peu à peu, il se fondait dans ce grand corps hurlant dont il comprenait de mieux en mieux le cri qui, pour une part au moins, était son cri. Oui, tous avaient souffert ensemble, autant dans leur chair que dans leur âme, d'une vacance difficile, d'un exil sans remède et d'une soif jamais contentée. Parmi ces amoncellements de morts, les timbres des ambulances, les avertissements de ce qu'il est convenu d'appeler le destin, le piétinement obstiné de la peur et la terrible révolte de leur cœur, une grande rumeur n'avait cessé de courir et d'alerter ces êtres épouvantés, leur disant qu'il fallait retrouver leur vraie patrie. Pour eux tous, la vraie patrie se trouvait au delà des murs de cette ville étouffée. Elle était dans ces broussailles odorantes sur les collines, dans la mer, les pays libres et le poids de l'amour. Et c'était vers elle, c'était vers le bonheur, qu'ils voulaient revenir, se détournant du reste avec dégoût.

Quant au sens que pouvaient avoir cet exil et ce désir de réunion, Rieux n'en savait rien. Marchant toujours, pressé de toutes parts, interpellé il arrivait peu à peu dans des rues moins encombrées et pensait qu'il n'est pas important que ces choses aient un sens ou non, mais qu'il faut voir seulement ce qui est répondu à l'espoir des hommes.

Lui savait désormais ce qui était répondu et il l'apercevait mieux dans les premières rues des faubourgs, presque désertes. Ceux qui, s'en tenant au peu qu'ils étaient, avaient désiré seulement retourner dans la maison de leur amour, étaient quelquefois récompensés. Certes, quelques-uns d'entre eux continuaient de marcher dans la ville, solitaires, privés de l'être qu'ils attendaient. Heureux encore ceux qui n'avaient pas été deux fois séparés comme certains qui, avant l'épidémie, n'avaient pu construire, du premier coup, leur amour, et qui avaient aveuglément poursuivi, pendant des années, le difficile accord qui finit par sceller l'un à l'autre des amants ennemis. Ceux-là avaient eu comme Rieux lui-même la légèreté de compter sur le temps: ils étaient séparés pour jamais. Mais d'autres, comme Rambert, que le docteur avait quitté le matin même en lui disant: «Courage, c'est maintenant qu'il faut avoir raison», avaient retrouvé sans hésiter l'absent qu'ils avaient cru perdu. Pour quelque temps au moins, ils seraient heureux. Ils savaient maintenant que s'il est une chose qu'on puisse désirer toujours et obtenir quelquefois, c'est la tendresse humaine.

Pour tous ceux, au contraire, qui s'étaient adressés par-dessus l'homme à quelque chose qu'ils n'imaginaient même pas, il n'y avait pas eu de réponse. Tarrou avait semblé rejoindre cette paix difficile dont il avait parlé, mais il ne l'avait trouvée que dans la mort, à

emportement m.   anger; (here:) passion
ceux qui se suffisent de l'homme   those who hold that man is enough in himself

l'heure où elle ne pouvait lui servir de rien. Si d'autres, au contraire, que Rieux apercevait sur les seuils des maisons, dans la lumière déclinante, enlacés de toutes leurs forces et se regardant avec emportement, avaient obtenu ce qu'ils voulaient, c'est qu'ils avaient demandé la seule chose qui dépendît d'eux. Et Rieux, au moment de tourner dans la rue de Grand et de Cottard, pensait qu'il était juste que, de temps en temps au moins, la joie vînt récompenser ceux qui se suffisent de l'homme et de son pauvre et terrible amour.

Exercices

I   Questions   *Répondez oralement à ces questions.*

1. Pourquoi la ville s'est-elle ouverte?
2. De quoi le narrateur se fait-il le chroniqueur?
3. Quelles indications avons-nous que la ville se remettait en contact avec le reste du monde?
4. Qu'est-ce que l'on peut imaginer facilement?
5. Pourquoi certains des voyageurs étaient-ils appréhensifs en s'approchant de la ville?
6. Pourquoi les passionnés étaient-ils à la fois dans un état d'impatience et de désarroi?
7. En quoi la peste avait-elle changé des gens comme Rambert?
8. Qu'est-ce qui est arrivé à l'arrêt du train dans la gare?
9. En allant à la rencontre de son amante, qu'est-ce que Rambert voulait croire?
10. Pour quels voyageurs la peste durait-elle toujours?
11. Comment la ville a-t-elle fêté la fin de la peste?
12. Quelles petites scènes de la fraternité humaine le narrateur décrit-il ici?
13. Quels pèlerinages bien des couples ont-ils faits? Qu'est-ce que l'on montrait aux nouveaux venus?
14. Quels couples annonçaient définitivement que la peste était finie?
15. Qu'est-ce que ces mêmes couples niaient?
16. Pourquoi n'y avait-il pas de congé pour Rieux?
17. Quelle caractéristique le médecin avait-il remarquée au visage des passants pendant la peste?
18. Pourquoi Rieux compare-t-il ces gens aux émigrants?
19. A quoi tous ces gens ont-ils aspiré durant ces mois passés?
20. Quelle était la vraie patrie humaine que tous voulaient retrouver après leurs souffrances?
21. Quels hommes ont réalisé leur espoir après la peste?
22. Selon Rieux quels sont les gens heureux?
23. Quelle vérité Rieux tire-t-il de cette observation? D'autre part, qu'est-ce qu'on peut toujours désirer?
24. A quelle sorte d'espoir ou d'aspiration n'y a-t-il pas de réponse?
25. Quelle est la seule chose qui puisse dépendre de cette volonté fragile de l'homme?

II *Complétez les phrases suivantes en vous servant des expressions proposées.*

a) en arrêt
b) a pris fin
c) du jour au lendemain
d) se donner en spectacle
e) il s'agit d'
f) a fait son temps
g) fini par

h) hors de
i) faute de
j) à mesure qu'
k) peu à peu
l) au-delà de
m) quant à
n) de temps en temps

1. L'hiver . . .; voici venir le printemps.
2. . . . stylo, vous écrirez avec crayon.
3. Dans *Hamlet* . . . un prince qui venge le meurtre de son père.
4. Essayez de comprendre sa colère extrême; il est vraiment . . . lui.
5. . . . je vais au cinéma mais pas souvent.
6. . . . eux, ils ne pourront jamais achever le travail.
7. Il a toujours protesté qu'il ne l'aimait pas, mais il a . . . l'épouser.
8. Il faut encore voyager, notre destination est . . . la montagne.
9. A trois heures la séance . . . et nous pouvions sortir.
10. D'abord la langue lui semblait trop difficile mais . . . elle commençait à la comprendre.
11. . . . il guérit son visage devient plus beau.
12. C'était un de ces chauds jours d'été quand tout le village est . . .
13. . . . on peut sentir ses progrès en français.
14. Avec les habits bizarres qu'elle porte il est évident qu'elle veut . . .

III Composition   *Comment cet extrait de* La Peste *ressemble-t-il à la libération d'une ville occupée par une armée ennemie?*

IV Conversation   *Préparez un discours sur le sujet: La beauté de la vie. (A la fin, permettez aux autres de vous questionner sur le contenu de votre discours.)*

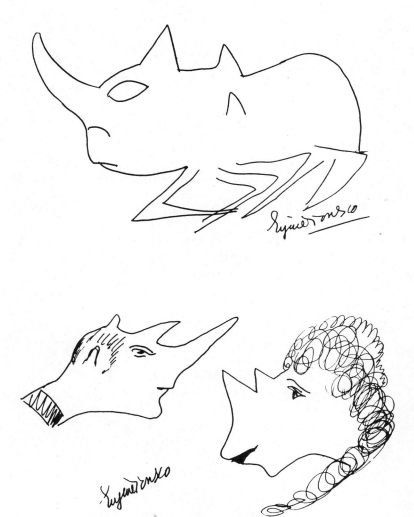

Theater Bill sketches by Eugène Ionesco. Harvard Theatre Collection, Harvard University, Cambridge.

20
L'Homme contre le fanatisme

E ugène IONESCO (b. 1912) has rarely gone beyond stating, in a delightfully humorous but desperately sincere way, the sorry state of man in a society which virtually refuses his existence. In the play *Rhinocéros* (1958), however, he comes to grips with the social problem. He presents a hero who is at war with society and, thereby, reveals that he, too, is sufficiently committed to consider a possible solution to man's dilemma of finding a meaning in life.

The author neither refuses to recognize that society has a valid existence nor does he believe society to be satisfactory as it is. In fact, he is among those moderns who clearly feel that the basic values of society must be found in the individual person rather than in an abstraction of a conglomeration of attitudes, which is the traditional definition of society.

Ionesco believes that man in the mid-twentieth century is threatened with the loss of his identity. It is so easy to join the others, those who have been swept up by the latest trends, in order to feel secure. In creating *Rhinocéros,* he was thinking of those innocents who were attracted to Nazism because they could not find a good reason for refusing to go along with the trend. But the play's message extends much further. It criticizes what the author calls "rhinoceritis", the tendency to associate with any movement—political, social, or moral—which causes the individual to give up his identity in favor of becoming a faceless, fanatical member of the crowd.

In the play, a character's loss of identity is announced by his turning into a rhinoceros. The outrageousness of the possibility of becoming a rhinoceros provides the humor of the play, but Bérenger, the hero, is quite serious in the final scene when after all of his friends, including his girl-friend Daisy, have become rhinoceroses, he refuses to join those weak-willed people who deny the dignity of their individuality.

On ne s'entendait plus.   We no longer communicated.
Ça ne se fait pas.   That's not done.
fermer à clef   to lock
On ne m'aura pas.   They won't get me.
les têtes de rhinocéros — These rhinoceros heads appear at windows and
  through the walls.
barrissement m.   cry of the rhinoceros
nuages de poussière   clouds of dust
travail d'Hercule   Herculean task

Rhinocéros *(Extrait)*

Ionesco

Ce n'est tout de même pas si vilain que ça, un homme.
Et pourtant, je ne suis pas parmi les plus beaux! Crois-moi, Daisy!
(*Il se retourne.*) Daisy! Daisy! Où es-tu, Daisy? Tu ne vas pas faire ça!
(*Il se précipite vers la porte.*) Daisy! (*Arrivé sur le palier, il se penche sur la
balustrade.*) Daisy! remonte! reviens, ma petite Daisy! Tu n'as 5
même pas déjeuné! Daisy, ne me laisse pas tout seul! Qu'est-ce que
tu m'avais promis! Daisy! Daisy! (*Il renonce à l'appeler, fait un geste
désespéré et rentre dans sa chambre.*) Evidemment. On ne s'entendait
plus. Un ménage désuni. Ce n'était plus viable. Mais elle n'aurait pas
dû me quitter sans s'expliquer. (*Il regarde partout.*) Elle ne m'a pas 10
laissé un mot. Ça ne se fait pas. Je suis tout à fait seul maintenant. (*Il
va fermer la porte à clé, soigneusement mais avec colère.*) On ne m'aura
pas, moi. (*Il ferme soigneusement les fenêtres.*) Vous ne m'aurez pas,
moi. (*Il s'adresse à toutes les têtes de rhinocéros.*) Je ne vous suivrai pas, je
ne vous comprends pas! Je reste ce que je suis. Je suis un être 15
humain. Un être humain. (*Il va s'asseoir dans le fauteuil.*) La situation
est absolument intenable. C'est ma faute, si elle est partie. J'étais tout
pour elle. Qu'est-ce qu'elle va devenir? Encore quelqu'un sur la conscience. J'imagine le pire, le pire est possible. Pauvre enfant aban-
donnée dans cet univers de monstres! Personne ne peut m'aider 20
à la retrouver, personne, car il n'y a plus personne. (*Nouveaux barrissements, courses éperdues, nuages de poussière*) Je ne veux pas les entendre. Je vais mettre du coton dans les oreilles. (*Il se met du coton
dans les oreilles et se parle à lui-même, dans la glace.*) Il n'y a pas d'autre
solution que de les convaincre, les convaincre, de quoi? Et les muta- 25
tions sont-elles réversibles? Hein, sont-elles réversibles? Ce serait un
travail d'Hercule, au-dessus de mes forces. D'abord, pour les convaincre, il faut leur parler. Pour leur parler, il faut que j'apprenne
leur langue. Ou qu'ils apprennent la mienne? Mais quelle langue
est-ce que je parle? Quelle est ma langue? Est-ce du français, ça? Ce 30
doit être du français. Mais qu'est-ce que du français? On peut appeler ça du français, si on veut, personne ne peut le contester, je suis
seul à le parler. Qu'est-ce que je dis? Est-ce que je me comprends,
est-ce que je me comprends? (*Il va vers le milieu de la chambre.*) Et si,
comme me l'avait dit Daisy, si c'est eux qui ont raison? (*Il retourne vers* 35
la glace.) Un homme n'est pas laid, un homme n'est pas laid! (*Il se
regarde en passant la main sur sa figure.*) Quelle drôle de chose! A quoi
je ressemble alors? A quoi? (*Il se précipite vers un placard, en sort des*

Papillon, etc. — These are friends who have joined the fad.
mes traits tombants   my drooping features
j'ai trop honte   I'm too ashamed
ma carabine   my rifle

photos, qu'il regarde.) Des photos! Qui sont-ils tous ces gens-là? Papillon, ou Daisy plutôt? Et celui-là, est-ce Botard ou Dudard, ou Jean? ou moi, peut-être! (*Il se précipite de nouveau vers le placard d'où il sort deux ou trois tableaux.*) Oui, je me connais; c'est moi, c'est moi! (*Il va raccrocher les tableaux sur le mur du fond à coté des têtes des rhinocéros.*) C'est moi, c'est moi. (*Lorsqu'il accroche les tableaux, on s'aperçoit que ceux-ci représentent un vieillard, une grosse femme, un autre homme. La laideur de ces portraits contraste avec les têtes des rhinocéros qui sont devenues très belles. Bérenger s'écarte pour contempler les tableaux.*) Je ne suis pas beau, je ne suis pas beau. (*Il décroche les tableaux, les jette par terre avec fureur, il va vers la glace.*) Ce sont eux qui sont beaux. J'ai eu tort! Oh, comme je voudrais être comme eux. Je n'ai pas de corne, hélas! Que c'est laid, un front plat. Il m'en faudrait une ou deux, pour rehausser mes traits tombants. Ça viendra peut-être, et je n'aurai plus honte, je pourrai aller tous les retrouver. Mais ça ne pousse pas! (*Il regarde les paumes de ses mains.*) Mes mains sont moites. Deviendront-elles rugueuses? (*Il enlève son veston, défait sa chemise, contemple sa poitrine dans la glace.*) J'ai la peau flasque. Ah, ce corps trop blanc et poilu! Comme je voudrais avoir une peau dure et cette magnifique couleur d'un vert sombre, une nudité décente, sans poils comme la leur! (*Il écoute les barrissements.*) Leurs chants ont du charme, un peu âpre, mais un charme certain! Si je pouvais faire comme eux. (*Il essaie de les imiter.*) Ahh, Ahh, Brr! Non, ce n'est pas ça! Essayons encore, plus fort! Ahh, Ahh, Brr! non, non, ce n'est pas ça, que c'est faible, comme cela manque de vigueur! Je n'arrive pas à barrir. Je hurle seulement. Ahh, Ahh, Brr! Les hurlements ne sont pas des barrissements! Comme j'ai mauvaise conscience, j'aurais dû les suivre à temps. Trop tard maintenant! Hélas, je suis un monstre, je suis un monstre. Hélas, jamais je ne deviendrai rhinocéros, jamais, jamais! Je ne peux plus changer. Je voudrais bien, je voudrais tellement, mais je ne peux pas. Je ne peux plus me voir. J'ai trop honte! (*Il tourne le dos à la glace.*) Comme je suis laid! Malheur à celui qui veut conserver son originalité! (*Il a un brusque sursaut.*) Eh bien tant pis! Je me défendrai contre tout le monde! Ma carabine, ma carabine! (*Il se retourne face au mur du fond où sont fixées les têtes des rhinocéros, tout en criant:*) Contre tout le monde, je me défendrai, contre tout le monde, je me défendrai! Je suis le dernier homme, je le resterai jusqu'au bout! Je ne capitule pas!

Exercices

I   Questions   *Répondez oralement à ces questions.*

 1. Qui est Daisy?
 2. Pourquoi est-elle partie?
 3. Pourquoi Bérenger est-il tout à fait seul?
 4. Pourquoi se sent-il responsable pour le départ de Daisy?
 5. Pourquoi n'y a-t-il plus personne?
 6. De quoi est-ce que Bérenger veut convaincre les autres?
 7. Que lui faut-il pour leur parler?
 8. Pourquoi doute-t-il qu'il parle français?
 9. Expliquez la phrase, «Un homme n'est pas laid, un homme n'est pas laid!»
10. Pourquoi Bérenger devient-il convaincu que les rhinocéros sont beaux? Quels sont les points de comparaison?
11. Pourquoi Bérenger a-t-il mauvaise conscience?
12. Pourquoi est-il un monstre?
13. Est-il facile de conserver sa personnalité? Pourquoi?
14. A votre avis, pourquoi Bérenger décide-t-il de ne pas devenir un rhinocéros?

II   *Trouvez dans le texte des expressions équivalentes aux expressions en italiques. Refaites la phrase si c'est nécessaire.*

1. Lui et moi nous *sommes de bons amis.*
2. *A-t-il tenté de* vérifier votre histoire?
3. Au bout de deux mois elle *est parvenue à* trouver un bon poste.
4. *Premièrement* il faut aller en ville.
5. *Quelle manière bizarre* que vous avez pour accueillir vos amis.
6. *Nous avons remarqué* qu'elle ne s'amuse ici.
7. Elle n'était pas à la gare; *cependant* elle a dû y être.
8. Il faisait si chaud que j'avais les mains très *humides.*

III Composition   *Discutez les tentations de la «rhinocérite».*

IV *Complétez les phrases suivantes en vous servant des expressions proposées.*

a) il s'est précipité
b) il m'en faudrait
c) elle ne pousse pas
d) c'est le pire
e) en jetant les armes par terre
f) avoir quelque chose sur la conscience
g) on ne l'aura jamais
h) il doit avoir la peau bien dure
i) au bout de
j) ne s'entendent jamais
k) vous renoncez à
l) qu'est-ce qu'elle deviendra
m) personne ne peut le contester
n) cela ne se fait pas ici
o) tout être humain

1. Si . . . le faire, on dira que vous manquez de courage.
2. Il a tellement travaillé qu'il se sent . . . ses forces.
3. Pauvre et sans amis comme elle est, . . .
4. Monsieur, éteignez votre cigarette! . . .
5. Quel ménage querelleur! Lui et elle . . .
6. L'armée battait en retraite . . .
7. Que vous avez dit la vérité . . .
8. . . . doit aimer son prochain.
9. Si . . . qui vous soit jamais arrivé jusqu'ici, vous avez de la chance.
10. Pour rester ici après toutes ces insultes . . .
11. Je me sens si fatigué . . . deux heures pour me reposer.
12. Au bruit de l'explosion . . . vers la porte.
13. Il a toujours l'air coupable; il doit . . .
14. Mon petit frère tient à porter une barbe; . . .
15. Rusé comme il est, . . . dans se affaires.

V Conversation *Quelles raisons aurait la jeunesse d'aujourd'hui de «se faire rhinocéros»?*

"Weeping Woman" by Pablo Picasso. Courtesy Fogg Art Museum, Harvard University. Francis H. Burr Memorial Fund.

21

Le Témoin solitaire

T he effect of the New Novel (*Le Nouveau roman*) has been to disassociate man from society by showing the impossibility of really getting to know another human being, and at the same time the impossibility of finding meaning in things. Man is totally alone.

Sartre and Camus sensed this fact and in their writings they suggest that this loneliness—or freedom, as they call it—can only be conquered by a constant effort to communicate with others, to help others. They are well aware of the paradox involved in their "solution" to what seems to be an impossible situation. It is not surprising,. then, that they should produce fitting titles to the philosophical problems they have faced. Sartre sees the essence of man's situation in the expression *la nausée* and Camus defines it as *l'absurde*.

Alain ROBBE-GRILLET (b. 1922) whose formation as a thinker owes much to Sartre and Camus, agrees with the principle of loneliness in man's existence. In mid-career, he has not yet been able to accept the idea that the solution to man's problem is, in effect, to do the impossible (i.e., communicate). His novels show man only as an observer of people and things, a rather confused observer. His essays attempt to explain his own vision of life and his rejection of the traditional explanation of it. Unlike many of his predecessors, he does not talk of social values. In fact, he hardly considers society as an entity at all. Society is a "thing" made up of people: neither is part of his self. Every man is indeed an island.

In this passage from his essay, *Pour un nouveau roman* (1963), Robbe-Grillet outlines his view of man's existence. There are many questions to be considered, he suggests, and there are many answers, but each man, with his limited point of view, is a solitary witness.

il peut échapper au pacte métaphysique . . . — The "metaphysical pact" refers to
   the relationship that man has continuously been taught to find between
   himself and things
asservissement m.   enslavement
hors de   outside (the scope) of

Pour un nouveau roman
(Extrait)

Robbe-Grillet

L'homme regarde le monde, et le monde ne lui rend pas son regard. L'homme voit les choses et il s'aperçoit, maintenant, qu'il peut échapper au pacte métaphysique que d'autres avaient conclu pour lui, jadis, et qu'il peut échapper du même coup à l'asservissement et à la peur. Qu'il peut . . . , qu'il *pourra*, du moins, un jour. 5

Il ne refuse pas pour cela tout contact avec le monde; il accepte au contraire de l'utiliser pour des fins matérielles: un ustensile, en tant qu'ustensile, n'a jamais de profondeur; un ustensile est entièrement forme et matière—et destination. 10
L'homme saisit son marteau (ou une pierre qu'il a choisie) et il frappe sur un pieu qu'il veut enfoncer. Pendant qu'il l'utilise ainsi, le marteau (ou le caillou) n'est que forme et matière: son poids, sa surface de frappe, son autre extrêmité qui permet de le saisir. L'homme, ensuite, repose l'outil devant soi; s'il n'en a plus besoin, le 15 marteau n'est plus qu'une chose parmi les choses: hors de son usage, il n'a pas de signification.
Et cette absence de signification, l'homme d'aujourd'hui (ou de demain . . .) ne l'éprouve plus comme un manque, ni comme un déchirement. Devant un tel vide, il ne ressent désormais nul vertige. 20 Son cœur n'a plus besoin d'un gouffre où se loger.
Car, s'il refuse la communion, il refuse aussi la tragédie.

La *tragédie* peut être définie, ici, comme une tentative de récupération de la distance, qui existe entre l'homme et les choses, en tant que valeur nouvelle; ce serait en somme une épreuve, où la 25 victoire consisterait à être vaincu. La tragédie apparaît donc comme la dernière invention de l'humanisme pour ne rien laisser échapper: puisque l'accord entre l'homme et les choses a fini par être dénoncé, l'humaniste sauve son empire en instaurant aussitôt une nouvelle forme de solidarité, le divorce lui-même devenant une voie majeure 30 pour la rédemption.
C'est presque encore une communion, mais *douloureuse*, perpétuellement en instance et toujours reportée, dont l'efficacité

envers   (wrong side) inaccurate representation
comme envoûté   as if in a spell
un dédoublement   dividing, splitting
ronronnant   humming, purring
viser   to aim at, to induce

est proportionnelle au caractère inaccessible. C'est un *envers*, c'est un piège—et c'est une falsification.

On voit en effet à quel point cette sorte d'union est pervertie: au lieu d'être la recherche d'un bien, elle est cette fois la bénédiction d'un mal. Le malheur, l'échec, la solitude, la culpabilité, la folie, tels sont les accidents de notre existence qu'on voudrait nous faire accueillir comme les meilleurs gages de notre salut. Accueillir, non pas accepter: il s'agit de les nourrir à nos dépens tout en continuant de lutter contre eux. Car la tragédie ne comporte ni vraie acceptation, ni refus véritable. Elle est la sublimation d'une différence.

Retraçons, à titre d'exemple, le fonctionnement de la «solitude». J'appelle. Personne ne me répond. Au lieu de conclure qu'il n'y a personne—ce qui pourrait être un constat pur et simple, daté, localisé, dans l'espace et le temps—, je décide d'agir comme s'il y avait quelqu'un, mais qui, pour une raison ou pour une autre, ne répondrait pas. Le silence qui suit mon appel n'est plus, dès lors, un *vrai* silence; il se trouve chargé d'un contenu, d'une profondeur, d'une âme—qui me renvoie aussitôt à la mienne. La distance entre mon cri, à mes propres oreilles, et l'interlocuteur muet (peut-être sourd) auquel il s'adresse, devient une angoisse, mon espoir et mon désespoir, un sens à ma vie Plus rien ne comptera désormais pour moi, que ce faux vide et les problèmes qu'il me pose. Dois-je appeler plus longtemps? Dois-je crier plus fort? Dois-je prononcer d'autres paroles? J'essaie de nouveau . . . Très vite je comprends que personne ne répondra; mais la présence invisible que je continue de créer par mon appel m'oblige, pour toujours, à lancer dans le silence mon cri malheureux. Bientôt le son qu'il rend commence à m'étourdir. Comme envoûté, j'appelle de nouveau . . . , de nouveau encore. Ma solitude, exacerbée, se transmue à la fin, pour ma conscience aliénée, en une nécessité supérieure, promesse de mon rachat. Et je suis obligé, pour que celui-ci s'accomplisse, de m'obstiner jusqu'à ma mort à crier pour rien.

Selon le processus habituel, ma solitude n'est plus alors une donnée accidentelle, momentanée, de mon existence. Elle fait partie de moi, du monde entier, de tous les hommes: c'est notre nature, une fois de plus. C'est une solitude pour toujours.

Partout où il y a distance, une séparation, un dédoublement, un clivage, il y a possibilité de les ressentir comme souffrance, puis d'élever cette souffrance à la hauteur d'une sublime nécessité. Chemin vers un au-delà métaphysique, cette pseudo-nécessité est en même temps la porte fermée à tout avenir réaliste. La tragédie, si elle nous console aujourd'hui, interdit toute conquête plus solide pour demain. Sous l'apparence d'un perpétuel mouvement, elle fige au contraire l'univers dans une malédiction ronronnante. Il n'est plus question de rechercher quelque remède à notre malheur, du moment qu'elle vise à nous le faire aimer.

une démarche biaise   a false step
il n'en est rien   it is nothing of the kind
c'est-à-dire   that is to say
romanesque   that which is related to the novel, hence fictitious and idealistic
les sadiques   the sadistic (ones)
les déments   the crazy (ones), the mad (ones)

Nous sommes ici en présence d'une démarche biaise de l'humanisme contemporain, qui risque de nous abuser. L'effort de récupération ne portant plus sur les choses elles-mêmes, on pourrait croire à première vue que la rupture entre celles-ci et l'homme est en tout cas consommée. Mais on s'aperçoit bientôt qu'il n'en est rien: que l'accord soit conclu avec les choses, ou avec leur éloignement, cela revient bien au même; le «pont d'âme» subsiste entre elles et nous; il sortirait plutôt renforcé de l'opération.

C'est pourquoi la pensée tragique ne vise jamais à supprimer les distances: elle les multiplie au contraire à plaisir. Distance entre l'homme et les autres hommes, distance entre l'homme et lui-même, entre l'homme et le monde, entre le monde et lui-même, rien ne demeure intact: tout se déchire, se fissure, se scinde, se décale. A l'intérieur des objets les plus homogènes comme des situations les moins ambiguës apparaît une sorte de distance secrète. Mais c'est précisément une *distance intérieure,* une fausse distance, qui est en réalité une voie ouverte, c'est-à-dire déjà une réconciliation.

Tout est contaminé. Il semble cependant que le domaine d'élection de la tragédie soit le «romanesque». Depuis les amoureuses qui se font bonnes sœurs jusqu'aux policiers-gangsters, en passant par tous les criminels tourmentés, les prostituées à l'âme pure, les justes contraints par leur conscience à l'injustice, les sadiques par amour, les déments par logique, le bon «personnage» de roman doit avant tout être *double.* L'intrigue sera d'autant plus «humaine» qu'elle sera plus *équivoque.* Enfin le livre entier aura d'autant plus de vérité qu'il comportera davantage de contradictions.

Il est facile de se moquer. Il l'est moins de se libérer soi-même du conditionnement à la tragédie que nous impose notre civilisation mentale. On peut même dire que le refus des idées de «nature» et de prédestination nous mène *d'abord* à la tragédie. Il n'est pas d'œuvre importante, dans la littérature contemporaine, qui ne contienne à la fois l'affirmation de notre liberté, et le germe «tragique» de son abandon.

Deux grandes œuvres au moins, dans les dernières décades, nous ont offert deux nouvelles formes de la complicité fatale: l'absurde et la nausée.

Exercices

I   Questions   *Répondez oralement à ces questions.*

1. Expliquez la première phrase.
2. Qui sont les autres dont parle l'auteur?
3. Pourquoi, selon Robbe-Grillet, un ustensile n'a-t-il jamais de profondeur?
4. Expliquez l'exemple du marteau.
5. Quel est le vide que l'homme éprouve aujourd'hui?
6. Quel grand sentiment est absent aujourd'hui dans l'existence de l'homme?
7. Quelle est la définition de la tragédie selon Robbe-Grillet et comment la refuse-t-il?
8. Comment est-ce que cette définition représente une perversion de la vérité?
9. Dans l'exemple de celui qui appelle, pourquoi l'auteur croit-il qu'il est obligé de «crier pour rien»? Expliquez.
10. Comment la solitude éprouvée par l'homme peut-elle être une illusion plutôt qu'une condition permanente?
11. Quel est le danger qui menace tout avenir réaliste?
12. Est-ce qu'on doit aimer sa situation dans l'univers?
13. Pourquoi l'humanisme contemporain n'a-t-il pas vraiment rompu le rapport entre l'homme et les choses?
14. Comment l'idée de distance est-elle une réconciliation?
15. Comment cette distance se révèle-t-elle dans le «romanesque»?
16. Quel est le domaine préféré de la tragédie?
17. Pourquoi est-il facile de se moquer?
18. Pourquoi est-il difficile de se libérer de l'idée de tragédie?
19. Quelle affirmation se trouve partout dans la littérature contemporaine?
20. A quels auteurs Robbe-Grillet fait il allusion dans le dernier paragraphe?

II   Composition   *Robbe-Grillet est-il optimiste en ce qui concerne l'existence de l'homme? Défendez votre opinion avec des exemples pris du texte.*

III   Conversation   *Quelles idées nouvelles avez-vous tirées de votre lecture de Robbe-Grillet en ce qui concerne la relation de l'homme à son monde extérieur?*

IV *Complétez les phrases suivantes en vous servant des expressions proposées.*

a) il a fini par	k) s'obstine à
b) le poids de	l) qu'il n'en était rien
c) à un échec total	m) vise à élever
d) échapper au piège	n) n'en avait plus besoin
e) hors du danger	o) une fois de plus
f) sourd mais seulement muet	p) un déchirement pénible
g) cela revient au même	q) elle s'est vite aperçue
h) un au-delà chrétien	r) par bien des épreuves rudes
i) ne ressentait jamais	s) accueillir des gens
j) en tant qu'ouvrier	t) enfoncer un passage

1. Cet ouvrier n'insiste pas sur les droits qu'il possède . . .
2. Malgré sa conduite gauche il . . . aucun embarras.
3. Quoiqu'il sache la vérité, il . . . croire ce qui est faux.
4. N'étant pas religieux il ne peut pas concevoir . . .
5. A cause de nos cris elle nous croyait en danger; en arrivant ici elle a appris . . .
6. Mes raisons pour agir diffèrent un peu des vôtres; mais dans l'essentiel . . .
7. Cette nouvelle méthode technologique . . . notre niveau de vie.
8. Ce pauvre enfant semble entendre sans pouvoir répondre. Il ne doit pas être . . .
9. Après avoir demandé mon aide hier, elle . . . ce matin, paraît-il.
10. Malgré les efforts du médecin pour guérir la vieille femme, elle n'était pas encore . . .
11. Avant de renoncer pour de bon à trouver les victimes du naufrage, on a décidé d'essayer . . .
12. Il n'était pas assez rusé pour . . . de la police.
13. On pouvait presque imaginer dans l'âme de ce jeune homme . . . entre son devoir moral et sa volonté.
14. Toutes les tentatives de récupération ont abouti . . .
15. Pour arriver à son but de devenir avocat ce jeune homme a dû passer . . .
16. . . . de cet outil a empêché son fonctionnement.
17. Toujours renfermé il ne veut jamais . . . chez lui.
18. Parce qu'il ne voulait pas manger . . . se rendre malade.
19. Grâce à cette machine nouvelle ils sont parvenus à . . . souterrain dans la baie.
20. . . . que la situation était bien grave.

Vocabulary

This vocabulary omits most of the words which are part of an elementary vocabulary. Text notes are generally not repeated.

abaisser to let down, lower
abasourdir to stun, daze, amaze
abattre to knock down, overthrow;
  s'— to fall, collapse
abîme (m.) abyss, chasm
aboutir to end (in)
aboyer to bark, yelp
agir to act; *il s'agit de* it is about
abréger to shorten, cut short
abuser to misuse, take advantage
  of, delude, deceive
acariâtre badtempered, shrewish
accabler to overpower, overwhelm,
  crush
accorder to reconcile, grant, make
  agree, bring into harmony
accoudé resting on one's elbows
accourir to run up, hasten, flock to
accrocher to hook, catch, hitch
accroire: faire — à qn. to cause
  someone to believe, delude
  someone; *en faire — à* to impose
  upon someone; *s'en faire —* to
  be deluded
accroupi squatting, crouching
accueil (m.) reception, greeting
accueillir to receive, greet
acculer to corner
acéré sharp, keen
s'acharner (à) to persist (in)
achever to complete, end
acier (m.) steel
s'adonner to devote oneself
*advenir (used only in 3rd person
  sing.)* to occur, happen

affable kindly, affable
affaiblir to weaken
affamé hungry, starving
affectueux affectionate, loving
affliger to afflict, trouble
affranchissement (m.) deliverance
affreux frightful, hideous, awful
affûter to grind, sharpen; *—
  qn.* to sharpen someone's wits
agaçant annoying, aggravating
agacer to vex, irritate, annoy
s'agenouiller to kneel
agiter to agitate, wave; *s'—* to be
  agitated, excited
agréable pleasant, nice
agrégé united, joined; *(m.)* fellow,
  professor
agrément (m.) pleasure, charm,
  amusement
s'agripper (à) to clutch (at), grasp
aïeul (m.) grandfather, ancestor
aigu pointed, sharp
aiguillon (m.) goad, sting;
  (fig.) spur, incentive
aile (f.) wing
ailleurs elsewhere
aîné (m. and adj.) elder, eldest,
  senior
air: le grand — the open air
aise (f.): mal à l'— uncomfortable
aisé comfortable, well-off
aisément easily
alléger to ease, unburden
s'allonger to stretch oneself out,
  lengthen

allumé inflamed

allure (f.) rhythm, speed; aspect, behavior

alors: — que when, whereas

alun (m.) alum (an astringent)

amaigrir to make thin

amassé heaped up

âme (f.) soul

amende (f.) fine, penalty

amer bitter

ameuter to stir up a riotous crowd

amincir to thin down, press together

amonceler to pile up, heap up

angoisse (f.) anguish, distress

aniser to flavor with anise

anneau (m.) ring, link

apaiser to pacify, calm

aplatir to flatten, beat flat

appartenir to belong to

appas (m. pl.) charms, attractions

appel (m.) appeal, call

s'appliquer à to apply to

appointements (m. pl.) salary

apprêter to prepare

apprivoiser to tame

appui (m.) support, rest

appuyer to support, prop up

âpre rough, harsh, biting

apte fit, qualified, suitable

araignée (f.) spider

arbitre (m.) arbitrator; *libre —* free will

archange (m.) archangel

ardent burning, hot; ardent, passionate

arène (f.) arena; sandy place

arête (f.) fish-bone; backbone

argile (f.) clay

argot (m.) slang

arquebuse (f.) arquebus (first portable firearm, 15th c.)

arracher to tear or pull out, up, away

arrêt (m.) stoppage, stop, check; (in law) case, decision; *en —* restful

arroser to water

articulation (f.) joint

assaillir to assail, assault

asservir to enslave

asservissement (m.) reduction to slavery, state of bondage

assommer to beat to death, beat unmercifully

assourdissant deafening, muffling

assouvir to satiate, satisfy

assurément certainly

astre (m.) star, heavenly body

s'attarder to linger, dally, loiter

atteindre to attain, achieve, overtake; to be attacked (by sickness)

attendrir to make tender, soften; *s'—* to be moved

attente (f.) wait, waiting

s'attirer to gain

attraper (un rhume) to catch (a cold)

aube (f.) dawn, daybreak

aubépine (f.) hawthorn

aucun any, no; *ne . . . —* not any

augmenter to increase

augure (m.) omen, augury; soothsayer

augurer to augur, forecast

aumône (f.) alms, charity

aumônier (m.) one who distributes alms, almoner; chaplain

auparavant before, previously

auprès (de) near, close by

aurore (f.) dawn

autant as much, as many

autocar (m.) bus

autrement otherwise

autrui: d'— of others

avaler to swallow

avare (m.) miser; *(adj.)* miserly

avatar (m.) transformation, change

avenir (m.) future

averse (f.) shower, downpour

avertir to warn, notify, advise

aveugler to blind

avilir to degrade, debase

aviron (m.) oar

avis (m.) opinion

aviser to perceive; *s'—* to venture, dare

avoisinant neighboring, adjoining

avorter to foil, miscarry

avouer to acknowledge

badaud (m.) stroller, one who
  saunters, stares
bagne (m.) forced-labor camp,
  concentration camp
baguette (f.) rod, ramrod
bâiller to yawn
balayer to sweep, sweep away
ballant swinging, dangling
balle (f.) ball; bullet
banal commonplace, trite
bander to bandage, blindfold
banlieue (f.) suburbs, outskirts
banqueroute (f.) bankruptcy
baraque (f.) stall, hut
barrer to cancel, cross out
basse-cour (f.) farmyard
batelier (m.) boatman
bâton (m.) stick
battoir (m.) beater; paddle
baux (pl. of bail) lease
béant gaping
bélier (m.) ram, battering-ram
besogne (f.) work, task, job
besogner to work
besoin (m.) need, want
bétail (m.) cattle, livestock
bête (adj.) dumb, stupid
bêtise (f.) silliness, foolishness
bienfaisance (f.) charity
biens (m. pl.) possessions, goods;
  estate
bienséance (f.) propriety, decency
bienveillance (f.) benevolence,
  kindness
bienvenu (m.): souhaiter la —e to
  welcome
bile (f.) bile, gall
bissac (m.) double bag, ammuni-
  tion bag
bizarre peculiar, odd, strange
blâmable blameworthy
blé (m.) wheat, corn
blême wan, pale
blêmir to turn pale; grow dim
blessure (f.) wound, hurt, injury
se blottir to squat, cower, curl up
bon: pour de — definitely
bondir to leap, bound
borne (f.) boundary; *sans —s*
  boundless

boucher (m.) butcher
boucher to stop up, choke
boucherie (f.) butchery, slaughter
bouchon (m.) cork, stopper
bouclé curled
boue (f.) mud, slime
boueux muddy, sloppy
bouffée (f.) puff, whiff
bouger to move
bouillant boiling; *(fig.)* impetuous
bouleverser to overthrow, upset
bourdonnement (m.) buzzing,
  humming
bourreau (m.) executioner
bourse (f.) purse; scholarship
bousculade (f.) crush, jostling
boussole (f.) compass
boxe (f.) boxing
brandir to flourish, wave, brandish
brasse (f.) span (of arms), fathom;
  breast-stroke
brebis (f.) sheep, ewe
brevet (m.) warrant, license
bride (f.) bridle, rein
brigue (f.) intrigue
briser to break
brocher to brocade; concoct
brouiller to mix together; *se —
  ensemble* to be on bad terms
broussaille (f.) brushwood, under-
  brush
broyer to crush
bruit (m.) noise
brûler to burn
brûlure (f.) burn, sore
buisson (m.) bush, thicket
bure (f.) rough cloth, canvas
but (m.) aim; *sans —* aimless
buter to stumble (upon)
butte (f.) knoll, mound

se cabrer to prance; fly into a passion
cacher to hide, conceal
cachet (m.) seal, stamp
cachot (m.) cell, prison
cadeau (m.) present
cadet (m. and adj.) younger, junior
caillou (m.) pebble

caisse (f.) box; cashier's office; savings bank

caler to steady with a wedge

calomnier to slander, libel

camarade (m.) comrade, buddy

camisole (f.) jacket

se camper to encamp, plant oneself

canaille (f.) rabble, riff-raff, scoundrel

canne (f.) cane, reed

canon (m.) canon, barrel

canoniquement canonically

caoutchouc (m.) rubber; *(pl.)* galoshes

cap (m.) cape (point of land)

carême (m.) Lent

carnage (m.) slaughter

carrefour (m.) intersection, square

se carrer to strut, swagger, look important

carrosse (m.) stage coach, carriage

cartouche (f.) cartridge

casser to break, smash

cause (f.): à — de because

célibataire (m.) bachelor

cendre (f.) ashes, cinder

cendrier (m.) ash-tray

cependant yet, however

cercueil (m.) coffin

certes most certainly, surely

cerveau (m.) brain

cervelle (f.) brain tissue

cesser to cease, stop

chagrin (m.) grief, trouble

chair (f.) flesh, meat

chaleur (f.) heat, warmth

chameau (m.) camel

chance: il a de la — he is lucky

chapelier (m.) hatter

chapiteau (m.) cornice, capital (of a column)

charnu fleshy, plump

charrette (f.) cart

charrier to cart, carry, transport

charrue (f.) plough

chasse (f.) hunt, hunting

châtier to chastise

chausse (f.) breeches

chausser to put on shoes or socks

chauve bald

cheminée (f.) fireplace

cheminer to walk, amble along, progress

chérir to love dearly, cherish

chétif weak, puny, sickly

chevauchée (f.) ride

chevelure (f.) head of hair

chevreuil (m.) roe deer

chicanier quibbling, trouble-seeking

chimère (f.) idle fancy, illusion

chimie (f.) chemistry

chirurgie (f.) surgery

chou (m.) cabbage

chuchoter to whisper

chute (f.) fall

cible (f.) target

cigale (f.) cicada

cingler to steer, swish through; lash, cut

cire (f.) wax

clairon (m.) bugle, clarion

claquement (m.) slapping, smacking

clef or *clé (f.)* key: *fermer à —* to lock up

cligner to wink, blink

clivage (m.) cleavage

clochepied: à — on one foot

clôture (f.) enclosure, cloister wall

clou (m.) nail

cochon (m.) pig

coiffe (f.) headdress

coiffer to cover the head; cap (a bottle)

coiffure (f.) hair style, headdress

coin (m.) corner

coing (m.) quince

colère (f.) anger, wrath

collège (m.) secondary school

collégien (m.) student

collet (m.) collar, cape; hunting snare, noose

colline (f.) hill

comble (m.) summit; *mettre le — à* to add the last straw to

commander to command, order

commode convenient

compagnie (f.) company

comporter to allow, permit; include

compte (m.)   reckoning, calculation, account; *à mon —* on my account; *se rendre — de* to realize

compter sur to rely on

concitoyen (m.) fellow citizen

concours (m.) gathering; competition

conçu (p.p. of concevoir) conceived, imagined

conduite (f.) conduct, behavior

conférer to award

confondre to confound, mingle, confuse; *se —* to blend, intermingle; be confused

confrère (m.) colleague

congé (m.) leave, furlough, dismissal; *prendre — de* to take leave of

conjuration (f.) conspiracy

conseiller (m.) councillor

consigne (f.) detention; instructions; checkroom

consommer to accomplish, consume

contester to contest, dispute

contraindre to force

contraire (m.): au — on the contrary

contredire to contradict

convenable suitable

convenir (à) to suit, be agreeable (to)

convive (m. and f.) guest; table companion

convoitise (f.) lust, covetousness

copain (m.) pal

coquin (m.) scoundrel

corail (m.) coral

corbeau (m.) crow

cordage (m.) rope

coriace tough, leathery

corne (f.) horn

cornée (f.) cornua

coron (m.) mining village

corrompu (p.p. of corrompre) corrupt, depraved

côté (m.) side, part

coude (m.) elbow

se coudoyer to elbow; *(fig.)* rub shoulders with

coudre to sew

couler to flow, run; *se —* to slip in, creep

coup (m.): jeter un — d'œil to glance

coupable guilty

couper: — la parole to interrupt

courrier (m.) mail

courroux (m.) anger

cours (m.) course; current, flow

course (f.) running, race

cracher to spit

crainte (f.) fear, dread

craintif timid

cramponner to cramp, clamp

crâne (m.) skull

crapule (f.) scum of the earth, scoundrel

craquer to crack, split

crépuscule (m.) twilight, dusk

creuser to hollow out, excavate

creux hollow, sunken

crever to burst, break through; *— de faim* to die from hunger, starve

cribler to riddle, bombard

crinière (f.) mane

crisper to contradict, distort

crochu hooked, light-fingered, crooked

croupier (m.) croupier (at gambling table)

croupir to lie in, wallow in, stagnate

croyance (f.) belief

cuir (m.) hide, leather

cuirasse (f.) breast plate

cuisse (f.) thigh

cuit (p.p. of cuire) cooked, baked

cul (m.) backside, bottom, *(coll.)* ass

culbuter to overthrow, topple

curé (m.) parish priest

d'abord first of all

daigner to deign, condescend

daim (m.) deer, buck

dard (m.) dart, javelin

davantage more, anymore

dé (m.): un coup de —s a roll of the dice

débarrasser to clear; *se —* to get rid of

debout: rester — to remain standing
débrider to unbridle
décaler to shift; *se —* to become displaced
décevant deceptive, disappointing
décharge (f.) volley, discharge
déchirant heartrending, harrowing
déchirement (m.) tearing, rending
déchirer to tear
décrire to describe
décrocher to unhook, take down, disconnect
dédaigneux disdainful, scornful
dedans inside
déesse (f.) goddess
défaillance (f.) extinction; failure; lapse
défaut (m.) fault, lack, default
défrayer to defray, meet expenses
dégager to redeem, extricate, disentangle
dégel (m.) thaw
dégoûter to disgust
dégoutter to drip
déguiser to disguise
dehors (m. pl.) appearances; *(adv.)* out, outside; *en —* outside; besides
delà: au — beyond
délassement (m.) relaxation
délice (m.) delight
délié slender, slim, thin
se démancher (les épaules) to roll up (one's sleeves)
démarche (f.) step, proceeding; bearing
démarrer to start off, get away
démêler to unravel, discern
se démener to stir, struggle, toss about
démonter to dismount, undo
démontrer to demonstrate, prove
dénoncer to denounce
dépeigner to ruffle, rumple
dépeindre to depict, describe
dépens (m. pl.) costs, expenses
dépenser to spend
déployer to display, unfurl
déplût (imp. subj. of déplaire) displeased

déposer to deposit, set down; register
dépouiller to deprive, cast off, unclothe, skin
derechef yet again, once more
dérobé hidden
dérobée: à la — stealthily, secretly
dérober to steal; *se —* to escape, steal away
désarroi (m.) dissarray, disorder
désespoir (m.) despair
déshérité disinherited
désireux eager
désœuvré idle, unemployed
désoler to devastate, distress
désormais from now on, in future, henceforth
dessein (m.) design, plan
desserrer to unclamp
dessus on, upon, over, above; *prendre le —* to overcome
se détourner to turn away
détraqué broken down
détraquer to spoil; to throw (a horse) out of pace
deuil (m.) mourning, sorrow
dévaler to descend, go down, rush down
déverser to slope, tip; divert, pour
deviner to guess
deviser to chat, gossip
diable (m.) devil
diadème (m.) diadem, crown
dirigeant: la classe —e the ruling class
discoureur (m.) talker
diseur (m.) one who says, tells
disparaître to vanish, disappear
disputeur (m.) arguer; *(adj.)* quarrelsome
dissimuler to dissemble, conceal
doléance (f.) complaint, grievance
don (m.) gift, present
donnée (f.) admitted fact
donneur (m.) giver, donor
dorer to guild
dos (m.) back
doucement gently, softly
douche (f.) shower (bath)
douloureux painful

dragage (m.) dredging, dragging
(of a river)
drap (m.) cloth, sheet
drapeau (m.) flag
dresser to set up, construct
droit: faire son — to study law
droiture (f.) equity, justice, integrity
dru (adj.) strong, sturdy; *(adv.)*
briskly
dû: réclamer son — to claim one's
due
dur hard
durcir to harden, grow tough
dureté hardness, toughness

ébahir to astound, flabbergast
ébaucher to sketch, outline
éblouissant dazzling
ébranler to shake, loosen
écart (m.) divergence; *à l'— (adv.)*
aside, apart, out of the way
écarter to separate, make way; *s'—*
to move aside
échafaud (m.) scaffold, gallows
échange (m.) exchange
échapper to slip away
échec (m.) failure, defeat
échelle (f.) ladder; scale
échoppe (f.) booth, small workshop
échouer to fail
échu (p.p. of échoir) due, expired
éclaboussement (m.) splashing
éclat (m.) burst, blare, flash
éclater to split, burst, glitter
écot (m.) share
écoulement (m.) flowing, outlet
écourté shortened, curtailed
écraser to crush, flatten out
écriteau (m.) sign
écroulement (m.) collapse
écu (m.) crown = 3 francs (old coin)
écumant foaming
écurer to scour, cleanse
écureuil (m.) squirrel
écuyer (m.) squire
édenté toothless
effarer to scare, bewilder
effaroucher to startle
effleurer to touch lightly, skim

effrayable easily frightened, timid
effrayer to frighten
effroi (m.) fright, terror
effronterie (f.) impudence, shame-
lessness
effroyable dreadful
égard (m.) regard
égaré lost
égarer to wander, digress; mislead
égorgé slaughtered, massacred
égout (m.) sewer, drain
élan (m.) spring; *(fig.)* burst
élancer to launch, dart, shoot; *s'—*
to shoot, dart, bound
éloge (m.) eulogy, praise
éloigné distant, remote; far from
éloignement (m.) removal, removing, distance
éloigner to remove to a distance
élu (p.p. of élire) elected, chosen
élucubration (f.) lucubration, diva-
gation
embaumer to embalm, perfume
embêter to annoy, bother, pester
embrassade (f.) embrace, kiss
embrocher to skewer, run through
émerveiller to amaze; *s'—* to marvel at
emmener to lead away, take away
émousser to blunt, deaden, enfeeble
empêcher to avert, prevent; *s'— de*
to refrain from
empirisme (m.) empiricism, use of
experience
emplir to fill, overwhelm
empoigner to seize, grasp
emportement (m.) anger, fury,
transport
emporter to take away, carry away
empourprer to make crimson
empressé eager, earnest
empressement (m.) eagerness, readi-
ness
encadrer to frame
encombré: une rue —e a congested
street
encroûté encrusted, caked
endosser to don, put on; assume
endroit (m.) place, spot
énervement (m.) nervous irritation

enfer (m.) hell
enfiler to thread, string; put on clothes
enfler to swell, puff out
enfoncer to drive in; sink
enfouir to bury, enclose, conceal
s'enfuir to flee
enfumé smoky
engagement (m.) promise, commitment
engendrer to beget
engloutir to swallow, engulf
engourdissant numbing, dulling
engrais (m.) manure, fertilizer
enhardir embolden, encourage
s'enivrer to get drunk
enlacer to intertwine, interlace
enlever to remove, carry away; — *le couvert* to clear the table
ennui (m.) worry, boredom
ennuyer to bore, bother, pester
ennuyeux boring, tedious, tiresome
s'enorgueillir to become proud
enragé (m.) fanatic, fan; *(adj.)* mad; enthusiastic
ensanglanté bloodstained
ensemble: morceau d'— (m.) orchestra piece
entasser to heap, pile up
entendre to hear, understand
enterrement (m.) burial, funeral
enterrer to bury; plant
entonner to intone
entortiller to wrap, twist; wheedle
entourer to surround, encompass
entraîner to drag (along), carry away
entraver to shackle, fetter, hobble
entrecouper to interrupt, break
entrefermer to close partially
entrefilet (m.) paragraph (in a newspaper)
entreprendre to undertake
s'entretenir (avec) to talk (with)
entrevoir to catch a glimpse of
entr'ouvrir to open partially
envahir to invade, flood
envaser to choke with mud
envoûter to cast a spell on
épanoui beaming, joyful

épargner to save, put aside; spare
épaule (f.) shoulder
éperdu frantic; distracted
épicé spiced
épier to watch, spy
épieu (m.) boar-spear
épine (f.) thorn; spine
épineux thorny, prickly, irritable
épingle (f.) pin
épouser to marry
épouvantable dreadful, terrifying
épouvanté scared
époux (m.) husband, bridegroom
épreuve (f.) proof, test
épuiser to exhaust
équipage (m.) crew, retinue; pack; apparel
érafler to graze, brush against
éraillé frayed, scratched; bloodshot; hoarse
ère (f.) era
errer to roam, wander about
escale (f.) port
escalier (m.) staircase
escarpement (m.) steepness, slope
esclave (m. and f.) slave
espièglerie (f.) trick
esprit-fort (m.) free-thinker, rationalist
esquisser to outline, sketch
essai (m.) test
essuyer to wipe; dry
estrade (f.) road, platform
étable (f.) stable
étagère (f.) rack; what-not
étalage (m.) display, show of goods
éteindre to extinguish, put out (a fire)
étinceler to sparkle
s'étioler to waste away, become feeble
s'étirer to stretch, lengthen oneself
étoffe (f.) material
étoile (f.) star
s'étonner to be astonished, wonder
étouffer to choke, smother, suffocate
étourdir to make giddy; stupefy
étourdissant deafening, stunning, astounding

étrangler to strangle; *s'—* to choke (with)

étrier (m.) stirrup

s'évanouir to faint; to vanish

éventer to fan

éventrer to disembowel

s'évertuer to do one's utmost

exacerbé irritated, rendered more violent

exécrer to loathe, detest, execrate

s'exécuter to comply

exercer to exercise, drill

exiger to demand, exact, insist upon

exonérer to free

se fâcher to get angry

fâcheux troublesome, tiresome, boring

fade flat, tasteless, insipid

faiblesse (f.) (here) frailty

faiblir to weaken

faisan (m.) pheasant

faiseur (m.) maker, doer

fait (m.) act, deed, fact

faîte (m.) top, summit

fanfaronnade (f.) bray, bluster, fanfare

fantassin (m.) foot soldier

faquin (m.) knave; scoundrel

farceur (m.) joker; *(adj.)* joking

fardeau (m.) burden, load, weight

farouche fierce, wild

fat (m.) fop

fatidique fateful, prophetic

faubourg (m.) suburb

faucher to mow down

fausseté (f.) falseness

faute (f.): — de for lack of

fauteuil (m.) armchair

fauve (m.) wild beast; *(adj.)* wild

feignant (m.) loafer, idler; *(adj.)* idle, lazy

feint feigned

fer (m.) iron

fermer: — à clef or *à clé* to lock up

festin (m.) feast, banquet

fêter to observe a holiday, entertain

feuilleter to leaf through

fiacre (m.) hackney carriage, cab

fiche (f.) slip of paper, reference note

ficher to drive in (a stake); place

fier to trust, confide

fierté (f.) pride

fièvre (f.) fever

fiévreux feverish

fifre (m.) fife

figer to solidify; fix

file (f.) file, line; *à la —* one after the other

filet (m.) thread, net

fin (f.) end; purpose

finir par to end up

fissurer to fissure, split

flamand Flemish

flanc (m.) flank, side

flasque flabby, flaccid

flatteur (adj.) flattering

flèche (f.) arrow

fléchir to bend, bow; inspire pity

flegme (m.) phlegm, stolidness

fleuri florid

flocon (m.) flake

florin (m.) gold piece

flot (m.) flood, wave, waters

se fondre to melt, dissolve

forçat (m.) galley slave

force (f.): à — de by means of

forcé: travail — hard labor

forcené (m.) mad person

fosse (f.) pit, hole

fossé (m.) ditch, trench, moat

fouet (m.) whip

foule (f.) crowd

four (m.) oven

fourbe (m. and f.) cheat, double-dealer

fourberie (f.) deceit, double-dealing

fourmi (f.) ant

fournir to furnish

foyer (m.) hearth, home, center

frac (m.) cutaway coat

frais cool, fresh

franc frank

franchir to leap, jump over, pass over

franchise (f.) frankness, freedom

frayé beaten, trodden
freiner to brake, apply the brakes
frémir to tremble, quiver
frissonner to shiver, shudder
froncer to wrinkle, pucker
front (m.) forehead, brow
frotter to rub
fuir to flee, run away
fuite (f.) flight, escape
fumant smoking, fuming
fumée (f.) smoke
fumier (m.) manure, dung
fusil (m.) gun

gage (m.) pawn, pledge; *(pl.)* wages
gagner to earn, win; be caught up in
galère (f.) galley; hard labor
galetas (m.) garret, attic, hovel
galoche (f.) overshoe, clog
gamin (m.) urchin, gamin, kid
gantelet (m.) gauntlet
garde: prendre — to take care, watch out
garnir to furnish, garnish
gaspiller to waste, squander
gâter to spoil, taint, damage
gauche awkward, clumsy
gémir to groan, moan, wail
gémissement (m.) groan, moan
gêne (f.) uneasiness, inconvenience, annoyance
génie (m.) genius; spirit
genou (m.) knee; *se mettre à —* to kneel
germe (m.) germ, seed, bud
gifler to smack, slap on the face
gisant lying (dead)
glace (f.) ice; mirror
gonfler to swell
gorge (f.) throat, bosom
gouffre (m.) gulf, chasm
goupil (m., archaic) fox
gourmand gluttonous, greedy
gourmandise (f.) gluttony, greediness
goût (m.) taste
goutte (f.) drop, drip

gouvernail (m.) rudder
grabat (m.) pallet, wretched bed
grâce (f.): — à thanks to, owing to
grange (f.) barn
gras fat, fleshy
gratteler to dig, scratch
gré (m.) will, pleasure; *à mon —* to my liking
grêle (f.) hail, shower
grêle (adj.) thin, shrill
grêlon (m.) hailstone
grelotter to shiver with cold
grève (f.) strike of workers
gréviste (m.) striker
grimper to climb
grommeler to mutter
gronder to growl, mutter, scold
grondeur (adj.) scolding, grumbling
grossier coarse, rude
grossir to make bigger, increase
guenille (f.) rag, tatter
guérir to cure, heal
guetter to lie in wait for, be on the lookout for
gueule (f.) mouth, muzzle, yap
gueuler to bawl, bellow
guise (f.) manner, way, fancy

habile able, clever, skilful
hache (f.) axe
haie (f.) hedge, shrub, bush
haillon (m.) rag
haine (f.) hate, hatred
haïr to hate, loath
hallebarde (f.) halberd, battle-ax
hanche (f.) hip
harangue (f.) speech, harangue
hardiesse (f.) boldness
harnais (m.) harness
hâter to hasten, hurry
hâtif forward, precocious; hasty
haubert (m.) shirt or coat of mail
hausser (les épaules) to shrug (one's shoulders)
hautain proud, haughty
hautbois (m.) oboe
hébété dulled, stupified
herboriser to botanize, gather plants for study

herbu grassy
hérisser to erect, bristle up
heurter to knock against; *se —* to bump into
hochement (m.) nodding, tossing (of the head)
honte (f.) shame
honteux ashamed; shameful
hormis except, but
hôte (m.) host
hôtel (m.) (here) mansion
huer to hoot, boo
huissier (m.) bailiff
humeur (f.) humor, temperament
hurler to howl, roar

ignominieux ignominious, disgraceful
îlot (m.) islet; block (of houses)
impétueux hot-headed
impitoyable merciless
importe: n'— que no matter what (which)
importun importunate, troublesome
imposable taxable
impôt (m.) tax, duty
impuissance (f.) helplessness
incarné incarnate, personified
incartade (f.) thoughtless insult, prank
indéchiffrable undecipherable
indécis uncertain, irresolute
indigne unworthy, undeserving
inépuisable inexhaustible
injure (f.) injury, wrong; insult
inonder to inundate, flood
inoubliable never-to-be-forgotten
inouï unheard of, extraordinary
inquiet restless, anxious
inquiétude (f.) restlessness
s'insinuer to insinuate oneself, to creep or worm one's way
insouciant careless
insoucieux heedless
instance: être en — to be on the point
instaurer to found, set up
insufflation (f.) spraying; inflation

insupportable unbearable, intolerable
intenable untenable, undefendable
interpeller to summon (someone) to answer, call upon (someone) to tell the truth
interprète (m.) interpreter; actor
inutile useless
ivoire (m.) ivory
ivre drunk, intoxicated
ivresse (f.) drunkenness

jadis in the past, formerly
jaillir (de) to jump (out of)
jeter to throw; *— un coup d'œil* to glance
jeu (m.) game, sport
jeûner to fast
se joindre to join
joncher to strew, litter
joue (f.) cheek
jouet (m.) toy
jouir (de) to enjoy
jouissance (f.) enjoyment, delight
journée (f.) day, day's worth
joyeux happy, merry
juif (m.) Jew; *(adj.)* Jewish
jupe (f.) skirt
jurer to swear by, vow
jusque even, to, as far as; *jusqu'à ce que* until

képi (m.) cap with a flat round top and stiff visor worn by French soldiers

lâche (m.) coward; *(adj.)* cowardly
lâcher to loosen, slacken, let go of
laid ugly
laisser to leave, quit, let alone
lambeau (m.) rag, shred
lancer to hurl, throw
lancette (f.) lancet, surgical knife
larron (m.) thief
las tired
lassitude (f.) weariness, lassitude
lauréat (m.) laureate, prize-winner

légende (f.) legend, caption
lendemain (m.) next day
lent slow
lentisque (m.) lentisk (tree)
lésion (f.) injury, hurt
lessive (f.) wash, laundry
leste light, nimble
leurrer to lure, ensnare
lèvre (f.) lip
libre: libre-arbitre (m.) free will
licitation (f.) sale by auction
lien (m.) bond, tie
lier to fasten, tie, bind
lierre (m.) ivy
lieue (f.) league (4 kilomètres or 2½ miles)
lin (m.) flax, linen
linge (m.) piece of linen or cloth; underwear
livraison (f.) delivery (of goods)
livrer to deliver, give up, hand over
logis (m.) house, habitation
lointain distant, far
lorsque when
louange (f.) praise
louer to praise, commend
louer to rent, let or hire out
loup (m.) wolf
lubricité (f.) lewdness, lubricity
lueur (f.) gleam, glimmer
lunettes (f. pl.) glasses
lustre (m.) polish, luster; chandelier
lutter to struggle, wrestle
lys (m.) lily

mâchoire (f.) jaw, jawbone
magistral pompous
maigre lean, skinny
maintien (m.) maintenance; deportment
maladif sickly
malaise (m.) uneasiness, discomfort
mâle male, manly
malfaiteur (m.) evildoer
malgré in spite of
malpropreté (f.) dirtiness
malsain unhealthy, sickly
mamelle (f.) breast, udder
manche (f.) sleeve, handle

manier to handle, feel
manque (m.) lack
manquer to miss, fail; — *son coup* to fail in
mansarde (f.) garret, attic
manteau (m.) coat
marbre (m.) marble
marche (f.) step
marée (f.) tide; flood
marge (f.) margin, border
marmite (m.) saucepan, pot
marmotter to mumble, mutter
marneux of calcium clay
marteau (m.) hammer
massif (m.) flower bed
mat dull, lusterless
maudit cursed, miserable
médisant slanderous, backbiting
se méfier to distrust
mêler to mingle, mix, blend
même: cela revient au — it amounts to the same thing; *de —* likewise
ménage (m.) *(here)* family
mendiant (m.) beggar
mendier to beg
mensonge (m.) lie
mentir to lie
menton (m.) chin
mépris (m.) contempt, scorn
mérinos (m.) merino sheep, merino wool
mesquin mean, shabby, petty
messe (f.) mass (religious)
mesure (f.): à — de as
métier (m.) trade, craft
mets (m.) dish of food
mettre: se — en colère to get angry, lose one's temper
meurtre (m.) murder
meurtri bruised
meute (f.) pack of hounds; mob
mince thin, slim; meager
mine (f.): avoir bonne — to look well
mineur (m.) miner
mioche (m.) kid, youngster
miséricordieux merciful
mitrailler to machine-gun, mow down
moelleux soft, mellow
mœurs (f. pl.) morals, manners

moindre: le — the least; *(adj.)* less, smaller
moisson (f.) harvest
moite moist
moitié (f.) half
mollement softly, loosely
mollesse (f.) feebleness
momie (f.) mummy
se moquer (de) to make fun (of)
moquerie (f.) mockery, derision
morbleu damn it (attenuation of: *par la mort de Dieu*)
morceau (m.) morsel, piece; *— d'ensemble* orchestra piece
se morfondre to be bored to death
morne gloomy
morsure (f.) bite
mou soft, weak, feeble
mouche (f.) fly
mouchoir (m.) handkerchief
mouiller to wet, moisten
moule (m.) mold
moulé molded, close-fitting
mousqueterie (f.) musketry, rifle fire
mouvoir move, stir
moyen (m.) means, way
muet dumb, mute
mûrir to ripen, mature
mutation (f.) change
mutisme (m.) dumbness, speechlessness
myope nearsighted, myopic

nager to swim
nappe (f.) tablecloth, cover
narine (f.) nostril
naufrage (m.) shipwreck
navire (m.) ship
néant (m.) nothingness
nébuleux cloudy, misty, nebulous
négociant (m.) merchant
nerf (m.) nerve, sinew
net clean, spotless
nettoyer to wipe, to clean
neuf new
neutre neutral
nier to deny
niveau (m.) level
noble high-minded, lofty

nommer to name
nouer to fasten, knot
noueux knotty, gnarled
noyau (m.) fruit pit; *(here)* nucleus
se noyer to drown
nuire to harm
nul no one
numéroter to number
nuque (f.) nape of the neck

obéir to obey
obligeamment kindly, obligingly
odieux odious, hateful
oisiveté (f.) idleness
omoplate (f.) shoulder blade
ongle (m.) fingernail; *pl.* claws
or but, now, well
orage (m.) storm, tempest
oraison (f.) prayer
oranger (m.) orange-tree
ordonner to arrange, set in order; command
ordure (f.) excrement, dung
orgueil (m.) pride
orgueilleux arrogant
orme (m.) elm
orné adorned, decorated
orphelin (m.) orphan
orphelinat (m.) orphanage
os (m.) bone
osé bold, daring
oser to dare, venture
ossements (m. pl.) bones (of the dead)
ôter to take away, remove
ouragan (m.) hurricane
outil (m.) tool, implement
ouvreuse (f.) usherette
ouvroir (m.) workroom in a convent

paillasse (f.) straw mattress
paille (f.) straw
pair equal, even
paisible peaceful, calm
paix (f.) peace
palefrenier (m.) stableman, groom
palier (m.) landing (of stairs)
palissade (f.) wooden fence

palpitant palpitating, panting
pâmer to swoon, faint
panache (m.) plume
panier (m.) (here) prison van
panne (f.) breakdown
pape (m.) Pope
papegai (m.) popinjay, archery target
papillon (m.) butterfly
parabole (f.) parabola; parable
parachever to finish, complete
paraître to appear
parapluie (m.) umbrella
paravent (m.) folding screen
parbleu to be sure, you bet! (corruption of: *par Dieu*)
parchemin (m.) parchment
parcourir to run over or through, traverse
parenté (f.) relationship, kinship
parer to prepare, adorn
paresseux lazy
paroisse (f.) parish
parquet (m.) part of the theater between the orchestra and the pit; bar (of a court of justice)
part (f.) share, part
partager to share
parterre (m.) parterre (rear orchestra seats in the theater)
Parthes ancient country, now northeast Iran
particulier (m.) a private person
partie (f.) part, portion
parure (f.) attire, finery
parvenir to attain, reach
passer pour to be considered
passionner to impassion, interest deeply; *se —* to be impassioned, excited (by)
patauger to flounder, wallow
patte (f.) paw of an animal, foot of a bird
paume (f.) palm; *jeu de —* tennis
paupière (f.) eyelid; *battre les —s* to blink
peigner to comb
peindre to paint
peine (f.) penalty; pain; *à — (adv.)* hardly, scarcely

pelé threadbare, hairless
pèlerinage (m.) pilgrimage
pelisse (f.) a long outer garment (originally of fur)
pelletée (f.) shovelful; *(here)* flood
pelleter to shovel
penchant inclined, sloping
pencher to incline, bend, lean
pendable deserving to be hanged, abominable
pendre to hang
pénible painful, laborious
pénombre (f.) semi-darkness, subdued light
pensionnaire (m. and f.) boarder, pensioner
pente (f.) slope, declivity
percer, to pierce, bore, drill
perdrix (f.) partridge
perfide false, perfidious
perquisition (f.) thorough search, inquiry
perruque (f.) wig
perte (f.) loss; *à pure —* to no purpose, uselessly
peser to weigh
petit-fils (m.) grandson
peu: — s'en faut almost that, very nearly; *— à —* gradually
physionomie (f.) countenance, aspect
physique (m.) physique, natural constitution; *(adj.)* physical
pièce (f.) piece; room; play
piège (m.) trap
piétinement (m.) stamping, tramping
piéton (m.) pedestrian
pieu (m.) stake, post
pieux pious, devout
piller to pillage, plunder
pinceau (m.) fine paintbrush
pique (f.) pike (weapon)
piqueur (m.) huntsman, outrider
pis worse
pitoyable pitiful
placard (m.) wall cupboard; poster
plaideur (m.) litigant, suitor
plaidoirie (f.) pleading, lawyer's speech

plaindre to pity; *se — de* to complain

plaisir (m.) pleasure; *à —* without cause; carefully, wantonly

plat (m.) dish, course; *(adj.)* flat

plate-bande (f.) flowerbed

plâtre (m.) plaster

plein full

plier to fold; *se —* to yield, submit

plisser to fold, crease, crumple

plomb (m.) lead; bullet

plonger to plunge, dip

plu (p.p. of pleuvoir) rained

pluie (f.) rain

pocher to keep in one's pocket; give a black eye to

poids (m.) weight, heaviness

poignard (m.) dagger

poignée (f.) handful

poil (m.) hair (of animals); hair (of persons) other than that of the head

poilu hairy, shaggy

poing (m.) fist, hand

poisson (m.) fish

poitrine (f.) chest, breast, bosom

pompier (m.) fireman; pump-maker

ponter (in games of chance) to bet against the house

porion (m.) foreman

portée (f.) hearing range, scope

pouce (m.) thumb; inch

pouf (m.) ottoman (seat)

poumon (m.) lung

poupée (f.) doll

pourparler (m.) parley, negotiations

pourpre purple

pourrir to rot, grow rotten

poursuivre to pursue, chase, go after

pousser to push, grow

poussière (f.) dust

poussin (m.) chicken

pouvoir (m.) power; *(verb)* to be able

préalablement previously, first

précepteur (m.) family tutor, teacher

précipiter to throw or hurl down; *se —* to dash, rush headlong

préfecture (f.): — de police police headquarters

préjugé (m.) prejudice

prendre to take; *— congé* to take leave of; *— garde* to watch out; *— son parti* to make up one's mind

pressentiment (m.) forewarning, foreboding

presser to press, squeeze

prêt (m.) loan

prétension (f.) claim

prêter to lend

prêtre (m.) priest

prévenir to precede; anticipate; forestall; inform

procès (m.) lawsuit, trial; *procès-verbal* official report, minutes of the proceedings

prochain near, impending

proche near, neighboring

prodige (m.) prodigy, marvel

se produire to arise

proie (f.) prey; prize

projet (m.) project, scheme, draft

propos: à — by the way

propriétaire (m.) owner

prosterner to prostrate

prouesse (f.) prowess, valor

prurit (m.) violent longing

psalmodier to recite in a sing-song manner

puce (f.) flea

puisque since, as

puissant powerful, strong, potent

purger to purge, clean, cleanse

quai (m.) quay, wharf

quant à as for

quelconque any (whatever)

querelle (f.) quarrel

quereller to quarrel, dispute

quêter to go in quest of

quoique although, though

quotidien daily

raccrocher to hang up again

rachat (m.) repurchase; redemption

racheter to buy back; ransom

racine (f.) root

radoucir　to make milder, soften
rafraîchir　to refresh
ragaillardir　to cheer up
ragoût (m.)　stew; seasoning
raide　stiff, taut
raideur (f.)　stiffness
railler　to laugh at, jeer
raisin (m.)　grape
râle (m.)　rattle (in the throat)
ralentir　to slacken, lessen
ramasser　to collect, pick up
rameau (m.)　branch, bough
ramper　to creep, crawl
râpé　shabby
rapporter　to report
rapprocher　to bring nearer; *se — de*
　to draw nearer to
raser　to shave
râteau (m.)　rake
rayer　to strip; cross off, strike out
récemment　recently
recette (f.)　receipt; receiving station
　(of factories)
réclamer　to complain; *— son dû*　to
　claim one's due
récompenser　to reward
réconforter　to comfort, cheer up
reconnaissance (f.)　recognition,
　gratitude
reconnaissant　grateful
recours (m.)　recourse, refuge
recrue (f.)　recruit
recueil (m.)　collection, compilation
recueillir　to collect
recul (m.)　recoil, falling back, re-
　treat
reculer　to draw back, put back
redoutable　formidable, terrible
réduire　to reduce
refroidir　to cool, chill
régal (m.)　banquet, feast
regimber　to kick, resist
régler　to rule, regulate, order
régner　to reign
rehausser　to raise
rein (m.)　kidney, loins
réjouissance (f.)　rejoicing, merry-
　making
relevé　recovered
relever　to raise, lift

remède (m.)　remedy, cure
remettre　to put off, put back; *se —*
　to set out again
se remonter　to recover
rempart (m.)　rampart
remuer　to move, stir up, rouse
rendre　to render, return, give back;
　se — compte (de)　to realize
renfermer　to contain; shut up,
　confine
renfort (m.)　reinforcement, fresh
　supply
renseignement (m.)　information
rente (f.)　revenue, income
renverser　to turn upside down
répandre　to pour out, scatter
répandu　widespread, widely prev-
　alent
repas (m.)　meal
réplétion (f.)　stoutness, obesity, sur-
　feit
reporter　to carry back
se reprendre　to recover, pull oneself
　together
réprimer　to repress
réprouvé (m.)　reprobate, con-
　demned person
requête (f.)　request
requis　required
réseau (m.)　network, net
résoudre　to resolve, settle
respirer　to breathe
resplendir　to shine, glitter
ressusciter　to revive, resuscitate
rétablissement (m.)　restauration
retard (m.)　delay
retenir　to book, secure
retentissant　resounding
retraite (f.)　retreat, retirement
retrancher　to retrench, curtail, cut
　short
rets (m. pl.)　net, snare
réussir　to be successful
révérence (f.)　bow, curtsy, respect
revêtu　clothed or dressed again
revient: cela — au même　it amounts
　to the same thing
ricaner　to sneer, smirk, laugh deri-
　sively
ride (f.)　wrinkle, ripple

ridicule ridiculous; *tourner en —* to poke fun at

rigoler to laugh, joke

riverain (adj.) riverside, bordering on a river

rompre to break

rondeur (f.) roundness, plumpness

rosse (f.) hack, worn-out horse

rougir to redden, blush

rouille (f.) rust

roulement (m.) rolling, roll, rumbling

rouler to roll

routier (adj.): le système — system of roads, road net

ruban (m.) ribbon

rude uncouth, rough

rudoyer to treat roughly, browbeat

rugueux rugged

ruisseau (m.) brook, stream

rumeur (f.) (here) uproar

ruse (f.) ruse, trick

sable (m.) sand

sabot (m.) wooden shoe, clog

sabre (m.) saber, broadsword

sagesse (f.) wisdom; discretion

saillir to gush out, stand out

sain healthy

salaud (m.) swine, dirty person

salir to dirty, soil

sang (m.) blood

sang-froid (m.) coolness, self-control

sanglier (m.) wild boar

sangloter to sob

santé (f.) health

saule-pleureur (m.) weeping-willow

saut (m.) leap, jump

sauter to leap, jump

sauveté (f.) safety

savetier (m.) cobbler

savourer to relish, enjoy

scélérat (m.) villain, scoundrel

sceller to set an official seal to

scinder to divide

scintiller to sparkle

séance (f.) meeting

sèche (f. adj.) dry

sécher to dry

secouer to shake, jolt

secourir to help

secours (m.) help

séduire to seduce, delude

sein (m.) breast, bosom

selle (f.) saddle

semblant: faire — to pretend

sentier (m.) footpath

seoir (archaic) to suit, become

serment (m.) oath

serrer to squeeze, clasp, tighten; lock up

serrure (f.) lock

serviette (f.) (here) towel

serviteur (m.) servant

seuil (m.) threshold

sexagénaire (m.) man of 60 years, sexagenarian

il sied (inf. seoir): — à it suits; *— mal* it doesn't suit

siéger to sit (said of officials, organizations, etc.)

siffler to whistle, hiss

signe (m.) sign, nod, indication

se signer to cross oneself

sillage (m.) wake, track

sillon (m.) furrow, wrinkle

singe (m.) ape, monkey

singulièrement oddly

soie (f.) silk

soigneusement carefully

soin (m.) care, attention

sol (m.) ground, earth

solder to pay, settle accounts

solliciter to incite, solicit

sombre dark

sombrer to sink, founder

sommeil (m.) sleep, sleepiness

sommet (m.) summit, top

sonder to probe, investigate

sort (m.) fate, destiny

sot silly, stupid

sottise (f.) stupidity, folly

souci (m.) care, solicitude

soucier to trouble, disturb

souffler to blow, breathe

souffleter to slap in the face

souffrance (f.) suffering, pain

souffrir to suffer

souhaiter to wish
souiller to soil, pollute
soulever to raise, lift
soupçonner to suspect
soupirer to sigh, gasp
sourcil (m.) eyebrow
sourd deaf; dull
soutien (m.) support; provider
spadassin (m.) thief, hoodlum
spectral ghostlike
spectre (m.) ghost, apparition
subir to sustain, support; suffer
subit sudden, unexpected
succéder to succeed, inherit
suer to sweat
suffire to be sufficient, suffice
suite (f.) continuation
sujet: au — de qn. concerning,
  about someone; *avoir — de* to
  have reason to
supplice (m.) punishment, torment
supplier to supplicate, beg
supprimer to suppress
sureau (m.) elder-tree
sur-le-champ at once, immediately
surlendemain (m.) the day after to-
  morrow, two days after
surnager to float, swim on the surface
surprendre to surprise
sursaut (m.) start, jump
sursis (m.) deferment, reprieve
survie (f.) survival
sus-dit above-mentioned

tabatière (f.) snuff-box
tache (f.) spot, stain
tâche (f.) task, job
tâcher to try
tacitement implicitly
taille (f.) cutting edge; size; waist
tailler to cut out, trim
tailleur (m.) tailor
talon (m.) heel
tambour (m.) drum, drummer
tandis: — que while, whereas
tant so much, so many; *— mieux*
  so much the better; *— pis* so
  much the worse

taper to tap, strike
tapi hidden
tarir to drain, dry up
tas (m.) heap, pile
taureau (m.) bull
teint (m.) dye, color
téméraire rash, reckless, bold
témoigner to testify
témoin (m.) witness
tempe (f.) temple (anatomic)
tempête (f.) storm
temps (m.): faire son — to serve one's
  time (convict)
tendre to stretch, offer, hold out
ténèbres (f. pl.) darkness, gloom
tenir: — à to insist; *— bon* to hold
  out, stand fast
se tenir: je sais à quoi me tenir I know
  where I stand
tenter to tempt; attempt
tenue (f.) session; behavior; dress
terme (m.) limit, end
terne dull, wan, leaden
terrasser to throw to the ground
têtebleu the deuce, drat! (corruption
  from: *tête-Dieu*)
tiaulée (f.) (coll.) bunch, pile
tige (f.) stem, stalk
tirer to draw out, pull
tissu (m.) textile, fabric
toile (f.) linen, linen cloth, canvas
tonnelle (f.) arbor, bower
tonner to thunder; inveigh
tordre to twist, wring; *se — (coll.)*
  to convulse with laughter
tordu twisted
tort (m.): avoir — to be wrong
tour (m.) turn, trick, stunt
tourbillonner to whirl, eddy
tournoi (m.) tournament
tourteau (m.) oil cake (for cattle)
tourterelle (f.) turtledove
tousser to cough
tracasser to worry, bother
trahir to betray, deceive
traîner to drag; *se —* to drag oneself, crawl
trait (m.) (here) melodic passage
traitable tractable, manageable
traiter to treat, handle

traître (m.)   traitor, betrayer
tranchant   sharp, cutting
trancher   to cut, slice
transir   to chill
transmuer   to transmute, change the form
se transporter   to repair to, go
traquer   to beat for game, close in
travail: — forcé   hard labor
travers (m.)   breadth; irregularity
tressaillir   to tremble; shudder, quiver
tressé   braided
trêve (f.)   truce; *sans —*   constantly
tricher   to cheat
tripot (m.)   gambling house
trique (f.)   heavy stick
tromper   to deceive; *se —*   to be mistaken
tromperie (f.)   fraud, deceit
troupeau (m.)   herd, flock
trousse (f.)   bundle; kit
truc (m.)   knack, trick
type (m.): pauvre —   poor man

ultérieur   subsequent
ustensile (m.)   utensil, tool

vacarme (m.)   hubbub, uproar, fuss
vague (f.)   wave, billow
valeur (f.)   value
valoir   to be worth; *se faire —*   to push oneself forward, distinguish oneself
vaniteux   vain
vautour (m.)   vulture
vedette (f.)   mounted sentinel; star (cinema, theater, sports)
végéter   to vegetate
veille (f.)   sleepnessness; vigil, watch; eve, preceding day

veiller   to lie awake; watch
veilleuse (f.)   nightlamp;
   mettre en —   to dim down, turn down
venger   to avenge
vente (f.)   sale
ventre (m.)   belly, stomach
verdir   to grow or become green
vergue (f.)   yardarm (sailing)
vérité (f.)   truth
vermine (f.)   bug
vertement   vigorously, briskly
vertige (m.)   vertigo, dizziness
vêtu   dressed, clothed
veuf (m.)   widower
viable   viable, fit for
vicaire (m.)   vicar, curate of a parish
vicieux   depraved
vieillard (m.)   old man
vigne (f.)   vine, vineyard
vilain (m.)   person of low repute; *(archaic)* country-dweller; *(adj.)* bad, unpleasant
viser   to aim
visière (f.)   visor
vœu (m.)   vow, prayer, wish
voie (f.)   way, road, highway
voile (f.)   sail
voile (m.)   veil
voisinage (m.)   neighborhood
vol (m.)   flight; theft
volée (f.)   flight
volontiers   willingly, gladly; with pleasure
voltiger   to flutter, fly about
vouer   to devote, dedicate
voûte (f.)   arch, vault
voyou (m.)   hoodlum
vue: à —   in sight

zèle (m.)   zeal; warmth, ardor

Bibliography

CHAPITRE 1

Boussuat, R. *Le Roman de Renard.* Paris, Hatier-Boivin, 1957.
Flinn, J. *Le Roman de Renart dans la littérature française et dans les littératures étrangères du moyen âge.* Toronto, 1963.

CHAPITRE 2

Smith, R. M. *Froissart and the English Chronicle Play.* New York, 1965.

CHAPITRE 3

Coleman, D. *Rabelais, A Critical Study in Prose Fiction.* Cambridge, Engl., 1971.

Plattard, J. *La Vie et l'œuvre de Rabelais.* Paris, Boivin et Cie., 1939.

CHAPITRE 4

Lancaster, H. C. "The Period of Molière," in *A History of French Dramatic Literature in the Seventeenth Century,* Part III. Baltimore, 1929–42.
Mornet, D. *Molière.* Paris, Hatier-Boivin, 1943.

CHAPITRE 5

Richard, P. *La Bruyère et ses caractères.* Paris, Nizet, 1965.

CHAPITRE 6

Dedieu, J. *Montesquieu, l'homme et l'œuvre.* Paris, Boivin et Cie., 1943.

CHAPITRE 7

Torrey, N. L. *The Spirit of Voltaire.* New York, 1938.
Wade, I. O. *Voltaire and Candide.* Princeton, 1959.

CHAPITRE 8

Guéhenno, J. *Jean-Jacques.* Paris, Gallimard, 1948.
Mornet, D. *Rousseau, l'homme et l'œuvre.* Paris, Hatier-Boivin, 1950.

CHAPITRE 9

Pomeau, R. *Beaumarchais, l'homme et l'œuvre.* Paris, Hatier-Boivin, 1956.

CHAPITRE 10

Van Tieghem, P. *Musset, l'homme et l'œuvre.* Paris, Boivin et Cie., 1945.

CHAPITRE 11

Bardèche, M. *Balzac romancier*. Brussels, Raoul Henry, 1944.
Marceau, F. *Balzac et son monde*. Paris, Gallimard, 1955.
Zwieg, S. *Balzac*. New York, 1946.

CHAPITRE 12

Brombert, V. *The Novels of Flaubert*. Princeton, 1966.
Starkie, E. *Flaubert, the Making of a Master*. New York, 1967.

CHAPITRE 13

Barrère, J.-B. *Hugo, l'homme et l'œuvre*. Paris, Hatier, 1952.
Grant, E. M. *The Career of Victor Hugo*. Cambridge, U.S.A., 1945.

CHAPITRE 14

Peyre, H. *Connaissance de Baudelaire*. Paris, Librairie José Corti, 1946.
Ruff, M. A. *Baudelaire, l'homme et l'œuvre*. Paris, Hatier-Boivin, 1955.

CHAPITRE 15

Bernard, M. *Zola par lui-même*. Paris, Editions du Seuil, 1952.
Hemmings, F. W. J. *Emile Zola*. Oxford, 1953.

CHAPITRE 16

Brée, G. *Marcel Proust and Deliverance from Time*. New York, 1955.
Kopp, R. *Marcel Proust as a Social Critic*. Madison, N.J., Fairleigh Dickinson
    University Press, 1971.

CHAPITRE 17

Brée, G. *Sartre et Camus: Crisis and Commitment*. New York, 1972.
Cranston, M. *The Quintessence of Sartrism*. New York, 1971.
Sheridan, J. J.-P. *Sartre: the Radical Conversion*. Columbus, Ohio, 1969.

CHAPITRE 18

Gate, C. *Antoine de Saint-Exupéry*. New York, 1970.
Gascht, A. *L'Humanisme cosmique d'Antoine de Saint-Exupéry*. Bruges, A. G.
    Stainforth, 1947.

CHAPITRE 19

Brée, G. *Camus*. New Brunswick, N.J., 1959.

CHAPITRE 20

Donnard, J.-H. *Ionesco dramaturge, ou l'artisan et le démon*. Paris, Lettres Mo-
    dernes, 1966.
Senart, P. *Eugène Ionesco*. Paris, Editions Universitaires, 1964.
Esselin, M. *The Theater of the Absurd*. New York, 1961.

CHAPITRE 21

Miesch, J. *Robbe-Grillet*. Paris, Editions Universitaires, 1965.
Stolzfus, B. F. *Alain Robbe-Grillet and the French Novel*. Carbondale, Ill., 1964.